amor

PAIXÃO FEMININA

Malvine Zalcberg

amor

PAIXÃO FEMININA

Malvine Zalcberg

AMOR: PAIXÃO FEMININA
© Almedina, 2023
AUTOR: Malvine Zalcberg

DIRETOR DA ALMEDINA BRASIL: Rodrigo Mentz
EDITOR: Marco Pace
EDITOR DE DESENVOLVIMENTO: Rafael Lima
ASSISTENTES EDITORIAIS: Letícia Gabriella Batista e Tacila Souza
ESTAGIÁRIA DE PRODUÇÃO: Natasha Oliveira

REVISÃO: Neto Bach e Gabriel Branco
DIAGRAMAÇÃO: Almedina
DESIGN DE CAPA: Daniel Rampazzo

ISBN: 9786554271905
Novembro, 2023

Dados Internacionais de Catalogação na Publicação (CIP)
(Câmara Brasileira do Livro, SP, Brasil)

Zalcberg, Malvine
Amor : paixão feminina / Malvine Zalcberg. –
2. ed. – São Paulo : Edições 70, 2023.
ISBN 978-65-5427-190-5
1. Amor – Aspectos psicológicos 2. Feminino
3. Freud, Sigmund, 1856-1939 – Psicologia 4. Lacan,
Jacques, 1901-1981 – Psicologia 5. Psicanálise
6. Psicologia 7. Relacionamento interpessoal
I. Título.

23-168097   CDD-152.41

Índices para catálogo sistemático:

1. Amor : Psicologia 152.41

Eliane de Freitas Leite – Bibliotecária - CRB 8/8415

Este livro segue as regras do novo Acordo Ortográfico da Língua Portuguesa (1990).

Todos os direitos reservados. Nenhuma parte deste livro, protegido por copyright, pode ser reproduzida, armazenada ou transmitida de alguma forma ou por algum meio, seja eletrônico ou mecânico, inclusive fotocópia, gravação ou qualquer sistema de armazenagem de informações, sem a permissão expressa e por escrito da editora.

EDITORA: Almedina Brasil
Rua José Maria Lisboa, 860, Conj.131 e 132, Jardim Paulista | 01423-001 São Paulo | Brasil
www.almedina.com.br

Prefácio

Psicanálise e escrita: paixões femininas

O encontro com este livro, que se deu em meados de 2012, mudou a minha vida. Na época eu havia ingressado em um programa de mestrado e me propunha a estudar o tema da interpretação em psicanálise. Desde que me deparei com "Amor paixão feminina", no entanto, nunca mais pude escrever ou pensar a partir de outro lugar senão do que me foi despertado com essa leitura. Esse lugar é efeito da pergunta que nos orienta nesse livro: por que as mulheres, mais do que os homens, são tão afetadas e até mesmo constituídas por sua relação com o amor?

Vale dizer que, de acordo com a teoria psicanalítica, ser mulher não é uma posição que seja garantida pela anatomia de um corpo. Esse livro, aliás, ajuda a elucidar justamente o que é da ordem do feminino — habitável mais frequentemente às mulheres do que aos homens, mas nem de longe de maneira exclusiva.

Malvine Zalcberg nos demonstra a partir de um rigor teórico muito delicado, que o que constitui um sujeito na posição feminina é sua maneira de gozar, que tem relação justamente com a experiência amorosa. Podemos dizer, nesse sentido, que o que faz um sujeito estar ao lado feminino é o fato de se deixar atravessar irremediavelmente pelo encontro amoroso. Mais do que isso, de se fixar a algo desse encontro, que não cessa de ser desencontrado.

Essa teoria, no entanto, pode ser encontrada em outros tantos bons livros de psicanálise que felizmente circulam em nosso mundo. Há algo, contudo, que é singular deste livro, que diz não apenas ao conteúdo, mas sobretudo, em relação à forma da escrita.

O que foi realmente um divisor de águas para mim, foi encontrar a liberdade e intimidade na relação com a escrita que aparece nas palavras de Malvine Zalcberg. O modo como ela articula a poesia, a música e o cinema de maneira tão orgânica às densas teorias freudianas e à topologia lacaniana, pode ser realmente um encontro irremediável.

Freud e Lacan fundaram as teorias psicanalíticas sobre as histerias, sobre o inconsciente, sobre o complexo de édipo e mesmo sobre a feminilidade. No entanto, a sensibilidade com a qual uma mulher escreve a partir de sua própria experiência na relação com seu inconsciente, com o amor, com a arte e com o mundo é o que, a meu ver, tem efeito de transmissão da psicanálise por meio deste livro. O que se captura de "amor paixão feminina" é, certamente, o amor cuidadoso que nossa autora tem pela psicanálise e pelos efeitos de transmissão que sua escrita tem no mundo.

A nós, leitoras e leitores, cabe aqui uma degustação. Pois não se trata de um livro para se ler apenas uma vez, para se tomar como uma apostila que ensina algo ou mesmo como um livro portador de verdades estáticas ou absolutas. Trata-se de uma leitura con-versada, cantada, dançada, que ressoa no corpo e nos instiga a fazer algo com aquilo que nos causa. Assim foi a minha experiência com esse livro, já que desde então, jamais pude deixar o desejo de ler mais sobre o amor, escrever sobre ele e especialmente, vivê-lo.

A reedição desse livro é, para mim, uma grande celebração. Poder escrever esse texto de prefácio, mais ainda. Quando li a primeira edição desse livro, há pouco mais de dez anos, jamais imaginei que algum dia essa autora, que tanto me despertou para o tema do amor (e segue despertando), tornaria-se também uma querida amiga. Escrever esse texto me alegra duplamente, então, no sentido intelectual e também no afetivo. Mais do que isso, me alegra em poder conjugar ambos. Dito de outro modo, comemoro com essa re-edição o amor pela psicanálise e o fato das mulheres encontrarem cada vez mais espaços para colocarem sua escrita e seus diversos modos de se relacionar com a pequena porção de liberdade que cada uma tem e de atualizar suas tão inventivas possibilidades de relação com o amor!

Ana Suy

Sumário

INTRODUÇÃO.. 11

CAPÍTULO 1 — A FUNÇÃO EMINENTE DO AMOR NA MULHER   21
"Não há homem igual ao meu pai"............................ 23
Fantasias de desejo... 30
Uma nova teoria do édipo feminino........................... 33
"Pai, como você ama, qual é seu desejo"?.................... 37
A outra face do amor: o amor à mãe.......................... 42
Para além da anatomia.. 46
Como falar de "essência" da mulher?......................... 49

CAPÍTULO 2 — O MEDO DE PERDER O AMOR É BEM FEMININO   55
"Ter" ou "não ter"... Para quem?............................ 57
O insondável desejo da mãe................................... 63
A transmissão simbólica da lei............................... 68
Variações sobre a face imaginária do amor................... 70
"Que o amor me dê o ser"..................................... 75
A busca feminina por compensações............................ 79
A parceria com um homem...................................... 82

CAPÍTULO 3 — O LUGAR DO HOMEM NA DEFINIÇÃO
DE UMA MULHER... 89
A lógica da vida amorosa da mulher........................... 91
A *mascarada* feminina.. 94
A mulher não é necessariamente mãe........................... 97
Despertar o desejo do homem.................................. 101

As reféns do amor 104
A mulher sob o signo da falta 107
O desejo ao feminino 110
Mulher é infiel por estrutura? 115

CAPÍTULO 4 — A DIALÉTICA DO AMOR ENTRE O DESEJO E O GOZO 123
Uma nova parceria amorosa 125
O mais-além da lógica fálica 128
O "não-todo" feminino 131
Em busca do gozo perdido 135
O que é uma mulher na fantasia de um homem? 139
O que é um homem na fantasia de uma mulher? 144
O gozo exclusivo da mulher 146
Servir-se do homem? 150
A mulher em posição feminina 152
O que é a mulher em posição histérica? 154
O gozo feminino da privação 157

CAPÍTULO 5 — OS AMORES LOUCOS OU NÃO TÃO LOUCOS ASSIM 161
A clínica do amor feminino: da falta ao excesso 163
A mulher, a loucura, o amor 168
Aimée, a amada 174
O modo erotomaníaco de amar da mulher 178
As patologias do amor 184
A clínica do excesso 190

CAPÍTULO 6 — OS DIZERES DO AMOR 195
O enlaçamento do amor e da palavra 197
O gozo da palavra de amor 208
Se há algo silencioso é o gozo 214
Homens e mulheres: parceiros no gozo 216
O amor como suplência da relação entre os sexos 221
Notas 227

INTRODUÇÃO

> *A mesma palavra amor significa coisas diferentes para o homem e para a mulher.*
>
> NIETZSCHE, *Le Cai Savoir*, 1881-1882

Ao longo da História, a cultura amorosa se construiu segundo uma lógica diferente de homens e mulheres face ao amor.

O fenômeno amoroso inventado em algum ponto entre o começo e o meio do século XII, primeiro no sul e depois no norte da França, para, em seguida, se difundir pela Europa e, séculos mais tarde, inspirar o amor romântico tal como o concebemos hoje, não tem a mesma inscrição na vida de homens e mulheres desde sua origem.

Não há como dissociar a invenção do amor do dado cultural dos lugares dessimétricos reservados a homens e mulheres na sociedade medieval, nem de outros dados culturais que favorecem seu aparecimento naquele momento histórico. O renascimento das cidades, o crescimento de um comércio com o Oriente, a melhoria das condições da vida material e a consolidação da nobreza europeia estão entre os fatores que mais contribuem para um maior refinamento nas relações entre os sexos pela cultura amorosa consolidada.

O requinte que se introduz na civilização ocidental recebe um grande impulso por influência dos cavaleiros cristãos, que imprimem no seio da nobreza pela qual anseiam ser aceitos, um gosto pelo esplendor material que haviam conhecido em países distantes. A aspiração de ascensão social dos cavaleiros é sancionada pela Igreja que os unge a uma confraria da nobreza feudal num ritual que, em última instância, remete ao culto de um sacerdote. É a forma encontrada pela Igreja de conter os modos marcadamente rústicos e agressivos da casta guerreira dentro de seu propósito amplo de regular social e sexualmente a sociedade.

Sujeitar os vínculos libidinais a regras é sempre uma questão e se torna mais insistente quanto mais violentos são os tempos, como eram os da época medieval. A determinação dos gozos permitidos, própria para uma configuração estável do vínculo social, deve ser estabelecida por cada comunidade histórica.

A Igreja medieval, em seu intuito de exercer sua função reguladora da sociedade, introduz a consagração do sacramento pela qual estabelece que os sacerdotes devem adotar o celibato e os laicos devem abraçar o casamento cristão. Em nenhum momento a repercussão dessa determinação sobre a condição da mulher é levada em conta. A imposição por parte da Igreja para os dois segmentos da sociedade aos quais ela se destina desagrada a uma e a outra das duas ordens. Embora sendo forçados a professar a regulação dos sentidos a estes, nem os homens nem os sacerdotes renunciam na prática se insurgindo, de certa forma, contra as limitações determinadas pela Igreja aos direitos que exerciam livremente até então.

Já a Ordem da Cavalaria, uma vez alçada pela Igreja a uma confraria da nobreza feudal, inclina-se a acatar as regras de contenção impostas pela mesma com o que a supremacia masculina se reveste de formas mais suaves. Qualidades nunca antes valorizadas passam a ser exaltadas; entre elas, as da coragem, da lealdade, da generosidade. Nessa disposição de uma contenção da violência se conjuga a influência sofrida pelos cavaleiros: são as Cruzadas do Oriente que revelaram aos Ocidentais que havia prazeres mais amenos que "pilhar, violar e guerrear" e que, além do mais, poderia haver uma moral de guerrear independente das virtudes puramente religiosas. Essa moral, que foge aos padrões estritamente religiosos, enaltece o amor profano que inspira piedade para os vencidos e o respeito pela fraqueza feminina, duas categorias sociais — os vencidos e as mulheres — não sem motivo associadas.

Até aquele momento de renovação da sociedade medieval, o lugar reservado às mulheres é o lugar da sombra, do esquecimento, do confinamento no âmbito fechado e alijado da vida social — um "não-lugar". Compreensível que, nessa conjuntura, a palavra, nestes tempos austeros para as mulheres, não lhes é concedida. O *Cântico dos cânticos* de Salomão inaugurara bem antes uma experiência da subjetividade no seio do judaísmo sem precedente na História ao permitir que a esposa tomasse a palavra diante de seu rei, para submeter-se a ele, é bem verdade. Mas como amante amada.

"Eu sou morena mas agradável,/ ó filhas de Jerusalém,/ como as tendas de Quedar,/ como as cortinas de Salomão (...) Levou-se à sala do banquete/ e o seu estandarte em mim era o amor,/ Sustentai-me com passas,/ confortai-me com maçãs,/ porque *desfaleço de amor*:

INTRODUÇÃO

a sua mão esquerda esteja debaixo da minha cabeça,/ e a sua mão direita me abrace" (capítulo I, 5 e II, 4).

A novidade bíblica parece incontestável: a mulher que fala no *Cântico* é um *indivíduo* independente e livre e não uma figura fascinante ou abjeta. Sem ser rainha, Sulamita é soberana por seu amor e pelo discurso que a faz ser.

Mas, por longo tempo, a voz das mulheres não se fez ouvir. Só a partir do século XVII, determinado número de homens, principalmente escritores, se sensibiliza pela questão feminina e se propõe a dar voz à expressão de afetos e sentimentos femininos. Algumas mulheres começam a fazê-lo no século XVIII e mais ainda no século XIX; e, nesse sentido, o movimento das *Preciosas* do século XVII, representando a justa aspiração das mulheres de participar da vida do espírito e se tornarem seres autônomos, foi precursor e marcante. Desde o século XX, as mulheres definitivamente não mais deixam aos homens o encargo de enunciar a natureza do que elas querem e pensam. Elas tomam a palavra por elas e para elas mesmas, abrindo espaço para que uma plêiade de renomadas escritoras fizesse ouvir a singularidade do universo feminino. Entre todas as maneiras de conquistar a independência sem renunciar à vida amorosa, a escrita é um meio privilegiado, não somente de viver, mas de representar — no sentido duplo, representação imaginária e representação política — o estado da mulher liberada.

Não terem um lugar e serem condenadas ao silêncio na sociedade medieval, contudo, não eximia a atribuição de poderes às mulheres porque se acreditava que elas os tivessem. Porém, esses poderes ficam por muito tempo associados às potências do mal e do caos, aos atos de magia e de feitiçaria. Dos mitos selvagens ao relato do Gênese, domina a temática da mulher considerada influência misteriosa e maléfica.

Essa concepção dos poderes perigosos atribuídos às mulheres é ainda o que Freud encontra quando, no final do século XIX, estagia no Serviço do Professor Charcot em Paris, em que a histeria, predominantemente feminina, era associada à feitiçaria e à possessão demoníaca.

Pelo fato de as mulheres serem facilmente identificáveis sob essa óptica maléfica, justificam-se as leis, as representações, os papéis relativos à sexualidade convergirem para assegurar a supremacia viril e a subordinação das mulheres. A tentativa de escapar desse poder dos homens deve ter favorecido às mulheres valerem-se de encantos e astúcias, mas que, por sua vez, as associava nova e circularmente a elementos obscuros e diabólicos, a serem controlados (ainda mais) pelos homens.

A invenção da erótica amorosa do século XII cria um novo espaço para as mulheres ao se tornarem alvo de homenagens por parte dos cavaleiros que passaram a adotar normas mais civilizadas, entre as quais o cultivo da arte da cortesia. "Sê cortês com a Dama" é o seu lema, e o amor é a expressão da cortesia a ser perseguida. O amor se torna uma força enobrecedora, uma fonte de virtude para aqueles que captura em sua esfera de influência.

A rainha Leonor, figura prototípica da Dama, preconiza algo que vai além da arte da cortesia adotada pelos cavaleiros ao apregoar: "sê cortês com as damas, fale-lhes de amor". As palavras de amor que realmente abrem uma nova realidade para as Damas lhes vêm não dos cavaleiros cuja classe social compartilham, mas dos trovadores de origem mais humilde. Os trovadores votam às Damas da nobreza — classe à qual não pertencem e à qual não têm pretensão de pertencer — canções e poemas dentro de uma perspectiva diferente do amor que a adotada pelos cavaleiros. Os poemas certamente existiam antes, mas esses raramente eram dedicados ao amor e, uma vez que não exprimiam mais que a paixão natural, a mulher neles nunca era celebrada a não ser como objeto sexual a despertar o desejo masculino. Já os luminosos trovadores, alegres e loucos, cantam o amor, a primavera, a aurora, os pomares floridos, a Dama — *fin'amor*, amor precioso. Na verdade, celebram por sua lírica trovadoresca o amor em si, mais do que as virtudes de quem o exerce e se enobrece através de sua prática.

É, sobretudo, entre esses dois personagens, o trovador e a Dama, que, sob a inspiração do amor cortês, vai se desenrolar sobre o cenário medieval uma remodelação das relações homem-mulher marcada por sentimentos de reciprocidade e de benevolência. Os amantes corteses — os trovadores — só podiam esperar que as suas respectivas Damas se dignassem a considerá-los como seus iguais sobre o plano sentimental e no caráter furtivo das suas relações, dado que sempre se trata de mulheres casadas. Se alguma igualdade entre ambos

INTRODUÇÃO

se estabelece é na medida em que, pelo vínculo que criam, tanto o trovador quanto a Dama alcançam objetivos específicos a cada um.

Associada aos ideais da cavalaria, a erótica dos trovadores enaltece um amor nobre e desinteressado, baseado num intercâmbio de corações mais do que de interesses patrimoniais. Esse amor de eleição livre, difícil, discreto, clandestino, considerado como "o verdadeiro amor" faz frente ao casamento por conveniência ou "falso amor". Há um estratagema presente no amor cortês que, pondo o objeto entre parênteses através da experiência de abstinência, aviva o desejo e canta as loas do objeto artificialmente posto à distância. O amor cortês, a alquimia que metamorfoseia a mulher em Dama exaltada é a do amor como sublimação do desejo.

Quanto à Dama, tornar-se alvo preferencial de homenagens do trovador e a possibilidade de elevá-lo a uma nova posição, dá a ela poderes nunca antes concedidos. Ser cortejada por um trovador dá à mulher a condição de romper com a sua total dependência à submissão ao homem que havia sido a norma. O caráter secreto desse amor se contrapõe ao compromisso matrimonial e reserva ao marido o lugar de terceiro excluído. O amor, longe de lograr a realização da aspiração de fazer de dois um, denuncia que não há dois sem um terceiro.

A mudança na condição da mulher, através do fenômeno amoroso ao mesmo tempo reflexo e mola propulsora de novas aspirações e costumes, limita-se de início às classes privilegiadas. Jogo encantador com as damas, mas jogo bem exclusivo, pois fora da corte de amor, nada desses modos para o "resto" da humanidade: no sentido nobre, os camponeses não amam.

Se o amor medieval dá à mulher, pelo menos a pertencente à nobreza, uma identidade social que não detinha, é através dele que ela descobre o valor que as conquistas amorosas podem lhe render. Nas variadas representações culturais do amor que nos séculos subsequentes surgiram, as mulheres foram encontrando renovadas definições para a sua identidade social feminina. É nesse processo que irá se delineando a exaltação da vocação da mulher para o amor.

A necessidade de amar, a ternura, a sensibilidade, a total dependência em relação ao amado e seu devotamento a este aparecendo cada vez mais como atributos especificamente femininos, faz com que o amor continue, ao longo de séculos, a se impor como um polo constitutivo da identidade feminina. Essa ideologia do amor contribui, de certa forma, para reforçar a representação da mulher como dependente econômica e socialmente do homem, incapaz de assumir a autonomia de sua vida, um padrão constitutivo da sociedade por séculos não questionado.

Um movimento de emancipação de corpos e de espíritos começa a se delinear no século XIX, quando a ideia do casamento por amor e da sexualidade realizada se torna um dos pilares da felicidade conjugal. Entretanto, principalmente a partir do século XX, após conhecer vários deslizamentos em suas práticas, a dependência econômica e social das mulheres em relação aos homens conhece um rompimento. Novos fatores culturais contribuem para a modificação na tradicional posição de dependência da mulher, principalmente em torno da Primeira Guerra Mundial que, pelo seu impacto sobre a sociedade, acarretou grandes transformações sociais e econômicas, entre as quais o acesso das mulheres ao sistema educativo, ao sufrágio, o ingresso no mercado de trabalho e uma efetivação progressiva das reivindicações femininas. Essas modificações ocorridas nas sociedades modernas alternando de maneira decisiva o *status* das mulheres contribuem para a formação de uma identidade social própria. Os dispositivos de socialização de um e outro sexo se aproximam e as mulheres reivindicam cada vez mais os mesmos papéis e atividades do que os homens.

Embora a cultura igualitária avance resoluta e irreversivelmente no mundo, ela não tornou similares as exigências amorosas dos dois sexos. Todas as conquistas dos movimentos de emancipação feminina não fizeram desaparecer a forma privilegiada com a qual as mulheres, mais do que os homens, investem no fenômeno amoroso, mesmo em nossos tempos.

O que explica a permanência do culto feminino ao amor atualmente quando as mulheres não mais recorrem a ele necessariamente como polo de identidade social?

A psicanálise é convocada para explicar a permanência — numa forma consoante com o discurso dos nossos tempos — do investimento feminino do amor, fenômeno enigmático e rico de consequências para a compreensão da posição da mulher nas sociedades marcadas pela igualdade dos sexos.

INTRODUÇÃO

Este é um dos propósitos de Freud: submeter as condições amorosas dos sexos a um rigor científico. Reconhece que a humanidade não esperara a criação da psicanálise para manifestar seu interesse a respeito do amor de cujas manifestações poéticas, literárias e artísticas os acervos dos museus e bibliotecas dão testemunho.

Freud, no entanto, tinha a ambição neste aspecto de ganhar terreno sobre o poeta e o artista, quando escrevia em sua primeira "Contribuição à psicologia do amor" (1910): "Nós deixamos ao poeta o cuidado de descrever as condições determinantes do amor segundo as quais os homens fazem suas escolhas de objeto e a maneira pela qual eles combinam as exigências de suas fantasias com a realidade". "Mas", continua Freud, "não seria inevitável que a psicanálise, com sua compreensão dos mecanismos psíquicos em jogo, se ocupe deste tema que, enaltecido pelos poetas, encanta a humanidade há milênios?".

A psicanálise continua a procurar elaborar um saber sobre a vida amorosa. Ao mesmo tempo que lança luz sobre os efeitos das profundas mudanças nas relações entre homens e mulheres em nossos tempos, ela esclarece como os fios que tecem a subjetividade masculina e a feminina são determinados pelo inconsciente e pela pulsão, os dois eixos em torno dos quais o ser humano se constitui.

O que a psicanálise evidencia é que o surgimento do feminismo na espessura do tecido social das sociedades modernas não representou uma verdadeira modificação subjetiva da mulher. O peso da afirmação freudiana que atravessa sua obra, a de que o medo de perder o amor numa mulher é uma invariável em seu inconsciente (em contraponto ao medo de castração do homem), é um aspecto, cuja determinação na constituição do psiquismo feminino tem servido de inspiração para desenvolvimentos na teoria psicanalítica, e que se mantém como vetor instigante de renovadas reflexões para que o culto feminino do amor, ainda muito presente em nossos tempos, seja mais bem compreendido.

Ressaltar a importância do amor para uma mulher na própria constituição de sua subjetividade e a sua repercussão nas parcerias amorosas que vier a estabelecer com um homem é o propósito deste livro.

CAPÍTULO 1

A FUNÇÃO EMINENTE DO AMOR NA MULHER

Por que Freud formulou esta pergunta que atravessa sua obra — "afinal, o que quer a mulher?" —, se aparentemente já tinha encontrado a resposta? Ela quer ser amada

"**Não há homem igual ao meu pai**"
Freud, ao longo de sua obra, não cessa de falar da importância do amor para uma mulher. Ao fazer da dimensão do amor uma questão muito mais feminina do que masculina, ele a torna um dos principais eixos em torno dos quais desenvolve sua teoria da sexualidade feminina.

A primeira forma de amor na mulher identificada por Freud é o amor da histérica pelo pai. Esta é a verdade que Freud descobre no cerne da estrutura psíquica de Anna O., a primeira histérica na história da psicanálise. Pela via do amor, a histérica freudiana rende ao pai sua mais fiel homenagem.

Essa revelação que reserva um lugar privilegiado à mulher na própria criação da psicanálise é fruto das reflexões de Freud sobre o que o médico Josef Breuer lhe relatara a respeito do tratamento sob hipnose dispensado por ele à jovem Anna, entre 1880 e 1882. O relato desse caso na véspera de sua partida para Paris, onde estagiaria em sua especialidade de então, a anatomia do sistema nervoso, marca Freud profundamente: muda o rumo de sua carreira médica e o de sua vida.

Anna O. apresenta-se dramaticamente dividida em duas, uma não conhecendo a outra: uma era triste e angustiada, mas normal, porque orientada no tempo e no espaço, a outra era sonâmbula, alucinada e desorientada no tempo e no espaço, vivendo a hora na qual havia ficado fixada: o momento traumático do declínio do pai, no inverno precedente.

Os sintomas manifestarem-se sob esta notável divisão era comum no final do século XIX e sua interpretação ainda mantém resquícios da atribuição de possessão demoníaca ou de feitiçaria às mulheres. No entanto, não é esse o olhar que Breuer e Freud lançam sobre esse caso de histeria; nos sintomas da jovem reconhecem a existência de um sentido psíquico: Anna O. havia adoecido da doença mortal de seu pai, por amor a este.

Se a histeria não mais se apresenta sob esta forma tão notável de divisão em nossos dias, não quer dizer que alguns dos pressupostos ressaltados então, o da relevância da potência do pai para uma filha e o amor que esta a ele devota, não estejam presentes nessa estrutura neurótica ainda na atualidade. Significa apenas que os sintomas mudam conforme a época e que as manifestações histéricas, ajustando-se à modernidade, desenvolveram uma política nova que não mais passa tanto por conversões, estas menos habituais em nossos dias. Permanece verdadeiro que o que a histérica não consegue sustentar em sua existência, seu corpo o expressa. A histérica "age" o seu mal-estar, o seu mal ser.

A histeria contemporânea apresenta-se, pois, de forma mais consoante com o discurso dos nossos tempos, transformada nas novas figuras que a ciência, a biologia e a estética oferecem. Por não haver clínica do sujeito sem uma clínica da cultura é que cada época vive a histeria a seu modo.

A variedade dos enunciados da queixa das histéricas continua, no entanto, remetendo ao pai enquanto este está marcado pelo selo da carência. A verdade do amor da histérica pelo pai tem a ver com sua castração a qual transforma em seu grande segredo — segredo que ela, histérica, revela e encobre ao mesmo tempo. "O amor pelo pai", defende Jacques Lacan num de seus últimos seminários, "é a armadura que sustenta a histérica".[1]

O caso Dora, primeira análise extensamente detalhada por Freud em 1905, em que ele se vê às voltas com a ligação da jovem com a virilidade do pai e com o amor que ela lhe devota, mantém-se como modelo paradigmático da histeria até nossos dias.[2] Lacan serve-se do caso Dora como fio condutor para ilustrar, de acordo com diferentes abordagens, os mecanismos psíquicos envolvidos na histeria. Ele segue, assim, à sua maneira, o itinerário de Freud, ao mesmo tempo em que vai renovando a experiência da clínica da histeria. É Lacan que nos faz considerar o amor da histérica pelo pai articulado com as dimensões do desejo e do gozo a partir da lógica fálica e mais além dela, como voltarei a comentar.

Menciono a lógica fálica tão presente na economia psíquica da histérica para lembrar de que quando se diz que a mulher faz o homem, que ela o molda, é no sentido de querer ensiná-lo a se servir de seu falo ("ter" o falo é, supostamente, uma prerrogativa masculina por razões que desenvolverei adiante); a mulher tem uma ideia frequente de que se ela tivesse o falo, deste faria melhor uso do que o homem. É em relação a esse tipo de expectativa de uma filha em relação ao seu pai — que ele fizesse melhor uso do falo — que a filha cultiva uma vocação singular para sustentar a virilidade do pai e, depois, dos homens que em sua vida afetiva o sucedem.

O que é particularmente testemunhado nos dias de hoje em que há um pronunciado declínio do viril e, portanto, da figura do pai. As alterações nas subjetividades contemporâneas, bem percebidas na clínica, o comprovam. Num artigo publicado em 1956, "O último mundo novo", o filósofo Alexandre Kojeve, comentando o romance *Bom dia, tristeza* de Françoise Sagan, defende a ideia de um mundo desprovido de homens, que teria começado com Napoleão. Um mundo onde não somente o *viril* não é mais um valor, mas onde não há mais viril. O declínio do viril leva a um declínio do erotismo, de um erotismo masculino, pelo menos.[3]

Lacan escreve, em 1960, a respeito do declínio por vir da sociedade paternalista: "O Édipo não tem como se manter indefinidamente em cartaz nas formas da sociedade em que se perde cada vez mais o sentido da tragédia".[4] Temos de continuar nos interrogando *o que é o pai hoje?* desde a perspectiva da psicanálise pura como desde a atualidade da clínica psicanalítica contemporânea que devemos manter construindo, de acordo com os novos tempos.

No caso das duas Annas, além da divisão espetacular, um outro fator revela-se digno de atenção de Breuer: é que, no decorrer do tratamento, quando Anna, a sonâmbula, fala do fundo de suas ausências hipnóticas, a outra Anna, a do estado de vigília, cura-se de seus sintomas. Descoberta importante que permite a Breuer inventar o método da catarse de rememoração sob hipnose, a "cura pela palavra". Ainda não é a ideia do inconsciente, nem ainda o método psicanalítico, mas a via já estava aberta.[5]

Por esta via Freud enveredará. O relato do caso de Anna O. não mais abandona seus pensamentos. Deve ter contribuído para que ele, ao estagiar no Hospital Salpêtrière em Paris, lançasse um olhar novo sobre as histéricas que encontra. Procura falar com o neurologista Jean Martin Charcot a respeito, mas este não quer ouvir falar de nenhuma nova perspectiva sobre o padecer histérico do qual ele se considera mestre. Afinal, Charcot, à época reinando sobre as histéricas no âmbito deste Hospital, estava interessado em descobrir uma base orgânica para a histeria.

Já célebre no mundo inteiro, o grande neurologista francês hipnotizava mulheres do povo internadas no Salpêtrière. Diante de uma plateia de intelectuais, fazia desaparecer e depois reaparecer seus sintomas, paralisias ou convulsões, demonstrando que os sintomas histéricos não eram meras simulações. Na impossibilidade de dizer seu ser — esta, sua grande questão — a histérica não pode, aliás, mais do que favorecer encenações. Defendendo a tese da histeria ser uma doença nervosa e funcional, de origem hereditária, Charcot abre espaço para a formulação de um conceito novo ao qual chama de neurose.[6]

Por ter defendido o conceito de neurose, seu nome torna-se inseparável da história da histeria, das origens da psicanálise e também daquelas mulheres loucas, expostas, tratadas e fotografadas no hospital, em suas atitudes passionais. Essas mulheres, sem as quais Charcot não teria conhecido a glória, eram todas oriundas do povo. Suas convulsões, crises, ataques, suas paralisias eram consequência de traumas de infância, estupros, abusos sexuais condizentes com as condições sociais nas quais se inscreviam e nas quais não eram protegidas, mas fundamentalmente eram de natureza psíquica como Freud mostrará.[7] É, portanto, primeiro em relação ao que se pode chamar de paixão histérica "encenada" e duplamente "assistida" por Freud que ele dá seus primeiros passos nesse encaminhamento novo que será a psicanálise.

Quando retorna a Viena, Freud associa-se a Breuer para aprofundar o estudo dos mecanismos psíquicos — cujo interesse havia aflorado com o caso Anna — e não mais se dedica apenas aos aspectos anatômicos do sistema nervoso, embora por estes mantivesse sempre interesse. Os "Estudos sobre a Histeria", resultado desta parceria e deste empenho, são considerados o marco inaugural da psicanálise.[8]

A menção do peso de reminiscências na sintomatologia histérica é um índice suficientemente claro para Breuer e Freud compreenderem que há uma amnésia característica na histeria. Anna O., aliás, já os havia conduzido à descoberta de que o aspecto consciente não constitui o todo do psiquismo: há um aspecto inconsciente, por algum motivo recalcado, fundamento da neurose. Duas questões, a da feminilidade e a do inconsciente, entrelaçam-se, assim, na criação da psicanálise e constituem as duas principais vias pelas quais revela-se a clivagem entre os conteúdos aos quais o sujeito pode ter acesso e aos quais não pode ter acesso. A neurose histérica, de certa forma, uma manifestação do feminino, abre a via real do inconsciente. Antes de Freud e Breuer ninguém realmente se interrogara sobre o querer dizer do sintoma; ou, ainda, ninguém havia feito desta uma questão científica.

Freud e Breuer chegam à conclusão de que a histérica havia sofrido alguma experiência sexual de forma passiva, isto é, sem reação e à falta desta, a experiência teria resultado em desprazer. Momentos traumáticos desta natureza estavam na origem da histeria e, por isso, as histéricas sofriam basicamente de reminiscências. Freud foi além: dando-lhes a palavra, pôs-se a escutar as histéricas. A que escuta ele foi sensível?

Que os sintomas de que sofriam as histéricas não só queriam dizer alguma coisa, mas que eram uma mensagem cifrada de sentido sexual. Essa descoberta elucida a perspectiva psicanalítica de que a sexualidade não está lá onde acreditamos, apenas no espaço do enlaçamento amoroso, mas de fato, que a sexualidade transborda a relação sexual, alojando-se no campo do sintoma.

Que se tratava de neurose na histeria, tanto Charcot quanto Breuer podiam aceitar; que a causa desta afecção fosse sexual, não. Só Freud, no entanto, reconhece um componente sexual nos aspectos recalcados de Anna. Para ele, tal fato explica por que a jovem desenvolve uma gravidez imaginária, fantasmática, atribuindo a paternidade da criança a nascer a Breuer.

Breuer, particularmente implicado no caso, nada quer saber do que no fundo sabe, desta realidade sexual que engravida imaginariamente sua paciente. Foge dessa realidade e também de sua paciente, defensivamente refugiando-se numa segunda lua de mel com a mulher na Itália, a quem, de fato, engravida. Por pudico ou inconveniente que seja o véu mantido, semidescartado, sobre esse acidente inaugural da psicanálise que desvia o rumo de Breuer e o impede de dar continuidade à primeira experiência, no entanto sensacional, da *talking cure*, da cura pela palavra, é bem evidente que se trata de uma história de amor. Chega-se a esse ponto histórico onde nasce, do encontro de um homem e de uma mulher, de Breuer e de Anna O., aquilo que já é a psicanálise. Breuer, no entanto, não sabe que, sempre que numa relação terapêutica se institui a dialética em que um fala e um outro ouve e interpreta, o amor se faz presente.

O que comporta a ideia de que cada um ama em função do que supõe que o outro sabe do que ele ignora sobre si mesmo. Isso, na medida em que sempre se é um mistério para si; donde reside a questão aberta do amor dos analisados pelo seu analista a quem supõe um saber. No fundamento da transferência em psicanálise há a conjugação do amor com a palavra e o saber este, não mais que suposto.

De certa forma, a psicanálise satisfaz uma das mais importantes solicitações histéricas que é a de um saber sobre o sexo. O filósofo Sócrates, o puro histérico, que é o paradigma que nos permite entender como se pode ser indiferente ao amor e ao efeito do que é produzido por ele, permanece na História, como figura estimulante à produção de saber.[9] Tendo explicado que amor é amor por alguma coisa, Sócrates precisa que, em amor como no desejo, o objeto é, para aquele que o experimenta, "algo que ele próprio não possui, algo que ele próprio não é, algo do que ele está despojado"[10], Sócrates desloca o desejo e o amor para o campo do saber.

Essa conjugação do amor com o saber, fundamento da transferência em psicanálise, põe em marcha o percurso analítico. Freud concebe fazer do amor uma cura. Esse amor deslocado, amor logro, dito de transferência, é, para ele, a única cura possível para o aleatório sempre frustrante das buscas amorosas. Não se faz outra coisa no discurso analítico, do que falar de amor, diz Lacan.[11]

A transferência é, sem dúvida, uma experiência amorosa. Mas, não é uma experiência a mais. Sua particularidade consiste no fato de que no laço analítico só um é suposto amar: o analisando. O outro, o analista, é suposto o amado. A transferência é, então, um amor que se apoia numa estrutura de dessimetria. O analista não cede frente às demandas de amor do analisando; o desejo do analista é analisar, não amar o analisando. Embora a psicanálise não trabalhe *para* o amor, ela opera *pelo* amor... de transferência.

Que essa história de amor de Anna O. não tenha existido apenas pelo lado da paciente também não é duvidoso. Em termos contidos,

Jones, em seu primeiro volume da biografia de Freud, diz que Breuer foi vítima do que se poderia chamar, diz ele, de contratransferência um pouco acentuada.[12] O pequeno Eros, cuja malícia abateu Breuer no auge de sua surpresa, obrigando-o a fugir, encontra seu senhor em Freud.[13]

Embora Freud tenha suas próprias resistências em lidar com questões sexuais[14], ele é dotado da coragem moral de vencer suas próprias limitações e enfrentar esta questão de frente, para defender que "para fazer uma omelete é preciso quebrar os ovos"[15]. Com destemor, envereda por este caminho que o leva à edificação da psicanálise — da qual, aliás, a transferência na sua vertente de amor, torna-se um dos conceitos fundamentais.

A transferência é uma evidência de que o amor parece não ser mais do que um deslocamento — erro de pessoa. Sempre amo alguém, porque amo uma outra pessoa.[16] É Freud que primeiro nos adverte sobre os impasses da vida amorosa: amamos para não adoecer, porém, adoecemos quando amamos. Freud retoma aqui noções sobre a vida amorosa que ele colhera em outro psicanalista, Sandor Ferenczi. Para este, "o amor é uma espécie de 'zona fronteiriça' entre o estado doentio e o estado normal da alma humana".

Que o amor adoece dentro da situação terapêutica, explica porque na gravidez imaginária de Anna trata-se de uma transferência amorosa da paciente em relação a Breuer, este em posição de analista. Freud diz em 1915 que "nada nos permite negar ao estado amoroso, que aparece ao longo da análise, o caráter de um amor verdadeiro". Sua aparência pouco normal se explica suficientemente se considerarmos que todo estado amoroso, mesmo fora da situação analítica, lembra fenômenos psíquicos anormais.[17] Como dirá o psicanalista François Regnault, num texto de 1999: "O amor é anormal. Que ele adoeça é normal".[18]

Para a escritora Rosa Montero, a paixão amorosa talvez seja o exercício criativo mais comum da Terra (quase todos nós inventamos algum dia um amor), porque é a nossa via mais habitual de conexão com a loucura. Em geral, os seres humanos não se permitem outros delírios, mas aceitam o amoroso. A alienação passageira da paixão é uma doidice socialmente admitida. É uma válvula de escape que nos permite continuar sendo equilibrados em todo o resto.[19]

Questão levantada na poesia de Affonso Romano de Sant'Anna:

> Separar a parte sã da doentia parte
> quem no amor-paixão teria tal perícia e arte?[20]

Caberá à psicanálise demonstrar porque o amor é uma paixão do sujeito capaz de o fazer soçobrar a ponto de adoecê-lo e que a mulher, mais do que o homem é suscetível a sofrê-la.

Fantasias de desejo
Defender que as experiências das histéricas não eram reminiscências quaisquer, mas sim umas de cunho sexual, é o ponto de divergência que separa Freud de Breuer. Atribuindo um componente sexual na origem da neurose, Freud contrapões a experiência passiva de sedução que a histérica teria sofrido na infância por parte de outra criança ou de um adulto (que lhe teria gerado desprazer) com a experiência ativa de sedução na infância do neurótico obsessivo em outra criança (que lhe teria causado prazer, mas consequentemente, culpa por ter cometido tal ação).

Aqui se conjuga o primeiro critério de distinção dos sexos apresentado por Freud aliando feminilidade com passividade e masculinidade com atividade e pelo qual procura, por outro lado, dar conta do diagnóstico diferencial entre a histeria e a neurose obsessiva.

Na equiparação da feminilidade com passividade não deixa de residir o preconceito de Freud à época. Afinal, a primeira versão de Freud sobre a feminilidade estabelecia que a menina deveria renunciar à sua sexualidade ativa para voltar-se para o pai, assumindo uma posição passiva frente ao homem; nisso consistia, a seu ver, a verdadeira essência da mulher. Freud não demora a descobrir que há atividade para todo sujeito, isto é, para os dois sexos, o que o faz postular a existência de uma só libido tanto para homens como para mulheres. Mas para defender que a libido é ativa, ele diz: a libido é viril.[21]

Se a histeria continua sendo a neurose por excelência da mulher e a neurose obsessiva a do homem — embora existam mulheres obsessivas e homens histéricos — já não consideramos hoje a distinção entre atividade e passividade como sendo características de um sexo ou de outro. Os motivos da predominância de uma estrutura clínica ou outra nos sexos devem ser encontrados na forma diferente como homens e mulheres se estruturam subjetivamente.

Freud, ele próprio, se lança numa via em que reconsidera suas primeiras formulações a respeito da questão da suposta sedução da histérica na infância, sedução que teria experimentado de forma passiva e à qual ele atribuía uma influência determinante no seu destino de mulher.

Impressionado pelo relato de suas próprias pacientes histéricas em que a figura do pai mostra-se preponderante, Freud num primeiro tempo acredita que esse trauma (ser seduzida) teria realmente acontecido: as histéricas tinham sido seduzidas na realidade pelo pai ou um substituto deste.

A perspectiva de o pai ser o sedutor da filha mostra-se logo insustentável. Numa carta ao médico Wilhelm Fliess, Freud admite que "suas histéricas" o teriam enganado[22]; afinal, não poderia haver tantos pais perversos quanto havia casos de histeria.

É verdade que Freud não tolera bem este lugar de enganado. O que ficará claro no caso da análise da jovem homossexual a quem não perdoa ter-lhe mentido sobre suas pretensões matrimoniais, inexistentes na realidade.[23] Ao apegar-se à mulher de reputação duvidosa, bem notada na cidade, a jovem homossexual lança um desafio ao desejo do pai que espera vê-la seguir os caminhos de uma verdadeira feminilidade. O desafio lançado ao pai se estende a Freud na análise: "O senhor quer que eu ame os homens, o senhor terá isto quanto quiser, sonhos de amor pelos homens". Esse é o teor da mentira pela qual a jovem homossexual engana Freud, pretendendo fazer crer que "sonhava com homens". A jovem percebe o desejo de Freud, seu sonho de uma vitória de amor, uma mulher se unindo a um homem como "a agulha ao fio".

O reconhecimento de que, afinal, não poderia haver tantos pais perversos a seduzir filhas permite a Freud deslocar o acento do trauma como fato realmente ocorrido para a formulação de um conceito novo, o da fantasia. Dar-se conta de que a cena de sedução era uma fantasia histérica e não um dado da realidade representa um enorme avanço para o desenvolvimento da teoria psicanalítica que Freud estava construindo.

O termo fantasia foi utilizado por Freud primeiro no sentido corrente que a língua lhe confere, como nos esclarece o verbete do dicionário de Antonio Houaiss[24]: "faculdade de imaginar, de criar pela imaginação algo sem ligação estreita e imediata com a realidade". Desde os "Estudos sobre a histeria", Breuer e Freud tratam das manifestações histéricas e esse mais ainda que aquele, ao expor o caso de Anna O., privilegia o registro da imaginação, das fantasias de sua paciente, sem dar grande importância aos acontecimentos vivenciados por ela na realidade.

Logo em seguida, Freud descobre que a fantasia comporta uma estrutura de desejo. Não se trata mais, portanto, somente de um cenário imaginário qualquer que a fantasia põe em jogo, mas que ela tem origem numa das três instâncias que, segundo ele teoriza, fundamentam o funcionamento psíquico: consciente, pré-consciente ou inconsciente. A distinção entre as três instâncias é conhecida como "a primeira tópica freudiana". Ela dá conta do primeiro objetivo freudiano na clínica: tornar conscientes, conteúdos inconscientes. O inconsciente permite, pois, situar o desejo. Este é o sentido do encaminhamento original dado por Freud às suas reflexões sobre o desejo já inteiramente não somente implicadas, mas propriamente articuladas e desenvolvidas em sua "interpretação dos sonhos".[25]

Freud se dará conta das limitações dessa primeira tópica para explicar a constituição do Édipo que é um dos pilares de seu edifício teórico e, principalmente para dar conta do Édipo feminino. Nada na primeira tópica diferencia o funcionamento psíquico dos sexos; ela é igualmente válida na constituição de homens e mulheres. Uma segunda tópica do funcionamento psíquico será formulada por Freud para responder à constatação de que o Édipo feminino não se constitui da mesma forma do que o masculino como acreditara até então. Mais uma vez a sexualidade feminina provoca uma mudança de rumo da teoria freudiana. Das três instâncias que ele preconiza para a constituição da subjetividade nesse momento — isso, eu e supereu —, é principalmente em relação à constituição do supereu que Freud indica haver uma diferença na estruturação subjetiva dos sexos. O supereu, considerado o herdeiro do complexo de Édipo e das instâncias parentais introjetadas, teria um destino diferente em homens e mulheres, na medida em que, como voltarei a tratar, as mulheres não têm a mesma inscrição do que os homens no complexo de Édipo.[26]

Por apresentar-se no prolongamento do pensamento freudiano, a trilogia da constituição do aparelho psíquico que Lacan formula através de três registros — do simbólico, do imaginário e do real — é conhecida como a "terceira tópica", uma forma a mais de reconhecer que Lacan é no início de seu ensino muito freudiano.

Lacan será mais explícito que Freud quanto ao registro diferente que homens e mulheres têm em cada uma dessas instâncias. Se as mulheres não se inscrevem totalmente no registro simbólico e no Édipo — tese sobre a qual Lacan funda, na última parte de seu ensino, a especificidade da sexualidade feminina —, isto afetará suas relações com os registros do imaginário e do real; e afetará mais, consequentemente, as relações das mulheres com as dimensões do desejo, do gozo e do amor.

Voltando à ideia da fantasia, se, para Freud, ela implica um ou mais personagens, é porque põe em cena de maneira mais ou menos disfarçada um desejo: desejo infantil, de busca de um objeto perdido para sempre e matriz dos desejos mais atuais. É a primeira forma encontrada por Freud para dar conta da importância do desejo na constituição da fantasia: não há relação imediata entre a fantasia e os fatos concretos vividos pela criança, pois há sempre o desejo em jogo. Na realidade, só os desejos inconscientes estão implicados numa definição estrita do conceito psicanalítico de fantasia e, por isso, algumas dessas fantasias inconscientes só se tornam acessíveis ao sujeito numa análise.

Compreender que a sedução experimentada pela menina se revela mais como resultado de fantasias de desejo da mesma em relação ao pai do que cenas realmente ocorridas, tem uma grande repercussão na teorização de Freud. Em primeira instância, porque a substituição da cena de sedução pela fantasia modifica a função paterna. O pai se converte no parceiro da dialética do desejo; isto é, o abandono da teoria de sedução faz do pai parte da formação do inconsciente.

A menina pensada sem defesa, supostamente vítima de uma sedução de um adulto, torna-se protagonista ativa dessa fantasia de sedução. Um novo tempo inaugura-se então.

Uma nova teoria do édipo feminino
A associação entre fantasias de desejo na menina em relação ao pai articula-se logo em seguida à descoberta freudiana, para grande escândalo na época, da existência da sexualidade infantil. Voltar-se para o estudo da constituição psíquica da menina, oferece uma saída

para o impasse ao qual Freud chega quando deve reconhecer, com alguma perplexidade, a impossibilidade de ter acesso ao enigma que a mulher encerra, como era seu propósito inicial. Mais do que encerrar um mistério, a mulher o é.

A abordagem de Freud da sexualidade infantil ia de encontro à ideia, prevalecendo no fim do século XIX, de uma suposta inocência da criança, considerada "anjo sem sexo" até a puberdade. O parágrafo que abre o ensaio sobre a sexualidade infantil é revelador da posição crítica de Freud a respeito das consequências da ignorância da época no que se refere às condições fundamentais da vida sexual: "É pensamento corrente a pulsão sexual estar ausente durante a infância e só surgir no período designado como o da puberdade. Não se trata aqui de um simples erro, mas de um erro de graves consequências".[27]

Quando Freud menciona pulsão nesse texto de 1905, ainda não se trata do conceito que ele formulará explicitamente dez anos mais tarde quando a pulsão é definida como um fenômeno dando-se entre "o psíquico e o físico" e que se mostrará estreitamente ligado com a fantasia e o desejo.[28] Quando, nesse primeiro tempo, Freud se preocupa em entender o funcionamento da mente humana, ele o faz em termos que incorporam o estudo das paixões na melhor herança de Espinosa.

Em sua *Ética*, o filósofo apresenta a definição de 32 sentimentos, como alegria, tristeza, ódio, todos compostos de ingredientes mais simples, que são o amor, a esperança e o medo. Dentro dessa tradição de considerar algumas paixões derivadas e outras primitivas, Freud acaba optando por definir duas delas como realmente primordiais. Foi a isso que ele chamou de pulsão, sendo que as duas são as seguintes: a pulsão sexual e a pulsão de morte. Aí ele se dedica ao estudo dessa primeira dualidade que o leva a dizer que a sexualidade não tinha apenas uma função reprodutiva, mas um alcance muito maior do que se supunha.

Esse alcance podia ser mostrado através da análise do que já se chamava de perversões sexuais. Freud se dá conta de que essas perversões sexuais nada mais são do que prolongamentos e amplificações de elementos que estão presentes em toda a sexualidade. A partir dos "Três ensaios para uma teoria da sexualidade"[29], a criança é vista como "perversa polimorfa", indicando por aí a prevalência de pulsões parciais, a oral e a anal, as duas únicas ressaltadas por ele inicialmente.

Freud faz, então, uma análise do primeiro ato sexual, que é chupar o dedo e qualifica aí a pulsão oral. Ele sustenta que no ato de chupar o dedo estão presentes todos os componentes da sexualidade. Há a fantasia, na qual esse dedo substitui o seio da mãe; há também a busca do prazer pelo prazer, já que daquele dedo não sai leite; há ainda o caráter autoerótico porque o dedo está presente a qualquer momento e não depende de um "outro".

A grande descoberta de Freud é que se trata sempre de pulsões parciais, já que inexiste a pulsão genital, uma que poderia responder pela complementaridade entre os sexos. O inconsciente desconhece a biologia na medida em que nada nele dá conta da diferença dos sexos: um sexo não é o reverso do outro. Pelo contrário, como voltarei a abordar, o inconsciente só conhece um significante do sexo, o falo, e este é masculino. É com esse significante que tanto homens quanto mulheres contam para lidar com a sexualidade no inconsciente e evidentemente, de forma diferente.

Desde o início das análises da histeria podemos verificar, com Freud, que o fracasso da repressão e sua relação com o gozo para o qual a pulsão aponta é a condição prévia da formação de sintomas no horizonte do pai.

Freud retoma a questão da relação amorosa da menina com o pai através do peso que ele descobre que as fantasias ocupam na constituição do seu psiquismo. É o que está no cerne do estudo "Bate-se numa criança", no qual ele avança na compreensão das consequências que as fantasias incestuosas da menina em relação ao pai — e do consequente recalque dessas fantasias — acarretam para a subjetividade da menina.[30] Essa fantasia, recorrente nas meninas, compõe-se de três tempos.

No primeiro tempo, o pai bate numa outra criança, o que seria considerado pela menina em questão como uma prova de amor: o pai a ama, a ela, e não a uma outra criança. No segundo tempo, o pai bate nela, o que é vivido como um castigo pelas suas fantasias incestuosas em relação ao pai, por querer ser amada por ele. No terceiro tempo, surge uma figura indistinta substituta da figura paterna, que bate numa criança indeterminada: não se sabe bem quem bate e quem apanha. Nesse último tempo, Freud identifica um traço perverso, um certo *voyeurismo*, porque há um prazer envolvido na contemplação da cena de uma criança apanhando; perguntadas, as meninas costumam responder "estou olhando".

O momento forte dessa fantasia está principalmente no segundo desses três tempos, quando se revela que a menina deseja ser castigada para diminuir sua culpa pelo amor incestuoso. A fantasia masoquista aparece como substituto do amor edípico dirigido, naquele momento, ao pai. Para Freud, o amor representa um papel de primeira grandeza nas fantasias masoquistas manifestadas pelas mulheres em tratamento.

As fantasias de desejo da filha em relação ao pai existem e constituem um fator importante na sua subjetividade. É porque ele é pai, que a filha o ama, mas, no fundo, é um homem como os outros. Qualquer homem que uma mulher ame em sua vida será um substituto do pai.

O que chamamos a histeria, a histeria feminina, é quando o parceiro na vida amorosa continua sendo o pai. Foi o que a histérica ensinou a Freud, com o caso de Anna O., a primeira. Ela permanecera naquilo que chamava de "cadeia das filhas", virgem entre as virgens, identificada à sua fidelidade de filha de seu pai.[31]

Este é o tema abordado com sensibilidade pelo célebre filme *Pai e filha (Banshun)*, de 1949, do cineasta japonês Yasujiro Ozu. Trata-se de uma jovem que vive com o pai viúvo e cuja intenção é não se casar; seu desejo de continuar a desfrutar da companhia paterna fica cada vez mais evidente. Tal postura é uma grande preocupação para ele, por temer que se eternize na vida da filha. Resolve, então, levá-la a crer que ele pretende casar-se novamente visando, dessa forma, "libertá-la".

Evitar que o lastro libidinal do amor ao pai se fixe sobre o recalque da vertente erótica deste amor na saída do Édipo é para uma filha a possibilidade de casar; isto é, abrir mão do nome do pai para assumir o de outro homem. Não nos perguntamos somente como a histérica que amou demais seu pai consente, enfim, ao amor físico e à escolha de um marido. Nos perguntamos igualmente com qual amor ela gratificará seu parceiro.

Isto porque, se há algo que a histérica, por exemplo, não quer perder, quer se case ou não, é o amor ao pai. É esta dificuldade que foi salientada por Freud quando diz que a filha se refugia no amor ao pai como num porto seguro. Se do porto seguro que o pai representa para uma filha, esta tem dificuldade de se afastar, isto não quer dizer que esse refúgio a proteja das tempestades.

É preciso que o pai possa acolher as investidas psíquicas das filhas, fruto de seu amor por ele, sem receio nem gozo. Cabe ao pai enlaçar o gozo ao amor.

"Pai, como você ama, qual é seu desejo"?
Na fantasia fundamental revelada em "Bate-se numa criança", Freud constata o amor da filha pelo pai a lhe gerar culpa e necessidade de castigo.

Contudo, ainda estava longe de saber que essa fantasia comporta uma pergunta que a filha dirige ao pai: "Pai, como você ama, qual é seu desejo?".

O caso de Dora é a primeira incursão freudiana nessa questão da pergunta que a filha dirige ao pai quanto ao seu desejo. Não que Freud disso se dê conta no início. Em função de seus próprios sentimentos, de seus desejos, de suas fantasias, Freud sonha com uma vitória do amor para resolver a situação familiar e amorosa da qual Dora se queixa quando chega à análise; situação familiar vivida pela jovem como uma desordem em seu mundo.

O sujeito, quer dizer, Dora, como sempre o faz um sujeito (homem ou mulher) nestes casos, se perguntar: "se eu sou prejudicado por essa desordem que há no mundo causada por meu marido, minha mulher, meu pai, minha mãe e assim por diante, que posso fazer contra essa desordem do mundo que não causei?". Esta é a pergunta com a qual os analisandos costumam vir às primeiras entrevistas de análise. Dora é uma dessas analisandas que se apresenta como "a alma bela" de Hegel, que foi submetida a pactos sinistros entre os personagens de sua família, nos quais ela se considera vítima das circunstâncias. Do que se queixa Dora?

Dora diz a Freud que o pai é hipócrita e mentiroso por manter um relacionamento amoroso com a Sra. K., esposa do Sr. K. e mãe de dois filhos. A família de Dora e a família dos K. se frequentam com assiduidade, inclusive, passando férias juntas. Se o pai de Dora e a Sra. K. são amantes, trata-se de uma condição que se tornou possível por um bom tempo, não só graças ao silêncio, como também graças à cumplicidade da própria Dora. Algo faz Dora mudar essa sua posição e ela passa a denunciar a relação que seu pai mantém com a Sra. K.

A mudança em Dora é o motivo do pai da jovem a levá-la a Freud para que este demova a filha das acusações que passara a imputar a ele próprio e a Sra. K. Freud conhece bem a mentira social para deixar-se enganar pelo pai de Dora e, por isso, aceita como verdade o que Dora diz a respeito dele: que ele é mentiroso e hipócrita e que, sim, ele e a Sra. K. são amantes.

Mas, além de acolher a denúncia de Dora, Freud realiza a primeira inversão dialética analítica. Esta inversão tornou-se um paradigma do que se almeja introduzir numa entrada em análise de qualquer sujeito: "Qual é sua parte nesta desordem da qual você se queixa?". Essa questão da implicação subjetiva do sujeito, seja homem ou mulher, nas desordens do mundo das quais ele ou ela vem se queixar numa análise, é a primeira grande lição de clínica psicanalítica a nós legada por Freud. O ato analítico consiste em implicar o sujeito em seu queixume, no próprio motivo de sua queixa. O que motivara a cumplicidade da própria Dora na manutenção da relação do pai com a Sra. K. por um bom tempo?

Por um lado, há uma participação ativa de Dora na sustentação da relação dos dois amantes. Preocupa-se em deixá-los a sós nos momentos apropriados, assegurando-se de que não sejam perturbados. Faz isso, sustenta Lacan, em sua releitura do caso, porque dessa forma ela acreditara poder fazer parte do circuito de trocas simbólicas ocorrendo entre os dois.[32] O pai tanto presenteava a Sra. K. quanto Dora, com joias, objetos valiosos. Dora já tem bastante conhecimento para saber que seu pai é sexualmente impotente (em contraponto com a sua potência financeira) e que os presentes dados à mulher representam uma compensação fálica para a sua falta de potência sexual. Se Dora sabe que seu pai é sexualmente impotente, ela sabe também que o desejo dele pela Sra. K. é um desejo insatisfeito. Essa questão da impotência do pai é um dado importante para a histérica, porque um dos propósitos da estratégia histérica é denunciar a verdade do mestre-amo: a de que ele é castrado. A esse aspecto que é característico da posição histérica, retornarei mais adiante.

Nesse veio do desejo insatisfeito se revela a identificação de Dora com seu pai, inspirada em seu ideal de homem que a menina teria ansiado tornar-se. Esse é o motivo de Dora precisar também ter um desejo insatisfeito, "como seu pai". Enquanto isto, Dora aceita a corte que o Sr. K., marido da Sra. K., lhe faz, sem, contudo, a esta corresponder. Sr. K., com suas investidas amorosas, tem a função de manter o equilíbrio de desejos insatisfeitos perseguidos por Dora: o do seu pai e o seu. Acrescido ainda no cenário da trama, o desejo insatisfeito do Sr. K., ele próprio.

Ora, Freud está longe de compreender que Dora busca esse tipo de equilíbrio nesta desordem que impera entre as duas famílias: o dos desejos insatisfeitos. Ele continua a valorizar o suposto amor que o Sr. K. inspiraria a Dora e, nesse sentido, sempre a empurra para o encontro com ele. Freud procurava solucionar tudo de modo pós-moderno, procurando casar Dora com o Sr. K. e a Sra. K. com o pai de Dora.

Quando Dora lhe dava as mais variadas respostas recusando esse caminho, Freud insiste, até que numa oportunidade, Dora já não o contradiz, mas na sessão seguinte avisa que vai abandonar a análise: "Sabia que esta é a última vez que venho?".

O que Freud não compreende a tempo para evitar a saída de Dora da análise?

Freud tem dificuldade em reconhecer que o objeto de interesse de Dora, além de sua curiosidade sobre a potência do pai, era a Sra. K. Esse interesse se revela pela sua atração fascinada pela Sra. K., pelo seu "corpo branquíssimo", em suas palavras.

O que intriga Freud é justamente o fato de Dora não manifestar nenhum rancor em relação à Sra. K., que parece ter sido quem acusara Dora de ser uma intrigante, uma mentirosa, críticas em seguida endossadas pelos outros membros do quarteto em questão. Qual é o segredo da lealdade de Dora para com a Sra. K.?

Freud confessa que sempre tivera uma espécie de preconceito para reconhecer a questão do laço homossexual nas histéricas. Só depois do fracasso do tratamento, ele pôde pensar a questão de Dora em termos de uma tendência homossexual e, assim mesmo, sob a perspectiva de perversão — perversão que à época ele considerava como uma inversão quanto ao objeto sexual. Lacan esclarecerá o quanto essa tendência, vista como homossexual por Freud, pode ser mais atribuída ao fato de uma mulher procurar junto a uma outra mulher uma resposta para suas indagações sobre a sua própria sexualidade feminina. Que a tendência homossexual na histeria não é o mesmo que homossexualidade, é um aspecto que ele desenvolve muito bem em seu seminário sobre *A relação de objeto*.³³

Lacan, em vez de sublinhar na mulher homossexual uma suposta desistência da feminilidade, acredita, ao contrário, que a feminilidade constitui para ela o interesse supremo. Quando as mulheres são amorosas (*âmoureses*), diz Lacan, quando elas amam a alma (*âment l'âme*), isto as conduz a serem fora-sexo ou homossexuais.³⁴ Para a homossexual, torna-se fácil o discurso do amor, que é uma paixão que pode ignorar o desejo.

Quer dizer que quando a mulher homossexual rivaliza enquanto sujeito com o homem, é com a intenção de exaltar a feminilidade — pelo fato de que ela a localiza do lado de sua parceira e só participa da mesma através da outra, "por procuração". Vem, em seguida, uma forma muito natural da mulher falar dela mesma com suas "qualidades de homem".

Se Freud tivesse se disposto a enfrentar o que Dora realmente procurava junto à Sra. K. e tivesse abordado a questão pelo ângulo da questão da sua feminilidade, em vez de se centrar exclusivamente na relação que a jovem mantinha com o Sr. K., teria favorecido uma verdadeira entrada em análise de Dora e não ao contrário, seu abandono.

O que foi, então, que realmente aconteceu para que Dora desistisse da cumplicidade que mantinha com o quinteto que formavam seu pai e sua mãe, Sr. e Sra. K. e ela própria?

Foi o equilíbrio até então conseguido por Dora, no qual encontrara uma realização em relação aos outros envolvidos na trama, ter-se rompido por uma fala do Sr. K. à beira de um lago. Na cena do lago, que passaria para a história da psicanálise, ele faz uma declaração à Dora que revela o peso do que um homem pode inadvertidamente dizer a uma mulher: "Minha mulher não é nada para mim", diz o Sr. K. à Dora, provocando nela uma passagem ao ato, uma bofetada de ruptura. Quando o Sr. K. diz essa frase e Dora lhe dá uma bofetada, começam a se manifestar os sintomas de Dora: "Se ela não é nada para você, que sou eu então?".

Aparentemente, segundo o que se escuta nos consultórios, toda histérica que está envolvida num caso com um homem casado, pede que este, por fim, lhe diga: "Minha mulher não é nada para mim". E o que pode ocorrer — nem sempre, mas frequentemente — é que quando o sujeito em questão diz isto, a histérica reage negativamente ou foge da situação. Algo que se deve levar muito em conta na clínica.[35]

Enquanto no jogo dos quatro, o pai amava a Sra. K. e Dora e o Sr. K. desejava a Sra. K. e amava Dora, tudo estava bem. Mas quando o Sr. K. quer colocá-la na posição de mulher que a Sra. K. era para ele até então, quando esta passa a "nada mais ser para ele", Dora foge. Dora sabe que o Sr. K. é potente — afinal, trocara confidências com a Sra. K. sobre a intimidade do casal — mas ela quer manter o Sr. K. perto da Sra. K como homem de desejo (e de um desejo insatisfeito perto dela mesma) como homem que é potente, que faz de uma mulher, causa do seu desejo.

Se Dora se esquiva na cena do lago, é porque o Sr. K. lhe oferece o lugar de objeto de seu desejo e quer realizar seu gozo sexual através dela — o que é uma posição insustentável para Dora, como histérica que ela é, pois este é o lugar da mulher, lugar que Dora recusa. Essa condição que encontramos na histérica, a mulher (não-histérica) não apresenta.

O que a histérica recusa é o gozo feminino que ela prefere deixar para uma outra mulher. À Dora não interessa um homem que não esteja referido a uma outra mulher. É pela intermediação de um homem com um vínculo com uma outra que a histérica pode colocar sua questão, a da "outra mulher".

A atração que Dora sente pela Sra. K. deve-se, em grande parte, à sua crença de que a Sra. K. aceita ser objeto de desejo para um homem, isto é, para o pai de Dora e para o Sr. K. Eis o grande divisor entre a posição histérica e a posição feminina: a mulher aceitar ou não, ocupar uma posição feminina que o desejo de um homem lhe oferece.

Ao ocupar essa posição feminina, de ser objeto pequeno *a* como dirá Lacan, de um homem, a Sra. K. salvava Dora ao mesmo tempo de sua captura: de ser capturada pelo Sr. K. Dora sente-se livre para viver suas questões de histérica, até o momento em que o Sr. K. rompe este equilíbrio que ela encontra, o de não ter de ficar no lugar de objeto de gozo para um homem.

A partir desse ponto, Dora denuncia a situação que até então favorecera e se queixa particularmente do pai: a de ele a estar oferecendo como objeto de troca ao Sr. K. para poder ele mesmo continuar a manter a relação com a Sra. K. A sua pergunta é: "Se a Sra. K. nada é para o Sr. K., o que sou eu para o meu pai?".

Quando Dora se rebela e para de favorecer, e mesmo sustentar, a relação de seu pai com a Sra. K., ela desafia o pai não só na ordem da troca simbólica, mas igualmente na ordem de seu desejo. "O que você vai fazer para sustentar seu desejo sem a Sra. K?".

Trata-se nessa formulação da forma pela qual o pai considera a mulher em sua fantasia — questão de fundamental importância na constituição da feminilidade da filha. O que aparece aqui é a figura do pai desejante, o pai em torno de uma causa sexual, isto é, aparece um pai que faz de uma mulher a causa de seu desejo. Um pai só tem direito ao respeito e também ao amor, dirá Lacan, se ele faz de uma mulher a causa de seu desejo.[36]

O reconhecimento do pai por uma filha depende da condição de que ele tenha afrontado o gozo de uma mulher, que tenha sabido fazer de uma mulher sua causa. A filha dá seu consentimento a esse pai que faz de uma mulher a causa de seu desejo.

A outra face do amor: o amor à mãe

A dimensão da demanda de amor por parte da menina dirigida ao pai não pode ser compreendida por Freud enquanto ele não ultrapassa sua leitura limitada do que considera "complexo-pai"; este, baseado na sua primeira teoria do Édipo, sob cuja óptica a análise do caso Dora se inscreve. Por esta teoria, a menina primeiramente ama o pai enquanto o menino primeiro ama a mãe.

Compreender que não é bem assim e que a mãe é tanto para a menina como para o menino o primeiro objeto de amor; e mais, que há uma relação muito particular da menina com a mãe no primeiro tempo de existência, leva Freud a uma releitura da teoria do Édipo. O pai que parecia ocupar o lugar principal na dimensão amorosa da menina, desde o início da vida, revela-se, na realidade, herdeiro de uma transferência de amor que originalmente havia sido endereçado exclusivamente à mãe. É dessa transferência de amor da mãe para o pai — transferência que nunca é completa, sempre deixa um resto — cujas consequências se trata de analisar.

Descobrir que a mãe é o primeiro objeto de amor da menina dá um sentido novo a todas as formulações anteriores feitas por Freud em relação à sexualidade feminina. Desde o fracasso no caso Dora e de sua desistência em fazer as mulheres lhe revelarem seu segredo — o segredo da feminilidade — como havia sido seu propósito e sua pretensão no início de sua clínica, Freud deixara de tecer considerações sobre a sexualidade feminina de todo.

É a importância da relação com a mãe (até então negligenciada por Freud em suas análises) que começa a despontar em duas observações clínicas, a da jovem paranoica (1915)[37] e a da jovem homossexual (1919)[38]; são esses dois casos que favorecem a retomada, uns poucos anos depois, em três textos fundamentais[39], do complexo de Édipo feminino. Se, ao longo desses anos, Freud evita a questão do Édipo feminino e centra-se sobre o Édipo masculino, alegando vagamente que "na menina, devia ser parecido", agora começa a se mostrar interessado em aprofundar a questão do Édipo na menina. Édipo que se apresenta mais lacunar e nebuloso do que o do menino.

Fica claro para Freud que a complexidade da constituição subjetiva da menina deve-se à particularidade da relação da menina com a mãe, até então não reconhecida. Justifica falar-se numa relação pré-edípica da menina com a mãe, de um teor e de um significado inexistentes no menino.[40]

O que dá o tom dessa relação pré-edípica é que ela terá enorme peso na dificuldade que a filha terá de se separar da mãe um dia e seguir seu próprio destino de mulher. Dessa dificuldade de separação com a mãe, Freud fará o centro de todas as suas reflexões a respeito da sexualidade feminina. O fundamento de sua questão a respeito da mulher passa a ser: se a mãe revela-se o primeiro objeto de amor, tanto da menina como do menino, por que é mais difícil para a filha se separar da mãe do que o é para o filho?

Para responder a essa pergunta, Freud analisa inicialmente o que faz tanto o menino quanto a menina renunciarem ao seu primeiro objeto de amor, a mãe, para depois estabelecer a significação diferente que o processo de separação com a mãe se dá num e noutro dos sexos. Para tanto, ele recorre à distinção entre duas variáveis que regem respectivamente os psiquismos masculino e feminino, distinção esta por ele estabelecida desde seus "Três ensaios sobre uma teoria da sexualidade"[41]: no homem, a existência de um medo de castração; e na mulher, a de uma inveja de pênis.

É o medo da castração supostamente a ser impetrada pelo pai que faz o menino renunciar ao amor devotado à mãe e, dessa forma, solucionar seu Édipo. Não é o mesmo o que ocorre na menina. Não é a ameaça de castração que leva a menina a resolver seu Édipo, pois castrada (imaginariamente) ela já é, diz Freud. Então é o quê? Freud procura resposta para essa dificuldade da menina retomando a ideia de inveja de pênis e a inserindo dentro do contexto do complexo de Édipo.

O que significara a inveja de pênis até então?

A inveja de pênis que é introduzida por Freud em seus "Três ensaios"[42] surge, segundo sua tese, como consequência do sentimento de inferioridade na menina em vista do fato de não possuir o mesmo órgão que o menino; sentimento compartilhado por ele que aufere uma satisfação narcísica do órgão com que a natureza generosamente o dotou.

Essas primeiras postulações de Freud a respeito da inveja de pênis na economia psíquica feminina refletem, sem dúvida, uma visão imaginária limitada e limitante na medida em que a inveja de pênis era considerada signo de inferioridade da mulher em relação ao homem; o que revela a posição misógina inicial de Freud, ele próprio, embora não devamos esquecer que a psicanálise nasce no fim do século XIX numa sociedade ainda dominada pelos homens.

Se a tese freudiana da inveja de pênis foi contestada pelos movimentos feministas da época, inclusive de analistas mulheres, mais as pertencendo à chamada Escola Inglesa de Psicanálise, à frente da qual encontrava-se Melanie Klein, é porque se identificou na distinção anatômica dos sexos — ter ou não ter pênis — a tentativa de manutenção da ascendência do homem sobre a mulher. Combater a ideia da inveja de pênis tornou-se, a partir dos anos 1960, principalmente nos Estados Unidos, o lema dos movimentos de liberação da mulher.

Muito do Movimento de Liberação da Mulher tem a ver tanto com legítimos anseios femininos de igualdade de direitos entre os sexos, mas pode abrigar aspectos de rancor da histérica, por exemplo, face aos homens, que a faz querer passar-se deles, descartando-os. Elas têm esta liberdade, sem dúvida: tornar os homens descartáveis. Para as mulheres, evitar os homens é possível e sempre mais. O desenvolvimento da ciência lhes dá, de fato, meios inéditos que permitem, por exemplo, separar a procriação e o ato da carne, o que abre a via à maternidade sem homens. Só não podem evitar a problemática fálica que marca todo ser humano desde que dirige sua demanda a um Outro que o precede, como voltarei a abordar.

O fato de o conceito freudiano de inveja de pênis ter ficado associado a uma ideia de desvantagem social da mulher frente ao homem em nossa sociedade favoreceu que não se levasse em conta a importante contribuição que o estudo da sexualidade foi permitindo a psicanálise realizar a partir do conceito de inveja de pênis.

Quanto mais não seja porque é o primeiro conceito que chama a atenção para um fato estrutural da vida psíquica da mulher: o confronto com a falta na ordem de seu corpo. Não que falte algo no corpo da mulher, mas é que sua anatomia favorece a inscrição da mulher na ordem de uma falta.

É verdade que a mulher não seria, como o desenvolvimento da psicanálise mostrará, a única marcada por uma falta, pois a falta faz parte da estrutura de todo sujeito de qualquer sexo. Freud disto já nos dera uma ideia ao formular a perda de objeto como fundamental na subjetividade do sujeito. A diferença é que a falta não se inscreve da mesma forma em homens e mulheres. Há uma falta estrutural no homem enquanto sujeito. Há uma dupla falta na mulher: como sujeito e como mulher, aspecto sobre o qual me deterei mais adiante. Embora Freud empregue a mesma expressão "inveja de pênis" do início ao final de sua obra, há uma grande distância conceitual entre as primeiras e as últimas formulações sobre essa postulação que ele considera básica na constituição psíquica da mulher. A dimensão das reformulações freudianas nem sempre foi devidamente levada em conta.

Ainda hoje temos testemunhos de uma perspectiva limitada do conceito de inveja de pênis de Freud. O que faria uma autora, Catherine Blackledge, publicar um livro, por motivos pessoais, principalmente "por não estar feliz com o que tinha entre as pernas?", em suas palavras.[43] Ela se sentia, escreve, depreciada por causa de sua vagina e, portanto, alega, não podia estar orgulhosa de possuir genitália feminina. Ao procurar em fatos aleatórios de mito, da ciência e da história, uma visão mais satisfatória da vagina, Blackledge declara a natureza como autoridade, quando na verdade, como Freud salienta desde os anos 1920, a natureza pouco pode nos dizer sobre o que pensar de algo tão humano e subjetivo quanto à sexualidade feminina que independe da anatomia. É momento de voltar a Freud para elaborá-lo.

Só depois retomarei a questão de que a descoberta da importância da mãe na vida da filha é o que começa a ampliar o escopo de sua formulação da inveja de pênis. Não é o medo da castração que ameaça a menina; é o medo da perda de amor, consequência da inveja de pênis. É pela dificuldade de separação com a mãe que Freud chega à associação entre inveja de pênis e ameaça de perda de amor no psiquismo feminino.

Na realidade, com a introdução da inveja de pênis e a ameaça de perda de amor a ela associada na vida psíquica feminina, Freud antecipa uma questão que a psicanálise trabalha até às suas últimas consequências: o que a falta ressentida ao nível do corpo feminino representa no processo de subjetivação feminina?

A falta constitui o fundamento para qualquer elaboração a respeito da sexualidade da mulher, inclusive para a consideração do papel eminente que o amor ocupa no psiquismo feminino numa função de suplência.

Para além da anatomia
Em sua retomada da questão da sexualidade infantil em 1923, Freud compreende que não é tanto o "ter ou não ter" o pênis em si que conta, mas a forma como este "ter ou não ter" é vivenciado por cada um dos sexos.

Freud inaugura, assim, um novo tempo em sua teoria da sexualidade, marcada pela grande descoberta: a de que o sexo não é um fenômeno natural e sim resultado de um processo de subjetivação. A orientação sexual do sujeito depende desse processo de subjetivação, para o qual a psicanálise reserva um nome: sexuação.

A distância entre o sexo biológico e o dito processo de sexuação revela que o sexo anatômico não é totalmente determinante ou suficiente para discriminar os sexos no inconsciente. A subjetivação do sexo de cada um se articula com a constituição do inconsciente e não se realiza sem percalços. Este é um fato comprovado pela frequência da inquietude constante e perceptível dos sujeitos quanto ao seu grau de conformidade com o seu sexo.

Assim, não há quase nenhuma mulher que não se preocupe, pelo menos episodicamente, com sua feminilidade, e nenhum homem que não se inquiete, em algum momento, com sua virilidade. Sem falar do transexual que tem certeza de que há um erro em sua anatomia e que ele é realmente de um sexo oposto ao desta anatomia.[44]

Sabemos que Freud, em "O mal-estar na civilização"[45], chegou a sugerir um desconserto não contingente, porém essencial, na sexualidade humana, e que num de seus últimos artigos referiu-se à irredutibilidade, em qualquer análise finita, das sequelas que resultam do complexo de castração no inconsciente masculino e da inveja de pênis no inconsciente da mulher.[46] Existe aí uma antinomia interna na assunção de seu sexo pelo sujeito: por que ele deve assumir-lhe os atributos apenas através de uma ameaça (lado homem) ou sob o aspecto de uma privação (lado mulher)?

Digamos, então, que existem posições subjetivas que se distinguem: posição subjetiva masculina e posição subjetiva feminina. Cada uma dessas posições se associa a uma lógica sexual diferente e oposta. Entretanto, essas posições subjetivas, masculina e feminina, são uma consequência, um resultado do que acontece na infância do sujeito. Quer dizer que cada criança deve caminhar ao longo da infância; cada uma deve cobrir um percurso para chegar à realização de uma identificação sexual.

No decurso dessa subjetivação do sexo, percebe-se que, embora a anatomia tenha seu peso e a referência ao corpo seja inevitável, ela, por si só, não é suficiente para determinar a constituição do ser sexuado do sujeito, homem ou mulher. Há um hiato entre o fato da observação da anatomia e as consequências da forma como o sujeito elabora esta. As constatações possíveis de se fazer pela observação do exterior, bem como do interior do corpo humano, permanecem para nós sem valor, pois o que se trata de apreender não é uma diferença de sexos — esse termo designando aqui, para além da materialidade do corpo, órgão — pênis ou vagina — mas enquanto diferença sexual cativa do mundo simbólico no qual o ser humano está imerso desde o nascimento.

Há todo um discurso do Outro social que intervém, desde que se diz "é um menino", "é uma menina"; ele o faz, sem o saber, na dependência de critérios fálicos. "Menino" não quer mais dizer apenas o "portador de um pênis", mas aquele capaz de virilidade, capaz de "ser um homem", como se diz. "Menina", também perde o seu sentido anatômico para tornar-se, segundo o contexto, ao mesmo tempo o sinônimo de privação, falta e também o de feminilidade, beleza, enigma. Aliás, a cultura atual não cessa de enaltecer o primado da beleza feminina, de reproduzir a importância da aparência na identidade feminina: "Uma mulher nunca é bela demais, quanto mais o é, mais irradia sua feminilidade". A natureza torna-se aparência.[47] Da presença-ausência do pênis ao que a anatomia se reduz no início, depende que a criança se diga menino ou menina, porém é necessário mais para os fazer homem ou mulher.

A pergunta é: como o pênis — sua existência ou não — pode adquirir uma significação tanto para o menino como para a menina, isto é, como o sexo é subjetivado por cada ser humano?

O menino tem o órgão, mas de qualquer forma, tem angústia da castração. Em termos imaginários, a menina está liberta da angústia de castração (porque castrada já é pela própria natureza), mas não tem o órgão que, portanto, lhe faz falta. Em termos simbólicos, no fundo, não se trata de um órgão nem para um, nem para o outro dos sexos: não há órgão adequado para nenhum dos dois sexos. Tanto o menino quanto a menina devem passar pelo processo de subjetivação do sexo.

O órgão viril é subjetivado pelo menino sob o modo de um "tenho", e ele é subjetivado pela menina como um "não tenho". Aqui encontramos o fundamento da diferença pelo qual o menino e a menina constituirão seus respectivos inconscientes; ele repercute na forma pela qual cada um deles vivenciará seu sexo, como masculino ou feminino. É verdade que essa subjetivação não se dá fora do contexto da primeira relação com o Outro materno, cujos desejos, fantasias, gozos e desígnios a criança, de ambos os sexos, está submetida. Um tema que abordarei no próximo capítulo.

Que se tratava de uma subjetivação do sexo, Freud foi o primeiro a constatar. É nesse sentido que ele formula uma teoria da castração para dar conta de tratar-se mais de uma perspectiva simbólica do que de uma imaginária, da ordem do corpo.

Pela teoria da castração que Freud introduz em "A organização genital infantil", em 1923, os seres humanos se dividem não mais entre os que "têm" e os que "não têm" pênis e sim entre os não-castrados (homens) e os castrados (mulheres). A teoria da castração introduz uma passagem de uma primazia do órgão imaginário (o pênis) cuja posse ou ausência constitui um critério de diferenciação entre os seres humanos para uma primazia de elemento simbólico (o falo) que distingue os seres humanos num outro nível. Como se formula essa passagem do pênis ligado à imagem do corpo, pênis imaginário, ao pênis simbolizado que é o falo, na teoria freudiana que muda radicalmente todo o embasamento teórico do complexo de Édipo que sustentara até então?

Como falar em essência da mulher?
Ao adotar o conceito de falo, como pênis que pode faltar, Freud desloca o eixo da sexualidade infantil do registro imaginário — de um órgão imaginário, da ordem do corpo, para o registro simbólico de um símbolo do sexo no inconsciente: o falo. O grande momento dessa passagem é que o falo, para além de seu status de imagem e de presença, se distingue do órgão (masculino) que lhe serve de suporte e revela-se símbolo.

Introduzir o falo enquanto símbolo mais do que uma imagem ou presença real permite a Freud indicar que as relações dos sexos com o falo são capazes de gerar, no homem, a angústia de sua perda e, na mulher, as reivindicações de sua presença. O que quer dizer que a natureza sucumbe sob o peso desse significante único, o falo, que categoriza a diferença natural dos sexos em termos de castração.

A não coincidência do pênis como órgão imaginário e do falo simbólico é observada no mito egípcio de Ísis e Osíris. Ísis procura os restos mortais espalhados de seu irmão assassinado, Osíris, recuperando-os todos com exceção do pênis. Então para celebrar o órgão perdido, ela em seu lugar erige monumentos fálicos, mostrando como o falo ocupa o lugar da carência do pênis, o pênis como podendo faltar. Os restos espalhados do corpo são dessa forma diferenciados do símbolo fálico.

Desde a antiguidade, o falo passa a ser considerado a representação figurada do órgão masculino, já implícito na origem da palavra *phallus*, do grego φαλλός, significando geração e poder. As mulheres não estavam excluídas dessa detenção de poder. A revelação do significante o mais oculto, o dos Mistérios, ficava às mulheres reservada.[48] É esse fato que Freud realça: que o falo faz parte da existência das mulheres tanto quanto da dos homens e, por isso, ele busca uma fórmula pela qual possa incluir o falo na esfera feminina.

A saída encontrada por Freud para incluir a mulher na lógica fálica é sustentar que a diferença entre homens e mulheres é que, neles, o falo revela-se pela vertente da "presença", do manifesto e, por isso, pode-se dizer que os homens "têm" o falo; nelas, o falo apresenta-se pela vertente da "ausência", do encoberto e nesse sentido, se diz que as mulheres "não têm" o falo. Ao mencionar que o falo se apresenta de certa forma na mulher, nem que seja encoberto, Freud já indica que ela tem alguma relação com o falo. Trata-se, sem dúvida, de um eufemismo falar da mulher "ter o falo" pela vertente da ausência, mas foi a forma encontrada por Freud de dizer algo sobre a mulher sobre a qual nada pode ser dito. Já se está bem longe do tempo em que ele ainda acreditava ter acesso ao enigma que a mulher supostamente encerrava, para confrontar-se com a impossibilidade de poder dizer-se algo sobre a essência da feminilidade.

Com suas ponderações a respeito do falo, Freud prenuncia o que a psicanálise, principalmente a lacaniana, desenvolverá em seguida: que nenhum ser humano escapa da lógica fálica. Aqui é que se pode nuançar a diferença entre a imagem do pênis — algo que o corpo pode ter ou não ter — e o símbolo do falo, que serve para representar o desejo e a dimensão humana da carência; isto é, do que falta a cada ser. O falo é, pois, um símbolo de desejo, daquilo que nunca alcançamos e daquilo a que temos que renunciar para nos tornarmos homens e mulheres. É como significante do desejo que o falo funciona no inconsciente e na análise.

Embora se diga que a mulher não tem o falo, ela não fica fora de sua circunscrição. "Não é porque a mulher não se inscreve totalmente na ordem fálica, que não se inscreve de todo", diz Lacan em seu seminário em que se dedica especificamente à questão da sexualidade feminina.[49] Nesse seminário, ele desenvolve, não sem certa audácia, toda uma série de reflexões que são bastante complexas sobre o modo peculiar da constituição psíquica da mulher por ela não se submeter diferentemente do que o homem à lógica fálica O que explica a especificidade da constituição subjetiva da mulher e a particularidade da sexualidade feminina é uma submissão não--toda da mulher à lógica fálica que o desenvolvimento do ensino lacaniano enfatizou.

A vivência da feminilidade de uma mulher tem, portanto, a seguinte fórmula: "Você não é toda". Há todo um percurso para a aceitação dessa posição difícil de não-toda, embora isto não explique toda a depressão feminina. Mas é daí que se origina o terrível *tópos*, que faz da mulher o ser privado e, ocasionalmente, o ser ávido, insaciável, como voltarei a examinar.

A grande questão dos sexos do ponto de vista psicanalítico é analisar a diferença de como cada um dos sexos é regido pela lei do falo. O que repercute diferentemente para cada sexo é o fato de o falo ser masculino e único representante do sexo no inconsciente. Há então um só sexo e o Outro sexo "que não existe" — que a mulher é designada a representar, o que explico mais adiante.

Embora o pênis constitua apenas um suporte imaginário para o falo, ele é bastante consistente para o homem ter um representante de seu sexo no inconsciente e poder subjetivar seu sexo como "eu tenho". É nesse sentido que podemos dizer que o homem "tem" o falo, quando na realidade ninguém tem o falo: o que o homem tem é um representante de seu sexo no inconsciente. Por isso Freud sustenta que o homem já nasceria um, na medida em que o pênis é um órgão identificador de seu sexo desde o início.

A falta de um símbolo da especificidade feminina é bem o que Freud já implicava e a que foi dando contornos mais precisos principalmente a partir dos anos 1920: que a vagina é bem conhecida como órgão, pedaço do corpo, mas não é conhecida, a nível simbólico, como sexo feminino. A vagina não tem o mesmo valor como suporte imaginário para um possível representante do sexo feminino no inconsciente, assim como o pênis o é para o falo, este sim, representante do sexo no inconsciente. Tanto é que no texto que inaugura uma nova fase de sua teorização sobre a sexualidade, Freud afirma que "o sexo feminino parece nunca descoberto".[50]

O paradoxo de Freud, que instala a mulher no desconhecimento primário de seu sexo, é sustentado por Lacan de forma enfática: "A mulher não existe".[51] É possível medir o impacto e o escândalo que teriam produzido essas afirmações na qualificada audiência feminina e feminista que escutava Lacan. Essa afirmação isolada de seu contexto poderia implicar uma rejeição do fato empírico da existência de mulheres e, além disso, a sua falta de importância ou significado no mundo dos homens. Só que Lacan explica cuidadosamente a ideia por trás de sua frase provocadora: no plano imediato, significa que não há um conceito unívoco do que seja a mulher, que não há uma *essência* da feminilidade.

Essa tese lacaniana deve mais é ser compreendida no contexto da impossibilidade de existir um órgão simbolicamente equivalente na mulher ao que o pênis, substrato anatômico do símbolo masculino, representa para o homem. Permanece em suspenso a questão do órgão especificamente feminino que o inconsciente pudesse reconhecer como representante do sexo feminino. Quando se diz, então, que a mulher não tem o falo (nem o seu suporte imaginário que é o pênis), não se está referindo ao órgão e sim à ausência de um símbolo do sexo feminino. É o que essa lógica do falo implica como desigualdade dos sexos no inconsciente: enquanto o homem tem um representante do seu sexo no inconsciente, a mulher não tem um representante para o dela, um que diga seu ser de mulher.

Essa particularidade do feminino é evocada no filme de Jane Campion, *O piano* (1993), em que o irrepresentável do feminino é evocado justamente lá onde um vazio se abre no campo visual, como escreve Mangiarotti.[52] Nesse filme, a falta nos é muitas vezes proposta sob a forma de furos, buracos. O mais revelador é o da sequência do filme em que se vê o pé de Ada, a protagonista, apoiada sobre os pedais do piano e nesse momento a câmera para sobre o buraco nas meias pretas que deixa entrever a pele branca. A roupa esburacada adquire aqui a função de uma cortina que torna visível o corpo da mulher apenas revelado; mesmo as velhas meias de lã esburacadas podem ser "contaminadas" pelo falo e tornarem-se eróticas. Estes buracos reenviam à divisão subjetiva de Ada, entre o que ela é como sujeito e o que ela não o é enquanto tal, como voltarei a abordar no capítulo 4.

Nesse lugar em que ela não é sujeito, ela representa o Outro indefinível sobre o qual nada pode ser dito. O que é evocado de outra forma desde a primeira imagem: Ada, dedos entreabertos sobre os olhos, nos indica pela "voz de seu espírito", que, desde os seis anos, ela parou de falar, parou de procurar palavras para dizer o indizível. Seu "eu quero", seu desejo, se fez música.[53] Pelas vias do afeto propriamente auricular, ela indica o limite que não pode ser ultrapassado. É seu silêncio mesmo que lhe impõe sua ordem, subversiva, para além de sua condição de objeto de troca na norma masculina.

A impossibilidade de definir-se um representante da mulher no inconsciente apresenta-se como uma questão complicada para ambos os sexos. Não é sem motivo que Freud referia-se à mulher como o enigmático "continente negro". É por isso que, como defende Freud — e a filósofa e escritora Simone de Beauvoir dá continuidade a essa ideia mais tarde —, a mulher não nasce uma; deve tornar-se mulher num processo longo e complexo, uma identificação a ser sempre retomada.[54] O que deixa intacta a questão de saber como se pode falar em essência da mulher.[55]

Não se pode nem falar propriamente de "segundo" sexo como o faz Simone de Beauvoir, porque um "segundo" sexo não existe. O que há é um "outro" sexo ao qual não se pode ter acesso e que é atribuído à mulher.[56] É isto que o feminino significa: a alteridade, o outro sexo do qual nada pode ser dito.

Os homens se relacionam com as mulheres enquanto elas representam o "outro sexo" sobre o qual nada pode ser dito. As mulheres querem ter acesso a esse "outro" sexo (que elas representam), mas só podem ter acesso a ele pela mediação de um homem. Esse é um dos motivos pelos quais elas se apaixonam e procuram realizar-se através do amor, como detalharei no capítulo 5.

Ora, é uma sorte que as mulheres se apaixonam e procuram se realizar através do amor. É o que os homens, no fundo, esperam delas, como bem exprime o poema de Carlos Drummond de Andrade:

> "Que fiques boa depressa
> de alegria ou qualquer dor,
> mas que nunca sares dessa
> doença de amar-me, Amor!"[57]

Por cultivarem o amor mais do que os homens, as mulheres são as grandes responsáveis pelos encontros possíveis entre os sexos.

CAPÍTULO 2

O MEDO DE PERDER O AMOR É BEM FEMININO

> *"Enquanto que ela ama,*
> *que ela for amada e necessária ao amado,*
> *ela se sente totalmente justificada"*
>
> SIMONE DE BEAUVOIR,
> *O segundo sexo*, 1949.

"Ter" ou "não ter"... Para quem?

Descobrir que a mãe é o primeiro objeto de amor da menina e não o pai, ele vindo em segundo, dá um sentido novo a todas as formulações anteriores feitas por Freud em relação à sexualidade feminina.

A grande questão freudiana torna-se saber o que leva a menina a se afastar da mãe, seu primeiro objeto de amor, uma vez que ela não é ameaçada pela castração que motiva o menino a se separar da mãe. Lembro que por um bom tempo Freud opera com termos imaginários de falta em nível de corpo. Nesse sentido é que ele fala de castração da menina: falta na ordem do corpo. É acreditar já ser castrada (e não a ameaça de sua possibilidade como o menino teme) que se revela a razão de a menina abandonar a mãe e se voltar para o pai. Esse afastamento da mãe não ocorre sem o aflorar de sentimentos de rancor motivados por queixas que substituem os dedicados pela filha à mãe até então.

A primeira queixa da menina em relação à mãe é que esta, diz Freud, é considerada responsável por tê-la trazido ao mundo tão desprovida, isto é, sem o valorizado órgão viril.[1] Freud ainda considera em seu texto de 1925, a inveja de pênis como o eixo em torno do qual gravita a questão feminina. No momento, contudo, em que, nesse mesmo texto, ele reconhece esta não ser a única queixa da filha quanto à mãe, ele dá um passo a mais na compreensão da sexualidade feminina. Menciona um outro sentimento de mágoa que a filha expressa em relação à mãe: a menina se queixa de não ter sido amada ou suficientemente amada por ela.

Não é fortuita uma aproximação entre uma falta em nível de ordem do corpo e a falta em nível de amor. O que ficará cada vez mais claro na evolução do pensamento psicanalítico é que na subjetividade feminina a falta de pênis é vivida como possibilidade de ser causa da falta de amor. A associação entre a falta de pênis e falta de amor aponta para uma questão que se revela crucial para toda filha: saber qual o lugar que ocupa no desejo da mãe.

Embora querer saber qual o lugar que ocupa no desejo da mãe seja uma preocupação de toda criança, pois é algo que tem a ver com o mistério de sua concepção e do seu sexo, a menina deve percorrer um caminho bem mais complexo do que o menino: isto, para se localizar no desejo da mãe e, consequentemente, acreditar ser merecedora de seu amor.

Começa-se a vislumbrar a importância particular que o amor associado à problemática de uma falta no âmago do seu ser começa a ter para a menina desde a sua entrada no complexo de Édipo, fazendo, inclusive, parte da resolução do mesmo. Não que o amor não tenha destaque na vida da menina antes, na fase de constituição pré-subjetiva, inclusive na dita fase pré-edípica, mas de outra forma. Vejamos por quê.

Tudo começa com o estado de desamparo que a criança de ambos os sexos, aliás, se encontra no início da vida. Freud considera essa condição o verdadeiro drama do ser humano: nascer num estado de completa dependência de um outro para suprir as suas mais básicas necessidades, como as de fome e sede.[2] O drama reside aí, na importância e no poder que consequentemente o Outro do qual se depende totalmente assume para cada um. É assim que este primeiro Outro se torna Absoluto. Essa experiência primordial deixa marcas no inconsciente e são revividas de certa forma, ao longo da vida.[3]

Uma das marcas dessa vivência fundamental é a deixada pelo fato de a mãe ser a detentora dos poderes da palavra. O "primeiro dito" da vida da criança é o da mãe, não o da própria criança. A mãe decreta, legifera e sentencia sobre tudo o que tem a ver com a existência da criança e é assim que as palavras da mãe adquirem um sentido de profundas consequências para o seu destino.

Na memória reencontramos a voz às vezes devastadora e persecutória das palavras, dos imperativos e dos comentários inesquecíveis desse outro materno primordial que se apresentara investido de uma obscura autoridade. Uma "obscura autoridade" é bem do que se trata: é autoridade porque o outro rege a existência da criança e é obscura porque o faz de acordo com seus próprios desejos e fantasias cujas significações a criança desconhece. Essa ignorância do que motiva os desígnios e caprichos maternos é causa das primeiras angústias infantis.

O fato de a mãe falar pela criança no início da vida faz com que todo um primeiro capítulo da sua história fique para sempre ignorado por ela. É o que Freud nos ensina ao dizer que o inconsciente se constitui pela formação de um recalque originário do qual só se conhecerão seus derivativos, suas formações dos quais os lapsos e os chistes são os exemplos mais notáveis.

Se o ser humano nunca mais terá acesso a essa parte inicial de sua história é porque seu próprio começo está no Outro; não nele. Dessa experiência, ele sai marcado por uma divisão que é determinada pela forma como a linguagem se inscreve nele: ele ser "falado" pela mãe antes de "falar" por conta própria. É por isso que Lacan diz que "o inconsciente é o discurso do Outro".[4] Deste fator — de a mãe inscrever a criança num universo simbólico e discursivo que é seu — cada história de vida é um desdobramento. O que o analista ensina o sujeito a reconhecer como seu inconsciente é a sua história cujo primeiro capítulo não é escrito por ele mesmo.

Ora, ficar para sempre separado de uma parte dele mesmo faz o sujeito sofrer de uma *falta-a-ser*, em expressão cunhada por Lacan.[5]

Sob esse aspecto pode-se dizer que há uma igualdade entre os sexos, pois homens e mulheres são marcados por essa falta no âmago do seu ser na medida em que a inscrição deles na linguagem resulta numa divisão: por um lado "são falados" por um Outro e, por outro, "falam". "Quem é este Outro que em mim se agita?"[6] é a pergunta que insiste para sempre.

A diferença entre os sexos é que enquanto os homens são destinados a essa *falta-a-ser* como sujeitos, as mulheres, além dessa *falta-a-ser* enquanto sujeitos (que também são), são marcadas por outra falta, esta já mencionada: a falta de um significante específico de seu sexo. É dupla, pois, a falta na mulher, o que gera efeitos na constituição de sua subjetividade.

Os homens terem de lidar com uma falta e as mulheres terem de lidar com duas é o motivo pelo qual os sintomas que apresentam e as soluções buscadas para resolvê-los se estruturam diferentemente segundo os sexos. Isto na medida em que o sintoma do qual sofre o sujeito — sofrimento que é o mais frequente motivo de demanda de análise —, é por definição uma forma de dar conta da falta inscrita no âmago do ser de cada um.

Essa dessimetria no modo como os sintomas se apresentam em homens e mulheres determina que os sexos não entram da mesma forma na relação sexual, o que gera a impossibilidade de uma complementaridade entre eles. O homem implica a mulher em seu sintoma por tomá-la como fetiche em sua fantasia; a mulher, por seu lado, envolve o homem em sua fantasia como objeto erotomaníaco de amor. Refiro-me à forma fetichista de amor do homem e à forma erotomaníaca de amor da mulher cujo contraponto tratarei.

Não é só em nível de formação do inconsciente que um Outro tem precedência na vida da criança, exercendo sobre esta grande poder através de sua palavra. Também a tem em nível de constituição do corpo próprio.[7] Para a criança, o corpo do outro tem precedência sobre o seu. A criança vive uma pré-maturação quanto ao seu corpo, pois inicialmente o experimenta como fragmentado, em partes, sem constituir uma unidade. Enquanto ainda vive seu corpo como não unificado, identifica-se com o do outro no qual vê uma forma completa; por meio dessa identificação, passa a vivenciar esse outro corpo como seu, num movimento que vai da pré-maturação à antecipação: "eu tenho essa forma completa que vejo no outro". Ver a integralidade de seu corpo num outro faz com que em nível de imagem corporal, a criança é ela, mas também é esse outro.

O que se introduz aqui é a alteridade no seio mesmo da identidade a si. Por isso, fala-se de uma paranoia inerente na constituição de todo ser humano: ou eu ou o outro. Essa relação entre o eu e o tu na alienação imaginária tem algo a ver com o mata-me. Há um jogo de palavras entre *tuez-moi* em francês que quer dizer "mata-me" e soa nesta mesma cadência em francês também *tu es moi,* tu és eu. Tu és eu, *tuez-moi*, mata-me. O cineasta Pedro Almodóvar sabe disto, se bem que não fez um filme que se chama "Mata-me", mas *Matador* (1986) e *Ata-me* (1989), em que o "mata-me" está implícito.[8]

É essa matriz imaginária do eu a partir da qual cada um construirá seu mundo uma vez que introduzido na linguagem. Isto porque "ter" um corpo, assim como uma identificação sexual, não é um fato biológico e sim uma consequência de habitarmos a linguagem. Só obtemos alguma garantia de nosso corpo porque estamos mergulhados num mar de linguagem, num universo simbólico que nos precede e nos determina. Trata-se de uma articulação entre os registros do imaginário e do simbólico, que foram os dois componentes da constituição da subjetividade que Lacan formulou desde o início de sua teorização. O registro do real, com o qual as mulheres têm, segundo ele, mais proximidade do que os homens, é conceituado bem mais tarde em seu ensino e, particularmente, quando ele retoma a questão da sexualidade feminina.

Para que o corpo adquira alguma consistência é preciso que a criança, inscrita na linguagem, possa reconhecer seu corpo e dizer: "esse corpo me pertence". Disto se deduz que o corpo será, por um lado, identificado como próprio e, por outro lado, ele será identificado como sendo sexuado, quer dizer alinhado do lado masculino ou do lado feminino. É verdade que se é a linguagem que nos dá um corpo — já que eu devo poder dizer "este corpo me pertence" para vivenciá-lo como tal —, há sutilezas a serem levadas em conta no caso da subjetivação do corpo de uma mulher. Para ela é preciso um pouco mais para dizer "este corpo me pertence". A mulher nunca está certa de poder contar com uma consistência suficientemente firme que sustente sua imagem, muito em função da falta de um significante feminino.

Paradoxalmente, a mulher pode acabar encontrando alguma solidez para o seu corpo, mesmo que imaginária, pela adoração que tem pelo corpo, o dela ou o de uma outra mulher. Freud impressiona-se, como mencionei, com a forma pela qual Dora enaltece "o corpo branquíssimo da Sra. K.". Aliás, ele alertava para não considerarmos superficialmente a questão da busca da beleza, incluindo a do corpo, na mulher.[9] O medo numa mulher de perder a beleza não deve ser colocado no mesmo plano que o medo do homem pelo seu órgão. No caso dele, é medo pelo que ele "tem"; no caso dela, pelo que ela "é".

Se há um efeito benéfico do encontro amoroso para a mulher, é que, embora comporte o corpo a corpo, não se reduz a ele.[10] A obsessão da mulher pelo amor se relaciona, entre outros aspectos, também com essa tentativa de suprir a falta da consistência do corpo próprio sempre podendo se manifestar.

Ainda há um outro fator a ser considerado quanto à primariedade da mãe na vida da criança. Não é só pela imagem que a mãe deixa uma marca no corpo da criança; ela também deixa um registro pela palavra, independente do fato de a palavra materna entrar na formação do inconsciente. Há toda uma linguagem privada da mãe e de seu bebê que Lacan chama de *alíngua* (*lalangue*), a língua dita materna que deixa traços na carne.

Trata-se da língua de Eros, do primeiro encontro corpo a corpo cujas palavras constituem o traço do gozo que elas contêm em si e que representamos sob a forma de traumatismo.[11] A incidência de cada uma das palavras maternas no desenvolvimento erótico da criança é marcada pela contingência desse encontro inicial corpo a corpo.

Desde Freud, sabe-se que os cuidados dispensados pela mãe à criança envolvem um certo gozo da mãe e é esse gozo materno que desperta a sexualidade da criança. Não sem algum escândalo na época, Freud afirma que a mãe contempla a criança com sentimentos que se originam na sua própria vida sexual: "Ela a afaga, embala e muito claramente a trata como um substituto de um objeto sexual completo".[12] É disto que se trata quando se fala que a criança é um objeto de gozo na fantasia materna. É a mãe que se revela a verdadeira sedutora da criança, não que o pai não o possa ser também, num segundo tempo. Freud sabe que é uma ideia forte e, por isso, tenta tranquilizar as mães: que elas não se assustem com essa asserção porque mesmo fazendo das crianças um objeto sexual, estariam ensinando as crianças a amar.[13]

Freud tinha suas razões para afirmá-lo: para poder amar tem-se que ter sido amado, tem-se que ter escutado palavras de amor, tem-se que ter ocupado um lugar de amor para o Outro. O filme *O maior amor do mundo* (2006), de Cacá Diegues, narra a história de Antonio, que não pôde ser amado na infância e foi, inclusive, abandonado pela mãe, não saber amar ninguém. Se o amor materno é o maior amor do mundo, é porque é um amor que melhor pode nos ensinar a amar.

Contudo, ocupar um lugar de amor por um outro não é o mesmo que ser tomado como objeto de gozo. Embora se trate de ser objeto de gozo da mãe apenas na fantasia desta e não na realidade, ainda assim, é uma experiência que se revela traumática. Essa concepção da criança como objeto sexual podendo ser entregue ao gozo (sem Lei) da mãe é uma outra forma de compreender a condição de desamparo inicial da criança considerada por Freud o verdadeiro drama do ser humano. O estatuto inicial de objeto de gozo na fantasia da mãe é uma experiência de passividade que só pode deixar um registro de ameaça, de aniquilamento, de submissão a um Outro, este que se apresenta marcado de um gozo obsceno e perverso, um gozo "a mais" e, portanto, excessivo. Todo ser humano guarda a marca dessa experiência inaugural que se mantém em seu inconsciente. Mesmo que remotamente, permanece, para cada sujeito, a questão básica: "Meu corpo me pertence ou ele é consagrado ao gozo do Outro (materno)?".

O que torna a existência da filha problemática é, acima de tudo, o fato de que há sempre, para uma mulher, mais do que para um homem, a possibilidade de confrontar-se com o excesso de gozo da mãe enquanto mulher, como veremos mais à frente. Trata-se dos excessos da sexualidade feminina cada vez mais presentes, aliás, em nossos tempos e pelos quais as filhas são as mais atingidas.

O insondável desejo da mãe
Pelas várias facetas da presença primordial da mãe na vida da criança, a mãe aparece como a figura das primeiras angústias, o lugar, ao mesmo tempo de uma obscura ameaça e de um insondável enigma. O enigma é algo para o qual urge encontrar uma resposta, pois sempre representa um perigo. No caso, ficar-se submetido ao capricho da mãe, capricho que é sempre uma vontade fora de qualquer Lei.

A primeira grande questão para a criança é o confronto com o mistério do desejo e com a opacidade do gozo da mãe — "o que quer minha mãe?" — é o seu fundamento.

Na medida em que o que causa o desejo da mãe é desconhecido, a criança só pode vivê-lo como ameaçador; vai ver é um desejo insaciável e, portanto, devastador. Para Lacan, a mãe é figurada como a bocarra de um crocodilo prestes a abocanhar a criança (pelo seu desejo e pelo seu gozo). Será preciso que o pai intervenha — ele, que é dotado de poder fálico — para impedir que a mãe-crocodilo feche a boca e engula a criança.[14]

Ter de enfrentar o enigma do desejo e o mistério do gozo da mãe imprime dramaticidade ao confronto da criança com a especificidade da anatomia feminina. É o que explica que, embora não haja propriamente falta no corpo da mulher, a particularidade de sua anatomia faz com que, no inconsciente da menina e do menino, a anatomia feminina inscreva-se no registro de uma falta. Não é tanto a anatomia que é o problema, mas como esta é subjetivada: como falta da mãe. Falta não só na ordem do corpo, mas na do desejo e na do gozo.

O confronto com a anatomia feminina e com o que ela representa é certamente um episódio da experiência infantil que se pode constatar, que pode ser reencontrado na experiência analítica e, de forma geral, sob a forma de trauma.

A percepção dos órgãos do outro tem sempre esse caráter especial e se inscreve de uma maneira que permanece indelével em sua primariedade. Quando retorna na análise é frequentemente um episódio cercado de um halo de fascínio, às vezes de terror, qual seja para os dois sexos, constatar que a mãe é castrada no sentido que a ela falta algo.

Há derivativos dessa experiência traumática inicial em outras vivências da ordem do corpo, como seja para o menino, constatar a dimensão avantajada do órgão paterno, quer seja para a menina, de constatar aquilo que ela vive como privilégio do corpo do menino, com consequências que podem se seguir e que não são logicamente dedutíveis, que podem ir da decepção ao rancor.

Uma mulher que não aceitava a tese freudiana dessa inscrição no inconsciente feminino tomava todo o cuidado de falar à sua filha da diferença dos sexos em termos positivos: "seu irmão tem pênis, você tem vagina". A mesma orientação foi dada a todos os que cercavam a menina e tudo leva a crer que a determinação da mãe fora respeitada. O que não impediu que a menina, num dia em que a mãe e a filha tomavam banho juntas, perguntasse à mãe, fixando seu olhar no ponto de suposta falha em sua anatomia: "quem o te cortou?".

A forma inicial encontrada pela criança para não se confrontar com as ameaças geradas pelo desconhecimento do que causa o enigmático desejo e o brumoso gozo da mãe, é negar que ela se ressinta de alguma falta. Primeiro em nível de imaginário, como Freud bem o descobriu quando diz que a criança constrói uma teoria sexual pela qual atribui um órgão viril a todos os seres humanos.[15] É a forma de a criança pensar a mãe completa na ordem imaginária do corpo. Sem "falta" em sua anatomia.

Em seguida, negar-lhe a falta em nível do simbólico, no da castração. Mais importante do que constatar que se é castrado, é constatar que a mãe é castrada, marcada por algo que não tem, isto é, se ressente de uma falta. Sabemos a atenção que as crianças prestam aos ditos do Outro, mas também, aos silêncios, às contradições, em suma, a todas as falhas no discurso desse Outro que poderiam levar ao confronto com a sua falta. A própria neurose é definida como uma estratégia, embora falha, para fazer frente ao encontro com a castração que é sempre traumático.

Para evitar o confronto com a falta na mãe que é causada por um desejo experimentado como enigmático, a criança procura satisfazer, isto é, completar a mãe de alguma forma. Que solução a criança inventa para se pacificar frente a essa questão ameaçadora, a de uma falta na mãe?

A criança responde ao que poderia faltar à mãe com a oferta de seu próprio ser. "Eis-me para tamponar sua falta", é a forma pela qual a criança se apresenta à mãe. Introduzindo uma variedade de capturas imaginárias, a criança identifica-se com o falo que vem a ser o suposto objeto de desejo da mãe. Como a premissa dessa solução é "o falo, eu me faço ser", trata-se de uma resolução que não deixa de constituir uma reação de atividade da parte da criança ("eu sou") em oposição à posição passiva do início da vida; nesta fase em que ela se experimentava como mero objeto de gozo na fantasia da mãe ("eu nada sou"; "apenas um objeto").

Se toda criança inicialmente acredita, ilusoriamente, que "tem" o falo, objeto de desejo materno, esse "ter" já não pode ser compreendido apenas como um órgão que se quer ter ou não e sim que sua posse possibilita satisfazer a mãe. Em suma, a mulher e o Falo: eis de novo o escândalo que as feministas tanto estigmatizaram, rejeitando Freud na confusão![16]

E, no entanto, trata-se disso, como mencionei acima: a comunicação entre a mãe e a criança é sempre intermediada pela mediação fálica, já que entre ambas está sempre o falo como terceiro elemento, representando o significante do desejo da mãe.

Se o menino, por possuir o órgão viril, subjetiva seu sexo sob a chancela de um "ter" e a menina, destituída do órgão, subjetiva seu sexo sob a de um "não ter", a pergunta que se formula é: afinal, "se tem" ou "não se tem" para quem?

É para a mãe que "se tem" ou "não se tem" porque é em função de se ter para a mãe que a criança acredita encontrar alguma consistência para a sua existência — que no início da vida é nenhuma.

Pelo contrário, no início "sua existência é inefável e estúpida", diz Lacan.[17] A identificação fálica dá alguma consistência ao seu ser, uma primeira. É por isso que esse "ter" para a mãe se traduz por um "ser" o falo que a completaria.

Acreditar, de forma ilusória, "ter" o falo tem um preço: a criança entra nisto que se chama de loucura fálica do eu marcado de alienação no Outro. Identificar-se ao falo é isto: satisfazer as exigências do amor, como condição inicial de existência. É uma forma de a criança cobrir a castração (a falta) da mãe com seu eu narcísico, aquele que se pode amar. O amor nessa face imaginária proporciona a experiência mais próxima à completude a que se pode aspirar. É central, portanto, a função do amor na história de cada um de nós.

O amor já aparece na passagem da espera de um bebê por objetos de satisfação (de fome e de sede) que a mãe pode suprir para a demanda de objetos que mais de satisfação, significa uma demanda de amor. Não se trata mais da água para satisfazer a sede, nem de alimento para satisfazer a fome, é mais um signo — o signo do amor — que é esperado.

O que está em jogo é a importância da resposta que o Outro do Amor dará a essa demanda. Se o Outro não dá resposta, há aflição na criança, não pela falta ou perda de objeto demandado, e sim pela falta de resposta. Não há nada mais poderoso do que um amor que não se dá, pois é desse que se depende absolutamente. Do amor da mãe nunca se tem certeza.

Não se trata da mãe procurar satisfazer todas as demandas, o que é algo da ordem do impossível, mas sim de escutá-las e suportá-las como demandas de amor; basicamente, sustentá-las nas paixões que evoca. Da impossibilidade de uma satisfação completa da demanda é que se produz como resto, o desejo. Se seguirmos Lacan quando define o amor como desejo do desejo do Outro, está implícito o desejo de receber do Outro aquele "nada" que veicula o próprio desejo. Por isso, continuamos a falar e, através da palavra, o amor pode se revelar. No nível da demanda — a de amor —, é mais difícil separar a mulher do Outro do Amor do que o homem. Desde o momento de separação do Outro materno, a mulher, em especial, demanda amor para encobrir o seu vazio, para que o amor funcione como véu de sua falta. Causa impacto descobrir que a demanda persiste no inconsciente, que insiste em sua paixão de ser, em sua paixão de amar.[18]

Não existe, portanto, amor que não tenha seu protótipo na infância em suas múltiplas variações sobre a face imaginária do amor. Freud formulou a ideia de que um narcisismo originário estaria na base de todo amor objetal. O valor dessa formulação freudiana se estende até mesmo ao preceito moral bíblico que recomenda "amar ao próximo como a si mesmo". Essa norma moral parte do pressuposto de que as pessoas, de forma geral, amam mais a si mesmas do que a qualquer outra, daí a necessidade de uma regra de conduta para inibir ou frear essa tendência e tentar deslocar o investimento amoroso dirigido a si mesmo para o outro.[19]

Mesmo quando o amor se sustenta no outro, como um apoio, para a escolha de objeto, ele não é menos narcísico, uma vez que o que ele procura é o retorno do amor. "O amor daquele que deseja ser amado é, essencialmente, uma tentativa de capturar o outro em si mesmo", diz Lacan.[20] Esse é o caráter narcísico de todo amor, ou ainda, esse é o fundamento que todo amor encontra no espelho de Narciso. Em *O mundo como vontade e representação*, o filósofo Arthur Schopenhauer se alia a esse preceito e sustenta que "o amor é amor-próprio".[21]

A via do amor de um outro é uma via de engano.[22] Ama-se a si mesmo no outro e amar é querer ser amado. O enigma do desejo do Outro é o enigma do desejo do próprio sujeito. O escritor Marcel Proust é sensível a esta hipótese quando escreve em *À sombra das raparigas em flor*: "Quando se ama, sente-se que este amor não carrega seu nome".

Isso é ainda mais verdadeiro quando se trata do "tipo feminino mais frequente (...) o mais puro e autêntico (...) Tais mulheres não amam, estritamente falando, senão elas mesmas com uma intensidade comparável à do amor do homem por elas", diz Freud em seu texto sobre o narcisismo.[23] O que ele introduz aqui, para além do amor que uma filha nutre pelo pai (e o amor pela mãe do qual ele ainda não havia dado conta até esse momento de seu percurso), é uma dimensão nova da importância do amor na vida de uma mulher: "Mais do que amar, elas querem ser amadas".[24]

A transmissão simbólica da lei

A problemática fálica que marca todo ser humano, desde que dirige sua demanda a um Outro que o precede em sua existência e o marca como *falta-a-ser*, enquanto sujeito, não pode ser evitada. O grande Outro introduz o sujeito de qualquer sexo a essa lógica ao nascer.

Só que a vivência de completude que a identificação fálica proporciona para a criança, por mais satisfatória em termos amorosos que seja, não pode perpetuar-se indefinidamente, sob risco de condenar a criança a uma total alienação ao desejo materno; tendo como consequência ele não poder constituir seu desejo próprio que é o essencial da condição humana. É preciso que um limite se interponha para evitar que essa alienação ao desejo do Outro materno se eternize e condene a criança a um destino mortífero.

É o que o complexo de Édipo representa: a resolução dessa condição de alienação primeira no campo do Outro materno. A intermediação da figura paterna na relação mãe-criança torna-se necessária em sua dupla vertente. De um lado, para indicar à criança a insustentável impostura na qual acreditara, a de ser o falo que satisfaria a mãe ("é o falo o objeto de desejo de sua mãe, não você", revela o pai à criança). De, de outro lado, para exercer um poder sobre a mãe para que seu desejo e seu gozo depositados na criança encontrem um limite ("você não pode reintegrar seu produto, a criança", impõe o pai à mãe). Em termos lacanianos, diz-se que essa intermediação do pai "barra" a mãe que se torna um Outro barrado; isto é, uma mãe marcada por uma falta na medida em que nada a vem realmente preencher: nem ilusoriamente. O que todo o mito do Édipo quer dizer, se não que é o desejo do pai que faz a Lei?

Uma mediação paterna é, portanto, imprescindível tanto para a criança como para a mãe. Para a criança, porque ela se vê então com possibilidade de ascender à condição de sujeito em vez de continuar sendo um objeto que satisfaça a mãe; seja de modo fálico ou como objeto de gozo em sua fantasia e nada mais do que isto. Para a mãe, porque evita que, em sua condição de mulher, a ausência dessa mediação simbólica reguladora do homem provoque nela uma angústia cuja causa seria o sem-limite mortífero centrado na criança-objeto. A mãe tem mesmo essa tendência de englobar a criança, de projetar nela seus anseios e fantasias e, assim, mesmo sem o querer, dominar e sufocar a mesma. A vivência da heroína de

Um casamento de amor, do escritor Leon Tolstoi, é exemplar para ilustrar essa possibilidade.[25] Depois que um surdo desacordo quebra a compreensão amorosa com seu marido, ela converte o amor conjugal em amor materno e volta-se inteiramente para o filho: "Ele é meu, todo meu!, eu pensava com uma feliz tensão em todos os meus membros apertando a criança em meus braços". Tolstoi resume aí esse estado extremo de amor materno, tão familiar às vezes que se o crê normal, que tende a tornar esse vínculo com a criança o único, excluídos os outros, mesmo o com o pai e com o resto do mundo. Esse desejo mortífero materno de manter a criança como seu objeto não permite a essa ascender a um desejo próprio e a condena a um destino de alienação.

Graças à intermediação paterna, a criança se beneficia de uma "transmissão" de um desejo que não é anônimo, um desejo particularizado do lado da mãe e da encarnação da Lei no desejo do lado do pai. Se o pai é representante dessa Lei que proíbe a mãe de se reapropriar de seu produto e impede a criança de querer permanecer para sempre alienada no desejo materno, uma das funções simbólicas do pai é a de unir um desejo à Lei que é a imposição de uma separação com a mãe.

O pai é amado porque liberta a criança da captura no desejo materno ao satisfazer a mãe ele próprio. Manter, contra os modernismos da nossa civilização, a exigência da presença do pai que, com seu Nome, traz separação e identidade é uma necessidade. A questão do amor é introduzida para cada sujeito pelo pai. O pai dá à mãe o que lhe falta; ele acalma seu desejo, apazigua a voracidade do "crocodilo" que é a já mencionada representação lacaniana da figura materna pronta a devorar a criança e que exclui toda pergunta e, portanto, toda a verdade do sujeito.

Para uma paciente, a cada vez estava presente esse sentimento de ter sido abandonada pelo pai silencioso — silenciado pela mãe. Ele sempre estava alhures, um fraco, segundo a paciente, que a havia deixado entregue a uma sexualidade da mãe cuja irrupção de gozo foi sempre vivida como traumática. Essa acusação dirigida ao pai reenvia à falta de sua palavra, de nunca ter dito "não" à mãe.

A marca do pai se faz sentir na vida de meninos e meninas quando a intromissão do pai como o representante da Lei — à qual ele mesmo se submete — é produtiva na relação da criança com a mãe. Quando não o é, encontra-se a versão do pai que não transmite a Lei, mas que, pelo contrário, se confunde com ela e, por isso, é incapaz de aportar alguma significação para a existência da criança. Há, então, uma falha na transmissão simbólica; só esta pode dar um lugar à criança, entre os seres vivos, um lugar ligado ao desejo. No caso da menina, ainda se deve dizer muita coisa sobre a necessidade que ela, enquanto mulher, poderá ter de um pai, como também sobre a desconfiança, a descrença, e até sobre o sentimento de estranheza que uma mulher pode experimentar em face dessa "potência" paterna.

O filme *Sweetie* (1989), de Jane Campion, mostra como uma filha pode ficar prisioneira da fantasia paterna. O pai construíra uma casa na árvore para sua filha, e esta fica cativa nessa árvore que representa a fantasia do pai de aprisionar a filha mantendo-a junto dele. Dessa forma, ele não dá acesso para que a linguagem se ligue ao desejo para dar sentido à realidade. Sweetie é uma figura de excesso em todos os sentidos, tanto fisicamente como em sua conduta. O que poderia superficialmente ser tomado por uma sexualidade "liberada", nada mais é que uma maneira estereotipada de ter acesso a uma verdadeira identidade feminina que parece ter-lhe sido negada. O pai de Sweetie, em vez de se fazer elemento separador da díade mãe-filha, torna-se para a filha o Outro que se completa graças a ela, lugar em geral reservado ao Outro materno. A casa na árvore em vez de ter sido um lugar de refúgio para a filha, torna-se o lugar que a coloca à mercê do Outro e representa uma moradia mortal. Sweetie fica para sempre a princesa-menina pequena. O pai se torna ele mesmo o Outro do qual ela não se pode separar. Seu destino é a psicose.[26]

Se a intermediação do pai como representante da Lei é produtiva na relação da criança com a mãe, ela deixa uma marca: trata-se para a criança de uma identificação com o pai e, por isso mesmo, ela é chamada de identificação viril, masculina. A identificação com o pai substitui, metaforiza, a identificação fálica com o suposto objeto desejo da mãe, constituindo o fundamento do complexo de Édipo, tanto de meninos quanto de meninas.

Variações sobre a face imaginária do amor
Se meninos e meninas reagem diferentemente à descoberta da impossibilidade de manter a ilusória completude da mãe — também

a ela, como a todo sujeito, falta algo — é porque eles não estão implicados da mesma forma na castração materna.

É precisamente a implicação da castração na teoria do amor que constitui um dos aspectos que tornam a resolução edípica da menina diferente da do menino. A primeira das formulações a respeito da forma como os sexos lidam com a castração no amor foi a apresentada por Freud em seu texto sobre o narcisismo, na distinção entre amor narcísico e amor anaclítico.[27] Enquanto considera o amor narcísico que concerne o amor do mesmo predominante na mulher se desenvolvendo sobre o eixo imaginário, concebe o amor anaclítico que concerne o amor do Outro prevalecente no homem; se desenrolando sobre o eixo simbólico onde se localiza a castração.

Só o menino pode fazer da passagem pelo pai uma forma de identificação de seu sexo e sair idealmente do Édipo como (suposto) portador do falo. É uma saída que combina com a fórmula do "eu tenho" pela qual o homem vivencia seu sexo, algo que começa muito cedo. Como lembra a psicanalista Colette Soler, meninos ainda, eles medem o membro viril em seus jogos, eles avaliam o "poder de fogo", como eles dizem, a partir de um ter concernindo os atributos fálicos.[28] Atributos sancionados pelo discurso que impõe o falo como medida e que vai determinar o que quer dizer ser homem para cada um.

Mesmo depois de ter tido de se confrontar com o fato de que, afinal, não tem o falo que ilusoriamente completaria a mãe, o menino continua acreditando que tem algo a oferecer primeiro à mãe e às mulheres que a sucedem em sua vida: dar o que "tem" àquela que "não tem". Esse "ter", embora o reassegure de seu lugar, também o ameaça: de ser espoliado de seu bem precioso. O que exige sempre um pouco de prudência de sua parte.

Que só o menino (portador do órgão) traria uma verdadeira satisfação à mãe, Freud defende até o fim: "a relação de uma mãe com o filho é a forma mais perfeita de amor".[29] Embora se reconheça nessa asserção de Freud todo o peso dado por ele à compensação fálica buscada pela mulher enquanto mãe, há um aspecto a ser ressaltado. Freud intui o que o desenvolvimento da psicanálise só confirmaria: que a solução da mãe à sua própria questão como mulher determina o lugar que ela reserva à criança, inclusive se a criança é desejada ou não.[30] Não é esse fato estrutural que faz a mãe tomar a criança como objeto de gozo ou como objeto fálico em sua fantasia e determinar o amor que ela dispensa à criança? Afinal, tanto o desejo quanto o amor têm origem na falta.

É verdade que essa maneira de amar do lado masculino, de dar o que "tem" àquela que "não tem", vai ser contradito mais tarde por Lacan quando ele define o amor não mais como "dar o que tem", mas sim como "dar o que não se tem".[31] O fundamento da nova definição do amor de Lacan é precisamente esta: "não existe maior dom possível, maior signo de amor, que o dom do que não se tem".[32] Que o homem apressado ofereça seu tempo; a mulher pobre sua *falta-a--ser*; a infiel sua fidelidade; a inconstante sua constância.[33]

É assim que um pai pode se mostrar para uma criança quando ama verdadeiramente sua mulher, como aquele que não tem.[34] O amor do pai pela mãe revela sua impotência, sua fragilidade perante a mãe.[35] Esse ponto nos fornece mais um motivo para constatar que nenhum homem é pai por completo; ele não é totalmente potente porque, inclusive, é marcado pela castração. Trata-se do paradoxo masculino. Não há homem que não seja marcado pela castração, e o pai, enquanto tal, também o é. Embora a criança espere que o pai seja totalmente potente, ela deve se confrontar com a castração do pai em sua condição masculina, aí residindo uma das maiores dificuldades para a condição histérica. Assim como se deve fazer a distinção entre a mãe e a mulher, como voltarei a comentar, o mesmo cabe em relação à distinção entre o pai e o homem.

Ora, essa suposta contradição introduzida pela teoria lacaniana do homem ter que "dar o que não tem" nos indica que, rigorosamente falando, o sujeito masculino, na hipótese de sair do Édipo da maneira ideal, identificado ao pai portador da potência fálica, não ama, pois dá "o que tem". E, portanto, não daria sua castração a uma mulher, o que é uma condição fundamental para qualquer mulher.

É, aliás, o que leva Lacan a afirmar, numa fórmula tanto mais provocante porque rigorosa, que quando um homem ama — "dá o que não tem" —, certamente isso acontece adotando uma posição feminina (já que é a mulher que supostamente dá o que não tem). O homem tende muito mais a "dar o que tem" e, então, não o faz a partir de sua falta. Nesse caso, como sublinha Lacan, não se trata mais de amor. Será por isso que se diz que o homem, de certa forma, não compreende nada do amor?

Bem diferente é o caminho edípico da menina: ela já entra no Édipo "não tendo" e, portanto, "não tendo nada a perder", pelo menos em termos de órgão, pois que, Freud diz, castrada ela já é. Nesse sentido, se queremos encontrar pessoas corajosas, é melhor procurar do lado das mulheres; com menos medo, elas mostram-se mais livres. Dessa maior liberdade elas auferem alguma superioridade sobre os homens. Para o escritor Stendhal, cujas principais obras versam sobre o amor e as mulheres, as mulheres manifestam uma superioridade em situações de crise aguda, quando os homens perdem a cabeça. Elas desenvolvem uma capacidade notável de compreender a situação usando a razão, mas não se limitando a ela. "A coragem das mulheres dispõe de uma *reserva* que falta à de seus amantes"[36]

Medo mesmo, diz Freud, elas têm de perder o amor. Isto porque na saída do Édipo, a menina tem dificuldade de superar a posição de satisfazer a mãe pela identificação ao objeto de seu desejo, o falo. Quando cai a ilusão de que poderia continuar satisfazendo a mãe, ela se confronta com um impasse: constata não possuir um suporte imaginário de um objeto no corpo, como o menino tem, que possa representar algo que possa oferecer à mãe a partir de então. A identificação fálica e a satisfação que ela provê nos primeiros tempos deixam suas marcas no destino feminino. A menina fundamentara sua existência até esse momento sobre o fato de supor estar oferecendo algo que satisfazia a mãe, ela própria (isto é, seu ser identificado ao falo), e dessa forma acreditara poder ser amada. Se a perda de amor tem para a mulher valor de castração, de ameaça que atinge seu ser mesmo, é que é preciso ser amada para "ser".

Assim, a menina deseja pênis não propriamente como instrumento de gozo — considerando-se que, pelo contrário, como voltarei a tratar, a mulher tem um gozo "a mais" do que o homem —, mas na medida em que o "ter" parecia lhe assegurar o amor do Outro. O que ela dá em troca por esse dom? Ela mesma.

O complexo de masculinidade, que Freud formula em sua retomada da questão da sexualidade feminina, em 1925, como consequência da inveja de pênis da menina, ilustra bem os desenvolvimentos do desejo da menina, de ser o substituto fálico da mãe.[37] Donde, em relação à sexualidade feminina, a incidência do fantasma fálico de crer-se de certa forma provida de um falo ou de crer a mãe provida de falo (dado, de preferência, por ela).

Esse anseio de dar algo à mãe, inclusive na forma de uma criança, é uma das fantasias da menina cujos traços se fazem sentir quando mais tarde torna-se mãe e "oferece", de certa forma, o próprio filho à mãe, sob os mais variados pretextos: "Ela me criou, sabe criar bem crianças" ou "ela sabe melhor do que eu como se educa ou se toma conta de uma criança". A filha que viveu sempre acreditando que não tinha nada a dar à mãe, finalmente tem o que oferecer: uma criança.

Das três soluções apresentadas por Freud no texto acima mencionado para dar conta da resolução edípica da menina, só uma aponta para a verdadeira feminilidade, segundo ele; solução na qual Freud fundamenta uma real mudança de objeto de amor da mãe para o pai, como retomarei em seguida. As duas outras saídas indicam, acredita, pelo contrário, a prevalência de uma identificação masculina e a manutenção da aspiração de continuar respondendo à suposta necessidade de satisfação fálica da mãe.

Numa delas, Freud reconhece uma saída neurótica fundada na "esperança de receber alguma vez, apesar de tudo, um pênis, igualando-se ao homem". "Apesar de tudo" indicar a impossibilidade de tal fato, o de receber um pênis; contudo, o ponto forte aqui é a identificação viril que fundamenta a esperança.

Na outra saída, Freud vê inicialmente uma solução pela psicose, porque nela a mulher acredita possuir um órgão viril ou, como diríamos, acredita ser um homem e renega sua condição feminina.[38] A condição de ser uma psicose é logo descartada por ele, mas com o conceito de renegação surge, de alguma forma, o tema da "loucura feminina". Lacan atribuirá esse lado "louco" da mulher à maior proximidade da mulher com o que fica fora do campo do simbólico, isto é, fora do domínio das palavras. Por isso diz que as mulheres são loucas, mas "não-todas" loucas ou "não loucas" de todo. É um tema que retomarei principalmente em relação à forma erotomaníaca de amor da mulher. Nessas duas fórmulas básicas de responder à própria falta e à da mãe, de inspiração viril, Freud localiza a permanência na menina de um resto do amor pela mãe idealmente fálico. Um amor que pode tornar-se mais sólido quanto mais ele alimenta o narcisismo ferido da filha, de não mais poder satisfazer a mãe. É mais disto, como mencionei, de que se queixa a menina à sua mãe do que de falta de pênis na fórmula freudiana que se tornou célebre: "Queixa de ter sido colocada no mundo tão desprovida".[39] Isto dá a chave para uma boa parte da hostilidade de certas mulheres em relação às suas mães; elas reagem às manifestações da insatisfação materna, tanto quanto face à insuportável evocação de sua própria privação.

Se o pai representa um refúgio, um porto seguro para a filha, é porque a resgata da submissão inicial à figura materna, dando-lhe a condição de sujeito em seu pleno direito, algo que o psicótico, por exemplo, não tem. Por isso, como já mencionado, o pai é amado pela filha. Disto, já nos fala Freud ao defender que a identificação com o pai é a primeira identificação amorosa. O pai enquanto Outro da Lei, ao proibir o incesto, autoriza o ser sexuado da filha. Não valida, contudo, sua feminilidade.

"Que o amor me dê o ser"

A menina, na resolução de seu complexo, não poderá se servir de nenhum dos dois fatores — a identificação viril com o pai e o suporte imaginário do corpo com os quais o menino conta — para a definição de uma posição feminina.

Da falta de definição que a caracteriza, a mulher deve fazer algo, inventar alguma coisa para ela, isto é, criar para si uma identidade feminina. E é claro que nessa vertente, ela espera, como diz Lacan na última parte de seu ensino, mais *substância* de sua mãe do que de seu pai, ele vindo em segundo.[40] Como o pai não faz dela uma mulher, a menina terá de se voltar para a mãe para constituir uma identidade feminina. Cada filha deve constituir sua própria feminilidade a partir da relação com a mãe, mais especificamente pela forma como esta resolveu sua questão feminina. Essa construção nunca tem a marca da universalidade, como no menino, mas tem uma marca de caso a caso, na singularidade, como desenvolvi no livro *A relação mãe-filha*.[41]

A dependência da filha de sua mãe para a constituição de sua feminilidade em última instância aumenta o poder da mãe sobre ela e dificulta ainda mais a sua separação dela. Mesmo na encarniçada reivindicação do feminismo moderno de forjar o seu próprio amor, não podemos identificar, se pergunta Julia Kristeva em suas *Histórias de amor*[42], um apelo a uma volta aos amores maternos da infância, lá onde a doçura do leite e das carícias transforma nossas peles em vasos comunicantes?

O que não torna a relação mãe-filha fácil em qualquer das etapas da vida. Freud fala da possibilidade de *catástrofe* na relação mãe-filha, na medida em que a filha não consegue se separar da mãe para constituir seu próprio destino separado do dela.[43] Lacan menciona a *devastação* que é, para a maioria das mulheres, sua relação com a mãe[44], submetidas que elas acabam ficando ao desejo e ao gozo da mãe para os quais o pai pode não trazer um limite suficientemente operatório no caso delas.

Nesta impossibilidade de o pai separá-la totalmente da mãe constata-se mais um motivo de queixa da filha à inadequação do pai. O que não quer dizer que o pai não participe da constituição da feminilidade da filha, mesmo que como "segundo" e não menos merecedor de seu amor.

Os dramas da individuação exigem da filha uma rejeição às vezes tão intensa da mãe e pela mãe (sem o que muitas vezes não consegue se separar dela), que no rancor do objeto amado uma mulher está imediatamente em país conhecido e intolerável.[45] Não esquecendo que uma mãe em relação à qual a filha sente rancor só o é sob um fundo irredutível de incomensurável amor.

O amor do pai, de um lado, e a mágoa da mãe, de outro, se mantêm como paixão estranha na existência da mulher; a combinação desses dois afetos produz o que Lacan chama de *hainamoration*, uma enamoração feita de ódio (*haine*) e de amor, um *amódio*.[46] Se o trabalho do luto deixa sempre subsistir um núcleo irredutível de fixação "inconsolável" ao ser perdido e tanto mais inesquecível que ele foi radicalmente estrangeiro, inassimilável, é preciso lembrar uma outra face do fenômeno onde o inesquecível para uma mulher é o que o amor fez dela.

Que a relação de amor de uma menina e de sua mãe só pode terminar em ressentimento explica a já mencionada especificidade do supereu feminino. O supereu é ligado ao objeto de amor, surgindo quando o enigma do Outro em falta emerge do amor. A figura feroz do supereu não é engendrada pela violência do Outro do qual seria uma transposição como Freud bem o constatou. Ele é ligado ao contrário à doçura do amor que precisamente engana quanto ao desejo e ao gozo.

É, pois, de uma operação dupla que sofre o supereu feminino: do resto de uma paixão que é a do ressentimento pela mãe e do resto de uma paixão que é a do amor pelo pai. Com estes dois restos, de ressentimento e de amor, se reconstroem as vicissitudes da vida amorosa e da vida pulsional da mulher em função das suas diferentes escolhas de objeto.[47]

Ora, não mais acreditar ilusoriamente que pode satisfaria a mãe, resulta na menina não mais saber quem é. A nostalgia que ressente é esta: do tempo em que pensava satisfazer a mãe e saber quem era. O "não tenho" e "não sou" adquirem o mesmo valor para a menina e dessa equivalência é preciso medir as consequências.

A falta de identidade aliada a um sentimento de irremediável incompletude, de momentos de ausência de si mesmo, de fragmentação ou perda de controle corporal são sentimentos que aparecem na mulher não exclusivamente, mas em uma intensidade em nada comparável ao que pode apresentar-se no homem. É a intensidade desses sintomas de falta de consistência e de fragmentação corporal que pode, inclusive, explicar a confusão que muitas vezes é feita entre certas formas de histeria e de esquizofrenia. Testemunhos de sensação estranha, de infinito ou de incompleto nos colocam, por outro lado, na pista de um outro gozo, um particular à mulher evocado por Lacan e do qual tratarei mais adiante.

Uma vez introduzida no Édipo e, correspondentemente, à desindentificação fálica, não importa o que faça, a menina nunca (mais) terá aquilo que satisfaz o Outro. Ela pode supercompensar sua falta, sendo dócil, obediente, amorosa com a mãe, mas nada resolve sua nostalgia da "falta a ter" aquilo que satisfaria a mãe, diferentemente do menino que acredita que, mesmo depois do Édipo, tem algo a oferecer, sob a forma subjetivada de um "eu tenho".

Se essa crença permite ao menino encontrar uma primeira forma de recobrir sua *falta-a-ser*, isso não é possível para a menina. A resolução para a sua *falta-a-ser* terá de ser procurada de outra maneira, uma especificamente feminina, em que o amor se constituirá num fator importante. Recobrir a *falta-a-ser* com o amor.

A demanda de signos de amor à mãe, por exemplo, pode se tornar cada vez mais insistente e até tirânica, em busca de uma suplência para a sua *falta-a-ser*. Essa captura na demanda é particularmente notável na histérica que, em termos gerais, procura cobrir a castração mediante o amor. Trata-se da ilusão histérica de esperar que o amor lhe dê o ser. Por isso, a pergunta "o que sou no seu desejo?" encobre o pedido, a demanda, de que o amor lhe dê o ser. Essa ilusão pode provocar fortes caídas depressivas quando tal ilusão desvanece, porque justamente começa a vacilar o ser mesmo, o que é muito mais comum na mulher do que no homem, por essa particularidade da histeria de esperar o ser do amor.

Um caso clínico o ilustra. Trata-se de um caso de homossexualidade feminina em que surge um dado maior de sua vida amorosa: esta parece toda orientada para sua mãe, enquanto seu pai se revela ausente em sua vida.

Uma mesma manobra orienta sua estratégia amorosa: trata-se para ela de obter de sua mãe que esta demonstre interesse pela sua companheira, para, logo em seguida, criticá-la de forma veemente por essa mesma razão. Trata-se de obter da mãe um signo de amor particular. O que esta mulher procura com obstinação é o reconhecimento da mãe que ela é bem sua preferida. Todo seu comportamento tem por objetivo obter da mãe não somente um testemunho de amor que lhe confira o status de única, mas a certeza de ter sido a eleita, que o Outro materno tenha falta dela — falta que ela logo se precipitaria a completar.

Assim, a paciente torna-se o objeto agalmático, precioso, que supostamente completa o Outro materno. Mas esta é uma situação insustentável, pois assim que a mãe estivesse completa, a jovem não encontraria mais seu lugar. É porque, em todos os seus relacionamentos amorosos, a paciente recomeça sua *mise-en-scène*. Ela deve repetitivamente ser a escolhida, a preferida pela mãe. Trata-se de um amor idealizado pela mãe que se fundamenta sobre a parceria mãe e filha, em que o pai está ausente. O que está ausente nessa relação com a mãe, que marca a vida amorosa dessa jovem homossexual, é a possibilidade de parceria com o pai. Em outras palavras, o amor ao pai se encontra em suspenso.[48]

Não podemos deixar de constatar o quanto o ideal de independência em relação ao pai e ao homem em nossos dias tornou-se um imperativo superegóico, que obriga a mulher a se sentir ou dizer-se "liberada". Porém a clínica nos mostra que angústia, inibição, sintoma e culpa a esperam, sob um modo bem feminino. É porque ao pretender se passar de toda mediação do pai, uma mulher só pode recair, às vezes se dissolver, na escuridão da órbita da mãe.

A busca feminina por compensações
Das três vias que a menina, segundo Freud, podia tomar para a resolução de seu complexo de Édipo, só uma conduziria a uma condição de feminilidade, a verdadeira feminilidade, em suas palavras. Nessa opção, a menina aceita sua falta em vez de renegá-la como é o caso nas duas outras mencionadas soluções.

A saída pela via da feminilidade, isto é, pela da aceitação da falta por parte da menina, se expressa numa fórmula que ficou célebre na psicanálise: "No ato forma-se seu juízo e sua decisão. Viu isso, sabe que não tem e quer tê-lo".[49] Há uma decisão clara do lado feminino. Não há lugar para a dúvida "quero ou não quero?". A presença de dúvidas, principalmente sobre questões existenciais, faz mais parte da constituição subjetiva do homem e sob a forma da neurose obsessiva. Quanto à decisão — "quero isto" —, ela tem consequências importantes na subjetividade de uma mulher. Como a mulher resolve o "eu quero isto" na medida em que parte da premissa de que "não tem?".

A atitude decidida das mulheres frente à sua falta acaba se revelando um grande propulsor das relações que elas estabelecem com os homens no desenvolvimento e exercício de sua feminilidade. As substituições e as transformações no desejo da mulher, Freud as constrói inicialmente em torno da inveja de pênis e do que ela suscita na subjetividade feminina, isto é, em nível de imaginário, do corpo. Era a única variável da qual dispunha para lidar com a questão feminina, como já mencionei.

A primeira formulação a respeito de compensações buscadas pelas mulheres surge em 1917 num texto justamente intitulado de "transposição" que, embora referido às pulsões, é um título sugestivo quanto ao tema do qual estamos tratando. Neste texto, Freud diz que, para as mulheres, bebê e pênis são igualmente chamados de *pequenos* e são facilmente permutados no inconsciente: "As mulheres parecem acreditar que a natureza lhes deu bebês como um substituto do pênis que lhes foi negado", diz então.[50]

Com essa asserção, Freud introduz a ideia de que a inveja de pênis desliza metonimicamente através de uma equação simbólica:

primeiro de pênis para bebê e finalmente para o homem, este, um apêndice do pênis.[51] O homem seria, pois, nada mais do que último elo dessa série pela qual a mulher elaboraria sua falta de pênis a suscitar sua inveja. A aquisição do pênis via o homem é o aspecto mais valorizado, não o próprio homem.

O que muda radicalmente na perspectiva freudiana a respeito da sexualidade feminina, a partir do texto de 1925, é que a resolução da inveja de pênis (naquilo que é passível de ser resolvido, pois que sempre existe um resto da inveja de pênis no inconsciente feminino) passa pelo complexo de Édipo e não pode ser considerado fora dele, isoladamente. Só no contexto do complexo de Édipo, na relação primeiro com a mãe e, depois, com o pai, é que se revela o verdadeiro sentido da inveja de pênis na mulher.

A partir desse ponto do texto freudiano, as substituições e transformações do desejo feminino assumem uma nova perspectiva. Na equação simbólica pela qual deslizava a inveja de pênis formulada anos antes "pênis-bebê-homem", este já não é apenas um elo na série, um apêndice do pênis. O homem, inicialmente representado pela figura do pai, passa a ter um valor próprio.

Foi o que Freud deduziu quando descobriu que o complexo de Édipo da menina não é igual ao do menino porque ela ama a mãe em primeiro lugar, alguém do mesmo sexo do que ela e não o pai, como acreditara inicialmente. Se a menina, portanto, no melhor dos casos, não continua fixada à mãe, é porque num dado momento, na medida da constatação da diferença dos sexos, da inveja de pênis e, depois do desejo de pênis que desta resulta, ela trocou de objeto de amor e de desejo, fazendo do pai um novo objeto de amor. O amor e o desejo voltados inicialmente para a mãe são transferidos com a mesma intensidade para o pai com todas as consequências implicadas nessa transferência. Para ascender à feminilidade, é preciso passar não somente da mãe *para* o pai, mas *pelo* pai.

Na resolução de seu Édipo, a menina espera do pai o que a mãe não havia querido/podido dar: não só o pênis, mas amor. Dentro da concepção da equação simbólica pela qual Freud pensou o deslizamento metonímico da inveja de pênis, o objeto representando o anseio pelo pênis e pelo amor que a menina espera do pai surge sob a figura de uma criança que, é claro, só pode ser uma criança simbólica. Nunca dada na realidade e sim só mantida como aspiração.

É um anseio impossível que, contudo, deve ser conservado ao longo de um processo pelo qual passa cada menina; só no fim desse, ela estaria pronta a renunciar a esse anseio infantil que faz parte, em suma, de sua estrutura.

No caso da jovem homossexual, Freud constata como uma menina pode reagir mal se esse processo de uma certa ilusão de que receberia a criança simbólica do pai não é mantido por um tempo adequado em cada caso. A jovem é surpreendida pela gravidez da mãe, prova de que o pai, em vez de manter sua posição de doador simbólico — isto é, de quem deve manter essa possibilidade em potencial — dá uma criança à mãe na realidade. Vendo nesse fato um não reconhecimento de seu desejo de mulher, a jovem dá um passo atrás no caminho da renúncia à criança simbólica do pai para a receber de um outro homem um dia na realidade e, pelo contrário, insiste na demanda de amor ao pai.

Esse é o sentido do desafio imaginário que a jovem lança ao pai representado pela sua eleição homossexual por uma mulher mais velha de "má reputação, uma *demi-mondaine*, sabendo que essa escolha o desagradaria: "Vou mostrar ao meu pai como se deve amar uma mulher". Amá-la pelo que ela não tem (no caso "boa reputação"), assim como o pai devia tê-la amado. Voltarei a esse tema do desejo da mulher de querer ser amada pelo que "ela não tem" já que é uma das opções à qual a mulher recorre para lidar com a falta de definição de sua feminilidade.

Constata-se que, apesar de já em 1923 Freud ter formulado a primazia do falo em substituição à primazia do pênis no inconsciente, ele continua nos textos subsequentes a fazer ainda referência ao pênis e não ao falo quando se refere à questão feminina.

Coube a Lacan recuperar os termos freudianos e fixar definitivamente a questão de como a menina abandona a mãe e volta-se para o pai em função não tanto do pênis na ordem do imaginário, mas sim em termos do pênis simbolizado, o falo.

Retomando, então, a ideia de Freud do deslocamento metonímico do pênis pela equação "pênis-criança-homem", Lacan a substitui pelo deslizamento do falo. Ele nos ensina que diante da impossibilidade de continuar a ilusoriamente identificar-se ao objeto de desejo da mãe, a menina passa, então, a desejar ter um filho do pai, um substituto do falo amado. A menina começa a amar o pai por causa do falo, do desejo do falo. Essa variante contempla como o falo é buscado cada vez no objeto de amor: partindo da mãe transfere-se ao pai para desembocar no que pode proporcionar o filho, equivalente do falo. Por essa via a mulher, imersa em sua busca do falo, termina mãe. Trata-se, na realidade, de um amor ao falo que encontra satisfação no amor à criança.

Para Freud, a maternidade que é a saída para a feminilidade de uma mulher, é igualmente uma certa patologia feminina; isso, no sentido em que a criança se insere numa série de objetos que permitem à mulher preencher o furo do "menos" pelo qual se sente marcada.

Quando a mulher se separa do pai depois de ter-se separado (pelo menos, de forma suficientemente satisfatória) da mãe é questão de um luto a fazer: o luto do falo. Ela deve renunciar ao falo. Dessa renúncia ou não à demanda fálica depende uma saída feminina ou uma histérica (dentre as mais comuns) no destino de uma mulher.

Só abrindo mão do falo, a mulher não recua frente à condição de procurar criar-se uma identificação feminina, uma das formas possíveis sendo através de uma parceria amorosa com um homem. Quando não renuncia à demanda fálica o que ela espera é que o homem lhe dê o ser. Pode-se evocar o protesto tão comum da histérica contra o sentir-se submetida ao Outro. Seu sonho de autonomia não sendo mais que a vertente de sua recusa da alienação que resulta de sua demanda (de amor) sempre, mais ainda, a um Outro.

As tentativas da mulher de lidar com sua falta provocam perplexidade nos homens, evocando a pergunta que Freud se fez ao longo de toda a sua obra: o que quer uma mulher?

A parceria com um homem

Da certeza do início de que encontraria uma maneira de descobrir o segredo da mulher e, assim defini-la, até a descoberta desalentadora quanto à impossibilidade de uma tal aspiração, se desenrola todo o caminho de Freud no campo da sexualidade feminina. Como definir uma mulher?

A falta fálica que Freud descobre no âmago do ser feminino revela-se o problema e, ao mesmo tempo, a solução para a mulher.

É problema porque a mulher freudiana, apesar de certos vislumbres conceituais que dão a pensar num mais além, é essencialmente uma mulher fálica. Mulher que deseja, ama e goza em função do falo.

É solução porque em todos os registros, o falo exerce uma função de suplência para a mulher. A suplência fálica inicialmente valorizada por Freud é a que é proporcionada pela criança a uma mulher enquanto mãe. Ele só via a saída da mulher pela maternidade. O desejo feminino torna-se o desejo de uma criança. A obtenção de uma criança como compensação fálica é a premissa da primeira formulação freudiana da parceria de uma mulher com um homem.

As mulheres favorecerem o lado materno em detrimento de sua condição feminina é um fato bastante frequente. Em muitos casos, após o nascimento de um filho, muitas mulheres não mais investem (ou não da mesma forma) a relação com um homem, motivo de queixa deste, que não compreende o desinteresse da mulher por ele e pela relação entre ambos.

Difícil dizer até onde Freud tornava absolutas suas conclusões a respeito da saída das mulheres pela maternidade. Ela deve ser considerada em termos relativos, pois cabe levar em conta as normas supostas da evolução feminina — o se fazer mãe — com a única saída aceita pela sociedade de seu tempo para as mulheres. Freud, no entanto, acrescenta a essa saída algumas considerações sobre o valor erótico da mulher-mãe que vão numa outra direção e que podem, aliás, nos surpreender. Leva-nos a não atribuirmos toda a sua posição de saída da mulher pela maternidade como resultado de seus preconceitos. Afinal, o amor em si (e não só a criança) tem valor fálico para a mulher.

Que Freud reconheceu o valor fálico do amor fica claro na medida em que formulou a equivalência entre a angústia de castração própria ao homem e a angústia de perda de amor própria à mulher. Contudo, ele mesmo não pôde desenvolver amplamente sua ideia de que o amor para uma mulher tem valor fálico e as implicações que tal descoberta têm para a compreensão da subjetividade feminina.

Foi essé o caminho trilhado por Lacan. Após ter preconizado, seguindo os passos de Freud, o valor fálico da criança na economia psíquica materna, ele enfatiza a busca do amor da mulher junto a um homem, independentemente da compensação que a mulher pode obter como mãe. Em suma, Lacan separa o que Freud juntara: a condição feminina e a condição materna, como voltarei a comentar no próximo capítulo. Os conceitos a respeito da sexualidade feminina que Lacan introduz visam justamente ultrapassar os limites do pensamento freudiano que só via a saída fálica do "eu não tenho, quero ter" (ter marido, ter filhos e, mais recentemente, quero ter profissão) como única solução do destino feminino — solução que, até certo ponto, sufocava a mulher. A dialética da sexualidade feminina sempre conduziu Freud a esse impasse: o impasse fálico.

Tanto é que a saída pela vertente do "ter" não soluciona a questão feminina, é que todas as conquistas fálicas da mulher dos nossos tempos — fortuna, poder, influência, sucesso profissional — não superam a pendência identificatória na ordem do "ser"; esta continua sendo a grande questão da mulher. Outras formas de resolução, para além da fálica, mais condizentes com a essência da feminilidade e com a condição feminina na contemporaneidade devem ser encontradas por cada mulher.

Quando a mulher renuncia a procurar ter acesso diretamente ao falo (como acontece nas duas soluções indicadas por Freud como derivadas de um complexo de masculinidade) e concorda em obtê-lo pela mediação de um parceiro, aquele que supostamente teria o falo, o pênis simbolizado, ela procura ser amada pelo homem. Isto é, ser o objeto de seu amor. A questão é então saber quais as condições inconscientes que permitem à mulher consentir (ou não) em ser objeto de amor do homem.

Na medida em que, segundo Freud, o sexo da mulher "nunca pode ser descoberto" e que, segundo Lacan, "a Mulher como tal não existe", a mulher busca ser eleita por um homem. É uma das soluções encontradas por ela para a sua condição feminina: ser amada. É a identificação feminina pelo amor. O amor é o tratamento espontâneo, quase natural da tristeza e do abatimento, como também dos afetos de plenitude e de alegria que a posição feminina suscita por estrutura.

Uma das formas de a mulher definir sua feminilidade é através de uma parceria com um homem. É uma questão a respeito da qual cada mulher é colocada em causa diretamente no mais íntimo de seu ser. Deste ponto de vista, para algumas mulheres, é impensável falar de feminilidade sem falar de sua relação com um homem. A realização do amor para as mulheres estabelece-se a partir de um acordo intersubjetivo que impõe uma harmonia à natureza dividida que a sustenta. Fica claro porque as mulheres, histéricas ou não, mais do que os homens, amam o amor.

Cabe a pergunta: os homens serão tudo para as mulheres? Quando se escuta a queixa angustiada delas concernindo seu medo de perder o amor, poderia se crê-lo. Só que se deduz que, para uma mulher, a perda do amor excede a dimensão fálica à qual Freud a reduzia, pois o que ela perde ao perder o amor é ela mesma. O ponto importante é que o amor a identifica como mulher. No rompimento de uma relação amorosa, o sentimento de perda numa mulher tem muito a ver com a perda de amor que a identifica como mulher e não só com o homem ele mesmo.

Se a clínica demonstra que o medo da perda do amor tem uma prevalência central na mulher, também indica o quanto a insistente necessidade de ouvir palavras de amor do parceiro constitui num esforço sempre falho para neutralizar esse medo. É disso que se trata no amor do lado feminino: "Eu sou amada...", mas por quanto tempo? É o sentido da carta de amor, enquanto ela guarda seu sentido, isto é, não por muito tempo.

Nunca esquecendo que a relação com o limite é contingente, portanto, sem certeza e garantia. *Plaisir d'amour ne dure qu'un moment*[52], celebrizada canção de mais de 200 anos, está longe de desaparecer do cenário amoroso ainda no século XXI. O prazer do amor não dura mais que um momento, é efêmero, sempre ameaçando de desaparecer e deixando um lamento de tristeza para sempre, no contraponto da canção: *Chagrin d'amour dure toute la vie*

Dá para compreender o medo da mulher de perder o amor, principalmente se consideramos o fato de o amor ser tão aleatório em suas múltiplas variações: amor sim, o amor não, capacidade de amor, amor guardado, amor infeliz, amor satisfeito. Em dois versos conhecidos, o poeta Luís de Camões define o amor:

> "um não sei quê,
> que nasce não sei onde,
> ....
> vem não sei como,
> e dói não sei por quê".[53]

Cabe à mulher tirar partido da vantagem que sua condição feminina lhe oferece na parceria com um homem, para suprir a inexistência da mulher como tal, na medida em que não se pode defini-la.

É essencial a mulher "saber fazer" para encontrar uma resposta para a sua condição feminina. Se a mulher recorre à aparência, ao imaginário, ao *semblante*, em suma, é para se ajustar ao homem e cativar esse desconhecido que é seu desejo.

A mulher implicada na parceria amorosa ocupa o lugar de complemento do desejo masculino, aspecto que para Lacan tem um importante papel na resolução da problemática da identidade feminina. Para uma mulher, amor e existência estão intimamente ligados. O amor na mulher tem papel relevante, justamente na captura do desejo do homem e pelo qual ela garante a parceria da qual necessita para obter alguma consistência para o seu ser. É o que motiva sua demanda de amor, mais e mais.

A cineasta Sofia Coppola, numa entrevista a respeito do seu filme *Encontros e Desencontros* (*Lost in translation*), de 2003, define a sua obra como "uma história entre a amizade e o amor como acontece frequentemente na vida". Ela investiga ao longo da trama essas duas dimensões que são mantidas em tensão de forma direta ou alusiva, em tom leve ou grave. Para tanto usa a ironia, o engraçado, mas também a dor.

O filme mostra este encontro de amor ambientado na contemporaneidade que nasce num lugar que é símbolo da atual sociedade da abundância, um grande Hotel Hyatt. Neste ambiente, encontra-se uma acolhida que quer recrear uma atmosfera familiar e antecipar os desejos, mas a mergulhar os sujeitos numa atmosfera impessoal e levemente claustrofóbica. Sucedem-se cenas nas quais prevalecem os discursos incoerentes no bar, o burburinho incessante, o maneirismo caricatural na moda. É exatamente onde se encontra o íntimo, o familiar, o confortável, que se encontra, ao contrário, o inquietante, o estranho, o perturbador. O sentido de estranheza acentua-se ainda mais pelas cenas que reproduzem uma Tóquio pouco hospitaleira, com a predominância de cenas noturnas e atordoantes.

O filme é considerado paradigmático do relato de amor em tempos pós-modernos, com características do amor cortês. Num ponto central da história, os dois protagonistas estão deitados no mesmo leito, completamente vestidos, numa cena de casta intimidade feita de confidência, escuta e gestos delicados. Está sendo representada uma forma de amor na qual privilegia-se a ternura que guarda, no entanto, como pano de fundo uma certa dimensão sexual. "No amor, aquilo que se aponta é o sujeito (...) o sujeito enquanto tal não tem muito a fazer com o gozo. Mas, ao contrário, o seu signo é susceptível de provocar o desejo. Que é a mola do amor".[54]

É exatamente com palavras de Bob no ouvido de Charlotte que o filme se conclui. Bob está num táxi que o está conduzindo ao aeroporto, vê Charlotte no meio da multidão, a procura, a beija e lhe diz qualquer coisa que não é revelado ao público depois do que, ambos se separam e retomam o próprio percurso. Esta cena funciona como um *après-coup*, como um efeito retroativo que ilumina a importância dessa experiência vivida por Bob e Charlotte, algo tão íntimo que deve ficar guardado entre eles, não revelado. O filme fala de momentos da vida que são tão maravilhosos quanto fugazes. Não duram muito, mas sempre deixam a lembrança e produzem um efeito sobre o sujeito. Mostram uma atualidade em que cada encontro e cada laço terão de ser inventados, como performance efêmera, *lost in translation*.

Quando o amor chega, ele se imagina necessário. Esta é a contingência dos encontros amorosos.

CAPÍTULO 3

O LUGAR DO HOMEM
NA DEFINIÇÃO DE UMA MULHER

> *"Entre o homem e o amor, há a mulher*
> *Entre o homem e a mulher, há um mundo*
> *Entre o homem e o mundo, há um muro."*
>
> ANTOINE TUDAL
> Citado por Lacan em "Função e campo
> da palavra e da linguagem", 1953.

A lógica da vida amorosa da mulher
Entre o homem e a mulher há o falo.

Alguns anos após ter ressaltado a função que o falo representa na relação entre a mãe e a criança, em que ele está sempre presente como "terceiro elemento"[1], Lacan constata que o falo também se apresenta como "terceiro" na relação que homens e mulheres estabelecem.[2] Depara-se, então, com uma pergunta para a qual terá de encontrar uma resposta: de que forma o falo intermedeia a relação entre homens e mulheres por um lado separando os sexos, por outro lado, os aproximando?

A questão surge no seio do papel central que a significação do falo assume em sua teorização principalmente entre os anos 1958-1960. Levado a se interessar pela diferença com a qual homens e mulheres se submetem à lógica fálica, Lacan constata o quanto esse fator de distinção influencia a maneira pela qual cada um deles aborda a relação sexual.

Esta é a menção inicial de Lacan do modo desigual dos sexos entrarem na relação sexual e sua primeira contribuição para a psicologia da vida amorosa. Para formulá-la, ele só conta com os parâmetros principais que tem à disposição nesse momento de sua elaboração que são a demanda, o desejo e o amor. Estes foram os eixos em torno dos quais no capítulo anterior teci considerações a respeito da constituição subjetiva particular a cada um dos sexos.

Se no decurso de seu ensino Lacan irá acrescentar outras dimensões que tem peso na forma diferente de homens e mulheres se relacionarem sexualmente, elas não invalidam as suas ponderações iniciais feitas quanto a essa questão a partir da significação do falo.

Os vários modos de homens e mulheres viverem a relação sexual que Lacan postula ao longo de seu ensino se articulam e se superpõem.

Vejamos, por ora, como homens e mulheres, sob a regência do falo, entram naquilo que Lacan chama de "comédia dos sexos".[3] Por que Lacan chama a relação dos sexos de "comédia"?

É que homens e mulheres, regidos que são (diferentemente) pelo falo, não entram nessa relação naturalmente e sim através de um *parecer* — "ele protegendo seu ter e ela escondendo sua falta", como diz[4] — de forma que cada um dos parceiros desempenha uma parte, certamente não a mesma, na dita "comédia". É este o tema que eu desenvolvo a seguir.

Como um homem aborda uma mulher em função do papel do falo em sua subjetividade?

Quando um homem se aproxima sexualmente de uma mulher não o faz diretamente, mas sim através da forma pela qual subjetivou seu sexo sob o modo do "eu tenho (o falo)". Sem dúvida, essa posição caracteristicamente masculina ("eu tenho") traz consequência na relação que mantém com uma mulher. Para além do "você é minha mulher", equação pela qual o sujeito masculino institui sua parceira, ressurge sempre em seu inconsciente o desejo do Outro; ou seja, o falo desejado pela mãe que ele supostamente tem e que teria de oferecer.[5] Se o "ter que tê-lo" descreve uma das angústias da masculinidade a exigir sempre um pouco de prudência da parte do homem, como aludi no capítulo anterior, não deixa de haver apreensão colorindo, com frequência, a forma pela qual o homem aborda uma mulher.

O homem precisa, portanto, constantemente se reassegurar de sua virilidade. Um dos recursos aos quais recorre para tranquilizar-se é o da adoção de modos ostentatórios que evocam a forma pela qual o pavão procura exibir suas plumas. Faz parte de seu querer *parecer* ter. Paradoxalmente, a própria recorrência à ostentação viril feminiza porque pressupõe um refúgio na máscara que é um recurso feminino.

Para um homem não basta, portanto, ser um; ele deve "provar" que é homem. O que a maioria dos homens desconhece é que a grande prova pela qual ele deve passar para a reafirmação de sua condição masculina é a constituída pela forma como ele enfrenta a castração; por esta, ele é marcado como todo ser humano. É claro que estamos falando de castração simbólica, no sentido de alguma perda de ser pela qual todo ser humano é marcado e não de castração imaginária que significaria perda do órgão que é apenas um motivo de angústia no inconsciente do homem e não uma ameaça na realidade.

A questão é mais como o homem confronta-se com a castração e não simplesmente se a teme. Não há virilidade a não ser aquela validada pela castração, preconiza Lacan.[6] Aliás, é nessa condição de legitimação de sua virilidade pelo enfrentamento da castração que ele vai ao encontro do desejo da mulher. Não é verdade que uma mulher ama num homem a maneira pela qual ele se defronta com a castração, a coragem que ele aí manifesta?

Embora haja mulheres que não suportam que um homem passe por essa condição masculina, de ter de se submeter à castração. É a mulher, por exemplo, que não consegue fazer o luto do falo do pai. E que pode refugiar-se na homossexualidade para evitar essa circunstância da condição masculina. Embora tudo leve a crer que a homossexual queira furtar-se ao encontro com um homem, a clínica mostra que ela sempre mantém a presença de um homem como testemunha invisível das suas relações amorosas com mulheres.

Mas, de forma geral, uma mulher não só consente como favorece a castração do homem. Para uma mulher, o homem tem de ser castrado, isto é, marcado por uma falta. Nada irrita mais uma mulher do que o homem pretender não ter falta nenhuma. Não ter falta de nada. Nem dela.

Só se o homem se apresenta como castrado, isto é, em falta, é que ele pode dar uma prova de amor à mulher, segundo a fórmula de amor proposta por Lacan à qual aludi no capítulo anterior: amar é dar-se o que não se tem.

A ideia de reivindicação, tão comum na mulher, surge da falta e da frustração de receber algo do qual o outro pode dispor e não se dispõe a fazê-lo. É o que há de verdadeiramente intolerável em muitos casos de desenlaces amorosos, apesar de a mulher acreditar ou fazer crer que ela sofre por causa do homem.

Se uma mulher já tem dificuldade de aceitar que um homem não lhe destina sua castração como prova de amor, o mais grave é quando ele a oferece a uma outra mulher. É por isso que o amor na mulher é sempre ciumento. É também o motivo pelo qual a exigência de fidelidade do Outro assume um caráter passional na mulher. O enamoramento na mulher comporta um esforço para isolar o homem ideal e o manter na fidelidade absoluta para obter dele a dedicação exclusiva de sua castração. Ela facilmente justifica essa exigência de fidelidade do homem pela suposta alegação de sua própria constância no compromisso.[7] Esta exigência de dedicação amorosa de um homem mascara a divisão subjetiva da mulher frente o semblante fálico do homem. O falo adorado no "órgão" opera como véu do que está mais-além, o amante castrado que a mulher põe sobre a cena, como comentarei mais à frente.

Como uma mulher, por sua vez, aborda ou se deixa abordar por um homem em função do papel do falo em sua subjetividade?

A *mascarada* feminina

Uma mulher se aproxima ou se deixa aproximar por um homem através da forma pela qual subjetivou seu sexo sob o modo do "eu não tenho (o falo)" numa característica posição feminina.

O seu "não ter" a faz ter uma reação oposta à dele: como não é o caso de ela se exibir — exibir o quê? — ela quer mais é esconder, camuflar sua falta. *Parecer* não ter falta. Nesse intuito de esconder sua falta, a mulher, de forma camaleônica, muda de aparência com facilidade e rapidez.

Lacan chama de *mascarada* ao conjunto de recursos aos quais a mulher recorre para dissimular, de maneira enganosa, sua falta que é basicamente, como já mencionei, falta de uma identidade especificamente feminina. Isto porque, a mulher, feita de amor e de aparência, precisa de um verdadeiro arsenal para sustentar a ausência do significante que lhe diria quem é como mulher. A mascarada é a um só tempo máscara e véu do que não se tem. Embora represente uma solução para a sua questão feminina, ela também constitui um problema.

Solução porque a mascarada implica um "saber fazer" com a falta que existe, por estrutura, em todo sujeito feminino. Esse "saber fazer" é bem o que Freud enfatizou ao repetir ao longo de sua obra que a mulher não nasce mulher, deve tornar-se uma, tese anos mais tarde popularizada por Simone de Beauvoir em seu livro *O segundo sexo*.[8]

Problema porque, ao promover um engodo, a mascarada empurra a mulher para o campo da significação fálica: esconder a falta é pretender "ter". É o que acaba propiciando o afastamento da mulher do eixo através do qual ela poderia trilhar um caminho mais próprio à feminilidade.

Lacan diz que mesmo com a mascarada a mulher acaba abrindo mão de uma parte importante de seus atributos femininos.[9] Dois anos após ter introduzido essa menção a respeito da renúncia que a mulher, optando pela via fálica, faz sem, contudo, desenvolvê--la, Lacan começa a elaborá-la.[10] No texto que acaba se tornando um marco de suas formulações sobre a sexualidade feminina, ele se debruça sobre a questão de quais seriam verdadeiramente estes atributos femininos, aprofundando o aspecto da contradição intrínseca entre dois destinos do corpo da mulher: a identificação ao padrão fálico e a aptidão para um destino mais feminino.[11] Quanto mais identificada ao falo, mais a mulher se afasta da especificidade da sua sexualidade, que consiste principalmente num gozo que lhe é particular.

Assim se explica a surpresa que causa a confissão, no final de sua vida, de Marlene Dietrich, a diva incrível que alimentou tantos sonhos, que conseguiu seduzir tanto, que, enquanto mulher, sexualmente nunca gozou. Supostamente não significa que não gozou de todo, mas sim que entre a encarnação do semblante fálico que ela conseguiu por excelência e um outro gozo, que se sabe ser específico da mulher, é um ou o outro.

Descortinar novas vias de abordagem da particularidade da sexualidade feminina desvia Lacan da sua preocupação, quase exclusiva do início, com as questões suscitadas pelo declínio da figura paterna na contemporaneidade e que o haviam levado a pregar um retorno a Freud, para quem o pai era um dos temas centrais para a psicanálise. A sexualidade feminina, relegada nas ponderações inaugurais do ensino de Lacan, ganha um novo estatuto desde a introdução do conceito de mascarada; esta, leva a novos desdobramentos e, assim, representa uma abertura para uma maior compreensão da feminilidade. Se o homem deve "mostrar-se homem", a mascarada evidencia que cabe à mulher "fazer-se mulher".

Como atrás descrito, se a sexuação é a forma pela qual o sujeito subjetiva seu sexo, ela não é definida, assim sendo, exclusivamente pelo sujeito, mas também por sua relação com o outro sexo. Cada sexo acaba tendo relação com o significante fálico — "ter ou não ter" — mais do que com o corpo do outro, cada um dos parceiros constituindo-se como causa do desejo do outro. Portanto, homens e mulheres se definem tanto pelo lugar que cada um destina ao outro em sua subjetividade, como também pelo lugar que cada um ocupa na economia psíquica do outro.

Esta questão de ter seu sexo subjetivado pela relação estabelecida com um parceiro marca mais o destino das mulheres do que o dos homens. Só as mulheres devem "fazer-se", isto é, precisam recorrer à mediação do outro sexo, do homem, para a definição do seu ser feminino.

Os homens devem ter de "provar serem homens", porém não necessitam passar pela mediação do outro sexo, o feminino, para a definição de seu ser, como tenho mencionado e continuarei a abordar nos capítulos subsequentes. Essa mediação é um dos mais importantes fatores para a determinação da identidade feminina na medida em que a mulher não pode contar com um significante específico de seu sexo.

O que não quer dizer que os homens não dependam da mulher, mas não quanto a esse quesito da identificação, pois desde a saída do Édipo, a identificação viril dada pelo pai é definitiva para um filho, o que, como comentei no capítulo anterior, não é o caso para a filha. O pai não fornece uma identificação feminina para a menina, como dá uma identificação masculina para um menino.

É do que resulta a dificuldade identificatória no caso da mulher e a necessidade de ela ter de inventar recursos para lidar com esta sua questão. A relação com um homem tem uma parte a desempenhar na resolução da problemática identificatória feminina, questão que Lacan introduz precisamente através da significação do falo na relação entre os sexos e que continuo elaborando.

Freud já havia apontado essa necessidade de a identificação de uma mulher passar por algum tipo de parceria com o homem. É verdade que a restringiu à aquisição fálica, principalmente aquela que uma criança fruto dessa relação lhe procuraria. Freud definitivamente sobrepunha a condição feminina à condição da maternidade. Se Lacan também vai mostrar que muitas das resoluções da mulher passam pelo homem, diferentemente de Freud, ele não as limita à aquisição fálica e, muito menos, as reduz à maternidade.

Em suma, Lacan processa uma disjunção da mãe e da mulher. Considera que o dom dado por um homem a uma mulher, uma criança, está longe de constituir um sentimento unívoco no desejo feminino. A criança pode muito bem, diz ele, obstruir a falta fálica da mulher, mas não é a causa do desejo sexuado feminino. Lacan situa alhures a causa do desejo dela, como abordarei mais adiante.

Em nossos dias, a oposição entre o ter e o ser fálico, longe de reduzir-se a uma tensão entre mãe e mulher, toma principalmente a forma de uma tensão entre os êxitos profissionais e o que se chama de vida afetiva, isto é, entre trabalho e amor.

Para Lacan, portanto, reduzir toda mulher à mãe não só seria propor-lhe ideais inadequados à modernidade, considerando-se o tempo que o separava de Freud, como não nos ajudaria a desvendar as questões relativas ao desejo feminino.

A mulher não é necessariamente mãe

"Será", pergunta-se Lacan a partir dos anos 1960, "que a mediação fálica drena tudo o que se manifesta de pulsional na mulher, notadamente toda a corrente do instinto materno?".[12]

Se a mãe, por definição, é fálica, deve-se levar em conta que este é um conceito teórico; não é um atributo da mãe. No conceito mesmo de mãe fálica há a ideia de que atrás da mãe se esconde a mulher. Miller diz que o verdadeiro numa mulher se mede pela distância subjetiva que ela mantém com uma posição de mãe[13] e também pela distância de sua posição subjetiva em relação à própria mãe. Para ser mulher, a filha deve ter separado seu corpo, seu desejo e seu gozo dos de sua mãe.[14]

É esta a tese de Lacan: em vez de sobrepor a mãe e a mulher, como Freud o fizera, ele as separa. Para ele, a mãe e a mulher não só não se recobrem por completo, como também, de certo modo, podem constituir posições antagônicas.

É verdade que uma mulher espera muitas vezes confortar sua feminilidade na maternidade. Ela pode até crer que o que lhe foi recusado como mulher poderia lhe ser compensado enquanto mãe. Não há sem dúvida tentação mais insidiosa nem ilusão mais difundida que o de esperar da maternidade essa plenitude absoluta. Não que ela não possa satisfazer aquela que ascende a tal posição, mas é que assim a satisfazendo, ela lhe permite pensar que seu questionamento enquanto mulher encontraria uma solução feliz e definitiva. Contudo, lhe restará, uma vez que o vivo desse estado se dissipará de certa forma, ter de se defrontar com a questão que acreditava resolvida.

O escritor Honoré de Balzac, em *Memórias de duas jovens casadas*, desde o século XIX, antecipava esse impasse na vida de uma mulher ao escrever que a procriação participa do lado matrimonial que a inclina, como esposa e mãe, para o que a conecta a um outro, mas a afasta dela mesma.[15]

A dicotomia entre a posição materna e a feminina leva Lacan a também disjuntar o pai do homem. É verdade que mesmo para Freud o Édipo é o pai da sexualidade, não o pai da procriação. Mas a distância entre o pai freudiano e o pai lacaniano se apresenta pelo fato de que Lacan funda o lugar do pai não em função da relação que ele tem com a mulher enquanto mãe, mas em função da relação com a mulher atrás de toda mãe. De qual o lugar que o pai, enquanto homem, reserva para a mulher em sua fantasia.

Separar a condição de mãe e a de mulher faz Lacan chegar à formulação da "verdadeira mulher". O que seria uma "verdadeira mulher", no sentido lacaniano?

A verdadeira mulher, para Lacan, é aquela que escolhe ser mais (ou exclusivamente) mulher que mãe, isto é, que relega sua condição materna a um segundo (ou a nenhum) plano. As figuras míticas ou trágicas dos grandes romances incitam-nos a nunca esquecer as mulheres que podem, por exemplo, tudo sacrificar à verdade de sua exigência de amor de um homem.

Medéia ilustra em termos trágicos o hiato que existe entre a posição feminina e a posição materna ao não hesitar em assassinar os próprios filhos para atingir Jasão, que a abandonara como mulher. O que interessa à Medéia é o amor de Jasão e mais nada...

Para obtê-lo, Medéia está disposta a tudo. Jasão lhe pede: Tudo não! Tudo não! Porém, Medéia está decidida a tudo. Se o amor está perdido, ela não recua frente a nada; é isto que no caso significa o tudo. Ela aceita sacrificar o que lhe é mais precioso também, seus filhos. Na versão de Anouilh, aliás, Medéia se mata depois de ter assassinado os filhos. Na versão de Eurípedes, ela desaparece numa carruagem no céu, no reino dos mortos, portanto.

Se Lacan convoca a figura de Medéia para falar da "verdadeira mulher", é certamente para ilustrar a distância subjetiva de uma mulher com sua posição de mãe. O ato de Medéia de sacrificar seus filhos queridos como resposta à traição de Jasão indicaria que ser mulher é, para ela, algo superior a ser mãe.[16]

Madeleine Gide tem um ato semelhante ao de Medéia ao queimar as preciosas cartas que, durante 30 anos, André Gide havia lhe escrito e que ele considerava sua mais bela obra, "seu filho". Em que momento Madeleine se considera preterida no amor que Gide lhe dedica?

Sabemos de uma divisão na vida de Gide na escolha de seus objetos sexuais e que é motivo de profundas reflexões por parte de Ram Mandil em seu livro *Lacan leitor de Joyce*[17], que me serviram de orientação para tecer as considerações que se seguem.

Paralelamente à atividade homossexual, Gide mantinha um relacionamento intenso com sua prima, depois esposa, Madeleine. Qualificava sua relação de amor com Madeleine como um *mariage blanc*, um casamento não consumado, por não envolver qualquer aproximação física. Schlumberger, em seu livro, retrata esse amor de Gide por sua esposa a partir de um relato do próprio escritor feito a Roger Martin du Gard: "O amor que sinto por minha mulher não se compara a nenhum outro e creio que só um uranista pode dar a uma criatura esse amor total, despojado de todo desejo físico, de toda perturbação carnal: o amor integral, em sua pureza sem limites".[18]

O que permitiria a Gide constituir a seus olhos essa mulher despojada de todo desejo, essa mulher capaz de aceitar não apenas um "casamento branco" como também as escapadas furtivas do marido com jovens? Schlumberger expõe os argumentos de Gide: "Minha mulher não duvidava, pensava eu, de nada em minha vida... ela não tinha verdadeiramente qualquer motivo para se sentir ferida, pois os encontros frequentes, impulsivos, breves e sem consequências, que minha natureza obrigava-se a procurar incessantemente, não podiam em nada atingir nem alterar a integridade do dom que eu lhe havia dado de todo o meu coração".

Mas é no episódio descrito por Schlumberger como a *crise* que, tal como no caso Dora de Freud, rompe subitamente esse fio imaginário que ligava Gide e Madeleine. De passagem pela Normandia em direção a Londres, Gide visita a esposa em companhia de um jovem pelo qual não escondia seu evidente entusiasmo. Não mais parecia se tratar de uma simples aventura que a "natureza" (homossexual) o obrigava a procurar. Gide assiste então à transfiguração de sua esposa no momento em que esta se percebe preterida no nível do amor. As cartas de amor haviam sustentado Madeleine neste lugar de amada. Não mais.

É então que Madeleine queima as cartas — todas elas — que Gide havia lhe escrito ao longo da vida, suas cartas de amor. Ela as queima todas, as mais belas cartas de amor! Havia uma parceria neste casamento branco, entre Madeleine e Gide: ela no lugar de amada, ele autor daquilo que se chamava sua maior obra. Vale a pena transcrever o modo como o escritor relata sua dor ao ser informado do destino dado por Madeleine às cartas: "Pensei que fosse morrer... Desde minha primeira juventude, já dominada por esse único amor da minha vida, eu escrevo para ela. Não passava um único dia perto dela sem escrever-lhe. Essas cartas eram o tesouro de minha vida, o melhor de mim: com certeza o melhor de minha obra".[19]

A perda do amor de Gide faz Madeleine queimar as cartas que eram não só o que ele tinha de mais precioso, para ela também. Que Madeleine não tenha dado outra razão para isso senão o ter "tido que fazer alguma coisa", acrescenta ao ato uma fúria provocada pela única traição intolerável.

Lacan toma o ato de Madeleine de queimar as cartas de Gide como uma verdadeira separação em relação ao lugar que vinha ocupando na trama amorosa do escritor: "Até que ponto ela veio a se transformar naquilo que Gide a fez ser permanece impenetrável, mas o único ato que ela nos mostra claramente distinguir-se disso é o de uma mulher, de uma verdadeira mulher em sua inteireza de mulher".[20] O sentido trágico do ato de Madeleine não escapa a Lacan que vê em Gide um Jasão moderno: "Pobre Jasão, que, tendo partido para a conquista do tosão dourado da felicidade, não reconhece Medéia.[21] A Medéia, o que lhe interessa, é o amor".

Eis, para Lacan, o retorno de uma verdadeira mulher, retorno de um desejo feminino não regulado pela maternidade que Gide lhe atribuía, ao menos na relação com suas cartas. Gide estava despojado de tudo. É o que Madeleine visa, assim como Medéia, assassinando seus filhos, em relação a Jasão. Tanto Gide quanto Jasão tornam-se homens feridos nas respectivas posteridades, no bem mais valioso que concernia a cada um.

Medéia e Madeleine têm em comum este ato absoluto que instaura um ponto de não retorno. A natureza da "verdadeira" feminilidade não deixa de ser enigmática. Há uma Medéia em toda mulher.[22]

Despertar o desejo do homem
Seguindo o curso do pensamento de Lacan, constata-se que são três as fórmulas básicas de parcerias que uma mulher estabelece com um homem pelas quais visa obter uma definição de sua identidade feminina. Essas fórmulas expressam as diferentes posições que a mulher adota na relação com o homem: ser-lhe o falo, ser-lhe o objeto-causa de desejo e ser-lhe o sintoma onde se fixa seu gozo. Nenhuma dessas fórmulas anula a precedente. Pelo contrário, essas várias maneiras de a mulher encontrar uma solução para a *falta-a-ser*, numa relação com o homem que Lacan concebe ao longo de seu ensino, acabam se entrelaçando e se sobrepondo.

Deixando para mais adiante a discussão sobre dois desses modos da posição que a mulher assume frente ao homem — tornar-se objeto-causa de seu desejo e tornar-se seu sintoma — que surgem tardiamente na teorização de Lacan, volto-me para a primeira por ele conceituada: "ser" o falo. Por essa via, uma mulher que pela lógica fálica apresenta-se como "não tendo", identifica-se com sua falta e passa, por mais paradoxalmente que pareça, "a ser o que não tem", isto é, o falo. O falo é, lembro, o representante do que falta ao ser humano.[23]

A posição feminina não se reduz, portanto, a um aceitar ou não ter o órgão viril, como Freud havia formulado ainda em seu texto de 1925[24], mas a ser o falo como modalidade da feminilidade. A formulação "ser o falo" não é uma expressão conhecida do vocabulário de Freud que pensava em termos da mulher querer "ter" o falo. É definitivamente uma criação de Lacan.

A mulher querer "ser o falo" na relação com um homem independe do fato de que ela mesma tem no falo o significante de seu desejo. Ela também, embora diferentemente, o colocará em jogo na parceria com um homem, como voltarei a comentar ainda nesse capítulo. Porque, afinal, a mulher tem um desejo dela, independentemente de procurar posicionar-se como complemento do desejo masculino. Se a mulher se revela mais angustiada que o homem, é exatamente por causa de sua dependência essencial ao desejo do Outro. Afinal, não se trata apenas do homem dar o que "não tem" e sim de ele dar o que "não tem" a alguém que não "é".[25]

No momento em que se abre a opção da mulher "ser o que não tem", está implícita a ideia de que ela é mais livre do que o homem. O homem, posicionando-se decididamente do lado do "ter", não pode optar pelo "ser". Ele acredita poder obter alguma — embora sempre ameaçada — garantia sobre o seu ser por causa da potência sexual e suas múltiplas metonímias de que se acredita possuidor. Sempre a partir da forma que subjetivou seu sexo sob o modo de "eu tenho".

A inovação de Lacan introduzida por esse aspecto de liberdade feminina é questionar a tradicional (e freudiana) visão do "não ter" da mulher como toda negativa. De fato, a equivalência do "eu não tenho" com o "eu não sou", que a mulher experimenta na saída do Édipo, soa sempre como um tom adverso para ela e que, *à cause*, a inclinaria à depressão.

É essa perspectiva desfavorável para a condição feminina que é repensada por Lacan em novos termos para revelar-se, não necessariamente, negativa. Pelo contrário, "ser o que não tem" pode representar uma opção favorável para a mulher, pois lhe permite tirar partido de sua condição feminina que a parceria com um homem lhe oferece como suplência de sua "inexistência" como mulher, compreendido como falta de definição clara do sexo feminino.

É esta opção da mulher de poder "ser o que não tem" no primeiro tempo de suas formulações sobre a questão feminina, o dos textos escritos entre 1957 e 1960[26], em que se vê antecipada a disjunção que Lacan fará entre a mãe e a mulher.

Só que se a própria condição feminina determina que a definição de ser feminino dependa da mediação de um homem, é sempre para um Outro, nunca para si mesmo, que a mulher pode ser o falo. Tudo o que se diz da mulher, portanto, se enuncia do ponto de vista do Outro e concerne mais seu *parecer* do que seu *ser*. "Ser o que não se tem" não prescinde de um certo engodo.[27]

No espaço em que sobeja o imaginário, os ideais do sexo assumem força. Se, no caso da mulher, os símbolos não têm outra captura senão imaginária, provavelmente é porque as imagens já foram sujeitadas a um simbolismo inconsciente; ou seja, sujeitas a um complexo — o que torna oportuno lembrar que as imagens e os símbolos *na* mulher não podem ser isolados das imagens e dos símbolos *da* mulher.[28]

"Imagens e símbolos", mencionados por Lacan no texto de 1960, antecipam a ideia do *semblante* a ser desenvolvida por ele particularmente em relação à mulher a partir dos anos 1970. Indica que o ser para o Outro não pode se realizar sem a mediação do *semblante*, um matiz de artifício.

Se a mulher recorre à aparência, ao imaginário, ao *semblante*, em suma, para "ser", é para se ajustar ao Outro e para cativar esse desconhecido que é o desejo do homem. Para tanto, a mulher se reveste de um brilho fálico para tornar-se esse objeto precioso que seduz o desejo do homem.[29]

A mulher repete agora num outro registro uma saída encontrada para dar consistência ao seu ser, quando ilusoriamente havia se identificado com o falo desejado pela mãe, antes de introduzida ao Édipo pela figura paterna. Não se trata mais aqui de satisfazer a mãe para pacificar seu desejo, completando-a, evitando sua falta.

Já sob a regência do Édipo, a mulher procura suscitar o desejo do homem, não para completá-lo, mas para lançá-lo numa posição de falta, numa condição indubitável de castração, de falha. Querer ser desejada por um homem é querer que ele seja castrado; é o castrar. Se o homem não é castrado como pode fazer dela, mulher, objeto de seu desejo que é, como sigo desenvolvendo, sua grande pretensão?

É na falta vivenciada pelo homem e para a qual a mulher se apresenta como suplência que ela encontra um lugar e uma consistência para o seu ser. É disto que a mulher tira seu valor: de sua equivalência à falta fálica do sujeito desejante. A demanda de amor enquanto demanda de ser amada, é a demanda que o homem revele sua falta.

Na relação que estabelecem entre si, o homem é, portanto, sujeito do desejo, enquanto a mulher, sua parceira, se inscreve como o objeto complementar deste desejo. Nesse desenvolvimento pode-se encontrar uma resposta para a pergunta que Freud ao longo de sua obra se confrontou: "O que quer uma mulher?". Uma definição possível do que quer uma mulher poderia ser: ela quer que sua própria existência seja metáfora do desejo do Outro.

Daí a ideia lacaniana da mulher transformar-se de forma camaleônica para, através da mascarada como condição de acesso à feminilidade, fazer algo com sua falta para despertar o desejo do homem.

As reféns do amor

Nessa primeira fórmula da mulher "ser o que não tem" posta em jogo pela mascarada, Lacan descobre uma das formas de a mulher resolver sua questão identificatória. Principalmente porque nesse acordo intersubjetivo que ela estabelece com o homem, pelo qual se esforça por colocá-lo na posição de desejante para ela ficar na de desejada, o que a mulher visa é ser amada. O encontro com o desejo de um homem faz dela uma mulher amada. Ser amada parece uma posição passiva, mas se fazer amada revela a atividade subjacente a essa posição. Há todo um empenho feminino em se fazer amar.

Nenhuma das formas de resolução da questão feminina na parceria com um homem — isto é claro para Lacan — prescinde da intermediação do amor. Através do amor que ela busca, a mulher visa obter uma harmonia para a indefinição que a caracteriza. O amor trazendo uma sustentação para o seu ser.

Aliás, é o que motiva sua demanda de amor, mais e mais. O amor revela-se, nesse nível, o grande operador das trocas envolvidas na demanda ao Outro — Outro do amor. Por isso o senso comum diz que as mulheres amam o amor.

Se, para uma mulher, falha esta prova essencial do desejo do Outro, se o desejo do homem não lhe rende homenagem, se ele lhe insinua que ela não tem nem é um falo, um buraco se abre sobre seus pés pelo qual ela escorregará facilmente para uma passagem ao ato ou ao desespero.[30] É verdade que, segundo a teoria desenvolvida mais tarde por Lacan, não se tratará mais para a mulher só de ser o falo, mas de ser a única, no sentido de ser a exceção: a mais amada. Como chega sofrida uma jovem mulher à sua sessão de análise após ter passado por uma decepção ao não ver materializar-se uma relação com um homem por quem ansiava ser desejada! "Me senti um lixo", me diz entre lágrimas. Esta é uma das facetas que a mascarada feminina se propõe evitar: que a mulher se sinta destituída do dom do objeto fálico que o olhar de desejo de um homem pode lhe trazer, recobrindo o nada de sua condição feminina. Pensemos no desespero das mulheres que se dizem mal-amadas e que se sentem, consequentemente, privadas de consistência. Consistência que elas muitas vezes procuram encontrar num grupo de mulheres na mesma condição — "as sofredoras do amor" — e com as quais elas podem se identificar. São as reféns do amor.

O discurso do amor da mulher é clinicamente articulado à falta do Outro, nesse ponto notadamente em que ela se dedica a perguntar a um Outro: "Você me ama?", "como você me ama?", "o que você ama em mim?". Ponto precisamente do indizível, tentando fazer passar o que é da ordem do indizível ao dito, comportando uma dimensão de impossível.

No decurso do ensino lacaniano, essa fórmula da mulher demandar seu ser do amor do Outro acabou se mostrando mais uma via preferencial da histeria, do que da feminilidade propriamente dita. É mais a mulher que adota a posição histérica, do que aquela que abraça a posição feminina, que faz seu ser depender grande e quase exclusivamente do amor.

Na relação que os sexos estabelecem é preciso, pois, que o homem deseje, enquanto é suficiente que a mulher se deixe desejar. Ao homem cabe desejar, à mulher cabe ser desejada. É essa relação que é mediada pela significação do falo.

O que nos remete à dessimetria no modo como se encontram e se desencontram o amor e o desejo de homens e mulheres. Frequentemente o problema do homem não passa tanto pelo amor. Consiste mais na dúvida quanto a conseguir ou não escolher uma parceira, não estar certo de qual seria a melhor, caso tenha várias, ou se ela é boa, caso tenha uma.

Como observa a psicanalista Colette Soler, com a multiplicação das possibilidades outorgadas às mulheres de determinar-se segundo suas decisões, de ter uma criança ou não, de casar-se ou não, quando ela quiser e se quiser, inclusive de trabalhar ou não, vemos que os dramas das escolhas já não são uma particularidade masculina. Vemos surgirem nas mulheres a mesma procrastinação que até agora se denunciava no homem obsessivo, as mesmas hesitações antes das decisões fundamentais, dos compromissos pensados como definitivos, especialmente no campo do amor.[31]

Não se trata de pôr em questão as novas liberdades que a disjunção possível entre amor e procriação condicionam e muito menos de minorar o que sabemos da pouca liberdade que o inconsciente deixa realmente ao sujeito quanto às suas eleições. Foi o que Freud começou a constatar em seus estudos sobre a psicologia da vida amorosa, a determinação da condição de amor de certos sujeitos.[32] Por exemplo, para um homem, não poder desejar a mulher que seja de um outro. Essa exigência pode, aliás, assumir formas diferentes: não poder desejar que uma mulher casada, fiel ou infiel, susceptível de se ligar com "todo x" que seja homem. Donde os efeitos de ciúme do qual o sujeito sofre, mas que faz parte do charme mesmo da mulher para ele, a revelar o status inconsciente desse charme.

Se Werther de Goethe fica perdidamente apaixonado por Charlotte, é porque ele a viu no momento em que ela alimentava várias crianças e lhe mostrava, dessa forma, uma característica da maternidade nutriente que o atraía.

Como homem, ele encontra no ser amado da mulher um traço qualquer imperceptível que, no entanto, o concerne intimamente. O encontro contingente com esta figura realiza as condições necessárias para o enamoramento do sujeito.

Tanto para o homem quanto para a mulher, o deciframento de imagens subjacentes, de articulações simbólicas, de relações lógicas comanda as condições de seu amor.[33]

Não que o homem ou a mulher tomem conhecimento das cores dos respectivos desejos que permanecem inconscientes para cada um. Um dos aspectos a serem ressaltados é que o sexo feminino deve ser sabiamente velado para corresponder à fantasia masculina. Só sob essa condição, o homem pode se postular como desejante e constituir sua parceira como símbolo da falta.[34]

Tomo um exemplo, que é o filme de Robert Altman, *Prêt à porter* (1994), para ilustrar a mascarada a que devem prestar-se as mulheres para adaptar-se à fantasia masculina. Não se trata de aplicar a psicanálise à arte, mas, ao contrário, a arte à psicanálise, como comenta a psicanalista Genévieve Morel.[35]

O filme, um irônico e brilhante retrato do mundo da moda, mostra, não por acaso, o fracasso da relação dos homens com as mulheres, que inspira o filme (no sentido que os homens encontrariam mulheres prontas para "levar"). E também para saber se as mulheres se acomodam ou não a essa lógica do *Prêt-à-porter* para encaixar na fantasia atual de um homem de nosso tempo. A fantasia masculina estereotipada seria a do *ready-made*, pronto para levar. Ou seja, que a mascarada, supostamente sempre fálica à qual a mulher deve prestar-se para encontrar seu lugar na fantasia masculina, teria que ser a de estar sempre *prêt-à-porter*. Poderíamos dizer que o avanço da ciência e do capitalismo moderno fez com que em nossa época o amor nada tenha a ver, por exemplo, com a sublimação do amor à dama, tal como no amor cortês. Essa invenção do vestuário, essa criação descabelada é na sua grande parte realizada por homens que não têm precisamente relações sexuais com mulheres. E o filme mostra, com o personagem Simone Lo, no horizonte da homossexualidade masculina, a mãe toda fálica, na qual se alimenta a inspiração dos homens. Não é o que o impede radicalmente ao filho acesso a algo feminino que não seja a mãe, aquilo que Lacan chamou de "não--todo" que, como retomarei adiante, é o campo do especificamente feminino?

É por outro lado o filho desta mãe que diz "que o homem faz vestidos para a mulher de seus sonhos, e, na maioria dos casos, para a mulher que gostaria de ser".[36] Nesse filme, uma das poucas criadoras, Vivienne Westwood, é substituída por um homem travesti.

O desfile de nus ao final do filme, coleção das mais belas modelos do mundo, provoca uma certa difusão do desejo nos espectadores masculinos. O que confirma que o sexo feminino deve estar sabiamente velado para corresponder à fantasia masculina.

A mulher sob o signo da falta

A mulher se apresenta como a que não tem para, na experiência do amor oferecer o que não tem para seu parceiro. A mulher oferece sua falta ao homem para complementá-lo, porque a ele também algo falta. Dessa forma, ela vai ao encontro de seu desejo.

É justamente no "não ter" da mulher, que se apresenta sob o signo de uma falta, que reside muito do fascínio da mulher para o homem. Se o homem é mais marcado pelo desejo do que pelo amor, é porque ele se inclina a tomar como objeto de amor uma falta que há no Outro. O *semblante* de fragilidade e da falta da mulher tem efeito sobre o inconsciente do homem que a encontra.

Como escreve Alfred de Musset em suas *Novas Poesias:*[37]

> "Um certo ar de dúvida e de melancolia
> Você o sabe, Ninon, torna-a bem mais bela."

> *"Un petit air de doute et de mélancolie,*
> *Vous le savez, Ninon, vous fait bien plus Jolie."*

A mulher pode se inclinar a se fazer notar pelas insígnias da deficiência, como se esta tivesse a virtude de intensificar o caráter da sua feminilidade.[38] As queixas femininas são frequentes e numerosas.

Se as mulheres queixam-se mais facilmente, é porque a confissão de suas fraquezas de ser, de sua tristeza, de sua dor, de seu desamparo, em suma, de tudo o que pode diminuir seu *élan* e sua combatividade, é mais compatível com as imagens conhecidas da feminilidade do que com os ideais da virilidade. E há mais: a queixa, ela mesma, feminiza; sendo homem, aprende a contê-la, enquanto que do lado da mulher nada objeta a que se a use, a queixa, até a colocar a serviço da arte de agradar. A propensão à queixa, tanto quanto a tolerância que a acolhe, varia, então, em função dos sexos.[39]

A carência da mulher encarna para os homens a essência da feminilidade até o ponto de transformar-se, às vezes, na condição necessária para que um homem possa a abordar.

Lacan dá muita importância ao livro de Léon Bloy justamente intitulado *A mulher pobre*, uma das obras nas quais o autor católico prega a renovação espiritual através do sofrimento e da pobreza. *A mulher pobre* relata a história de Clotilde Marechal, mulher de 30 anos de miséria, resistência, desespero.

Para Lacan, a caracterização desse personagem de Clotilde contém um número de ponderações que deveriam interessar à psicanálise. A feminilidade aí se encontra exaltada por todos os traços que podem valer como traço de falta, de incompletude e de deficiência. Clotilde, no caso, pertencia à categoria de seres tocantes e tristes cuja vida aviva a constância dos supliciados. Não se podia olhá-la sem ter vontade de chorar.

Clotilde comove o pintor e escultor Gacougnol para quem, no maior desespero, ela, sem outra saída, se conforma em ser modelo. Aceitar ser modelo a inscreve numa posição de privada até de seu próprio corpo.

Tendo apenas a olhado de soslaio, Gacougnol a achou muito comovente e quase sublime, no cenário de sua aflição. Nesse momento, a admiração sem cálculo e a piedade sozinha agiram imediatamente sobre ele e fizeram-no tomá-la sob sua proteção. Quer dizer que ela se torna objeto de admiração e pena de Gacougnol sob a condição de se apresentar sob o signo do menos.[40]

O romance termina quase sobre essa constatação surpreendente da heroína: "Ela compreendeu o que não está longe do sublime; que a mulher só existe de verdade sob a condição de existir sem pão, sem pouso, sem amigos, sem marido e sem filhos. É só assim que ela pode forçar seu senhor a descer". Mesmo que possamos reconhecer nesta frase a posição do autor de pregação da renovação espiritual através do sofrimento e da pobreza, testemunha que ele vê neste traço de renúncia ou mais exatamente de desapego pelos objetos, um destino a ser reservado às mulheres. No caso, a destituição da mulher duplica a falta radical que a constitui.

Outras insígnias do feminino podem encontrar-se na mulher lastimada, na mulher ferida, também na que padece de alguma forma de deficiência física. Isto pode ir tão longe e talvez se possa aventar a hipótese de aí incluir o costume do *lótus de ouro* (*jia lian*), de mutilação dolorosa dos pés das mulheres; este remonta à dinastia Song (960-1276) e se prolongou até 1949, quando da instauração da República da China. Esse costume do qual se ignora a verdadeira origem tem na hipótese de que teria surgido dos meios artísticos, mais precisamente das sapatilhas delicadas e bordadas de dançarinas, para dar às mulheres uma postura angelical, uma de suas mais verossímeis versões. Adultas, as mulheres guardarão suas ataduras toda a vida. As representações eróticas, as mais difundidas, nunca oferecem ver uma mulher sem seus pés atados. Jamais homem, nem marido nem amante, teria visto um pé de mulher sem seu envoltório, objeto de um pudor especial.

Por uma inversão de dialética, todos os traços contrários a esse aspecto de destituição na mulher podem, ocasionalmente, assumir um caráter fascinante, mas sempre enraizado, para um homem, na necessidade de encontrar traços de incompletude feminina. Por isso, um homem nem sempre aceita com facilidade o fato de a mulher ter posses. O que ocorre com cada vez maior frequência em nossos tempos dadas as oportunidades que se abrem para as mulheres em todos os setores de atividades.

Para um homem, no entanto, muitas vezes, a riqueza de uma mulher pode ser pensada como só lhe correspondendo de fato, mas não de direito. Isto vai até o ponto de os homens não aceitarem que as mulheres trabalhem ou estudem. "Isto é bastante antigo, mas não deixou de existir", diz Miller.[41] A dimensão de uma mulher poderosa é considerada excessiva.[42]

Não estamos longe da ideia freudiana da degradação da vida amorosa do homem. O que Freud designa como escolha sexual tipicamente masculina, dissociação entre a mulher amada, a Dama, e a mulher desejada, moralmente inferior e que tem como paradigma a figura da prostituta, pode contribuir para a compreensão dessa condição necessária na escolha amorosa de um homem. Degradar a mulher é lhe dar o sentido da castração.

Se amar é confessar e oferecer a própria falta, é concebível que amar possa provocar no homem, algo assim como uma defesa, uma espécie de protesto viril contra o amor que ele ressente pela mulher.

Portanto, as figuras da feminilidade incompletas podem ser figuras totalmente opostas, mas em sua oposição, o que aparece é o mesmo segredo: sua falta. Mostrando-se em falta, a mulher não ameaça o que seria o apanágio do homem; isto é, a posse legítima (embora não tranquila) do que lhe pertence.[43] É o que, com frequência, o homem exige como condição de desejo em sua relação amorosa: que a mulher seja marcada pela insuficiência como prova de feminilidade.

O desejo ao feminino

Freud restringiu-se a deduzir o desejo da mulher de sua posição no par sexual; seu consentimento, particularmente, em ocupar esse lugar é o índice de seu desejo. Freud, ele próprio, o compreende assim quando ele desliza do papel erótico — ser possuída — à disposição subjetiva que supostamente lhe corresponde. É o que ele formula de um voto: ser amada pelo pai. É verdade que, para as mulheres, o amor do pai não é um amor igual em todos os casos para todas. Se elas são amadas, o são uma por uma em sua singularidade.

Freud intuía, porém, que essa era uma visão limitada quanto ao desejo da mulher. Em sua conferência sobre "a feminilidade", um de seus derradeiros textos sobre a questão feminina, ele reconhece que só teria descrito a mulher enquanto ser determinado pela sua função sexual. Admite que essa influência vai muito longe, mas que é preciso levar em conta que a mulher é "também um ser humano".[44] Assim, Freud, em relação à mulher, estabelece um corte entre seu ser pelo sexo e seu pertencimento à espécie humana.[45]

Lacan, no primeiro tempo de seu ensino, se restringe, na linha de pensamento de Freud, a considerar o desejo da mulher como complementar ao desejo do homem. A sua primeira formulação sobre o desejo feminino — que se fundamenta sobre a sua interdependência com o desejo masculino — é uma perspectiva que remete à sua fórmula de a mulher tornar-se o que ela não tem; isto é, a mulher tornar-se o falo, objeto agalmático, precioso, para despertar o desejo de um homem, conforme já mencionado.

Em seu desejo de complementar o desejo do Outro, a mulher se submete às condições do amor do Outro; ela está sempre na "hora" do Outro. É uma posição bem feminina esta, a de estar sempre na hora do Outro. Está aí a famosa frase de Lacan em que afirma que uma mulher é capaz de dar tudo ao homem, "seu corpo, sua alma, seus bens".[46] Édith Piaf emprestou sua voz inesquecível ao hino feminino ao amor, o amor em sua subordinação ao desejo do Outro: "Eu faria não importa o quê se você me pedisse" (*"Je ferai n'importe quoi si tu me le demandais"*).

Se, para ser amada por um homem, uma mulher se identifica ao padrão fálico que suporta a fantasia masculina, isto resulta num benefício narcísico (ser desejada e amada), mas implica numa rejeição de uma parcela essencial da sua feminilidade, principalmente no que diz respeito ao seu gozo singular. Por esse caminho, a mulher abdica de seu gozo próprio, um especificamente feminino, para fazer existir o do Outro e o que ela paga com o preço de sua frigidez.[47]

Estar sempre na hora do Outro implica, portanto, que a mulher intenta dar tudo ao Outro, ou pelo menos, é o que diz, às vezes até o faz. Há exemplos bem recorrentes, constatados na história da psicanálise, da desistência feminina em favor do objeto, isto é, de mulheres que renunciam a toda ambição pessoal em favor do homem amado que elas se dedicam a sustentar, sob a chancela de um "eu te amo".

"Eu te amo" pode sugerir que o outro lhe pertence, que se tem direito sobre ele. Renunciar a esse pretenso direito de posse implica uma grande generosidade por parte do amor feminino, um em que não há demanda de reciprocidade. O filme *Mar adentro* (2004), de Alejandro Amenábar, relata o drama de Ramón Sampedro, que lutou 30 anos a favor do direito de morrer até que encontra uma mulher que o ajuda a realizar seu desejo e não o quer amarrar para sempre à vida que para ele não tem mais sentido, "porque ela o ama".

Se as mulheres sacrificam tudo em nome do amor, buscam com grande frequência constituir o todo com o parceiro, pelo fato de ele ser amado. Na maioria das vezes, quando as mulheres renunciam a toda ambição pessoal em favor do homem amado, que elas se dedicam a sustentar, não deixa de ser um sacrifício condicional, subordinado à satisfação narcísica de se realizar pela procuração do outro, como a "mulher de...".

É frequente ouvir-se que as mulheres dão tudo por nada; este é discurso quase universal. Em geral, as mulheres fazem bastante barulho do preço que elas pagam para atingirem seus fins. Os homens, em geral, são mais discretos, mas talvez seja, como aludi acima, porque a queixa não combine com a ostentação viril que lhes é própria.

O logro das mulheres em relação ao amor é que, em realidade, o que está implícito aí é que ela dá tudo sim, mas em troca de tudo também. Como o homem não pode dar o todo, resulta que as mulheres estão de acordo em que finalmente nada receberam, que era o que queriam comprovar desde o começo, para manterem-se sempre pedindo mais e mais.[48] A mulher abdicar de sua própria vida em favor de outro a inclina para essa maior exigência amorosa. Enquanto elas estão prontas a tudo dar de si mesmas, sob a condição de continuar exigindo "mais, ainda", os homens se contentam com "uma vez mais".

No fundo, o caráter condicional dos sacrifícios feitos pelas mulheres não deixa de soar como o preço que elas se dispõem a pagar por um benefício bem preciso. O amor que a mulher chama em complemento da castração, para fundar seu ser, define o campo de seu assujeitamento ao Outro a determinar uma alienação que duplica a alienação própria do sujeito. Mas é também o campo de seu poder enquanto objeto-causa do desejo. O único inconveniente: os reveses do amor.

Retomo um trecho de uma das *Cartas* de Mariana Alcoforado: "Tenho raiva de mim mesma quando penso em tudo aquilo que sacrifiquei por você. Perdi minha reputação, sujeitei-me ao ódio de meus parentes, à severidade das leis deste país contra as religiosas, e à sua ingratidão — que me parece o maior dos males. Por outro lado, sei que meus remorsos não são verdadeiros, que eu queria, do fundo do meu coração, ter corrido os maiores riscos por amor a você. Não devia colocar à sua disposição tudo o que tinha de mais precioso? E não devo estar satisfeita por ter feito o que fiz? O que não me satisfaz é meu sofrimento e a loucura desse amor".[49]

Só num segundo tempo, Lacan empreende um desdobramento da vida amorosa da mulher, passando a reconhecer para além do desejo advindo de sua complementaridade ao desejo do Outro, um desejo mais especificamente seu.

O objeto que a mulher se torna para satisfazer o desejo do homem nada diz dos objetos que ela tem, daqueles que causam seu desejo. Deve haver um motivo pelo qual uma mulher é levada a aceitar — e a procurar — ocupar esse lugar que a faz falo para um homem, para além de seu anseio de ser. Donde a questão: o que existe para uma mulher, quanto ao seu desejo, para além deste consentimento em se fazer desejar e amar por um homem?

A primeira fórmula encontrada por Lacan para explicar o desejo propriamente feminino nessa parceria que ela estabelece com o homem, no qual ela aceita ser identificada ao falo, é que ela, ao mesmo tempo, localiza o falo (que é também o significante de seu desejo) no corpo do homem. Significa que a mulher está à procura do falo mesmo se muito profundamente ela o é. Ela o recorta sobre o corpo do Outro na relação sexual. É o que a faz dirigir seu apelo de amor a este homem.

O que preenche essa função de ser causa do desejo sexuado feminino é o órgão masculino que o significante fálico transforma em fetiche. Pela operação do *semblante*, do *parecer*, o próprio órgão é promovido em causa de objeto da mulher.[50] Em seu livro *A orgia perpétua*, o escritor Mario Vargas Llosa cita uma carta escrita por Gustave Flaubert, em 1852, à época em que publicava o romance de *Madame Bovary*, no qual o sexo ocupa um lugar central: "O velho órgão sexual é a base da afeição humana; não é em si afeição, mas mais seu *substratum*, como os filósofos diriam. Nenhuma mulher jamais amou um eunuco".[51]

Uma mulher deseja o falo do qual o homem é portador na medida em que ela mesma está em posição de não tê-lo, que dele ela é privada. A considerar-se que o acesso de uma mulher ao desejo do homem que porta o órgão inscreve uma relação com o símbolo fálico e não só com o homem como tal.

Nessa relação estabelecida pela mulher com um homem, para o qual endereça seu desejo e seu amor, está em jogo um equívoco do falo. Um homem é estimado por uma mulher por ser portador dos atributos fálicos, isto está claro. Porém também o é, por ter sofrido a castração e se ter tornado um ser privado do que dá. É um amante castrado ou do homem morto que se esconde atrás do véu para dali fascinar a mulher. A representação do "amante castrado" é uma outra figura do pai para a mulher, pai amado, com a ressalva de que se o pai se constrói como função simbólica, trata-se, sempre, "do pai morto"[52], pai simbólico, não do pai na realidade.

Para além de seu lugar no par sexual não ter por causa direta seu desejo próprio, mas o desejo do Outro, há algo nela que não se limita ao consentimento de ser desejada para ser amada.

A posição de Lacan quanto ao desejo feminino se modifica e amplia no instante em que ele detecta novas maneiras de a mulher viver a parceria com o homem, além da que lhe proporciona a saída pela mascarada, de *ser* o que não tem. Quer uma mulher consinta ou não com a mascarada fálica, que a deseje ardentemente ou que participe dela de mau grado, o fato é que abraçar a mascarada para dar alguma consistência ao seu ser não satura a questão de sua própria subjetividade.

Só quando liberada da identificação fálica ("de ser o que não tem" para um homem), a mulher pode realizar o que Lacan chama "a passagem da receptividade de abraço à sensibilidade de cinta em torno do pênis".[53] Esta citação de Lacan corresponde à sua primeira menção sobre a especificidade do gozo feminino ("a sensibilidade") uma hipótese que abre para novos desenvolvimentos. É por essa via que a mulher passa do amor ao desejo. A mulher ao se identificar pelo amor à castração do homem — castração que libera nele o desejo — se encontra também em posição de desejar. Ela é desejo de desejar.

A passagem para a feminilidade se dá quando no desejo da mulher o falo órgão enviesa pelo caminho do gozo. É do que resulta toda uma outra estruturação da posição feminina em que a mulher não precisa de intermediário para ter acesso ao desejo do Outro; é uma relação direta ao desejo do Outro. Na relação amorosa, o gozo de uma mulher, diz Lacan, é da ordem de *causa sui*.[54] Nisto, as mulheres não são passivas de todo; pelo contrário, são ativas.

A mulher que não se refugia completamente na mascarada, que é "não-toda" na mascarada, vive esse outro aspecto de sua constituição como mulher que tem a ver com seu gozo específico. Firma-se no horizonte a ideia de que essa perspectiva da mascarada na relação de uma mulher com um homem não é a única forma de a mulher vivenciar seu desejo.

A renúncia implicada nessa identificação ao significante do desejo do homem — o falo — não deixa de proporcionar-lhe um certo gozo. A mulher, de fato, nunca abre mão totalmente de seus atributos femininos, entre os quais, o seu gozo, mesmo quando recorre à mascarada como recurso de encontrar uma forma de solucionar sua questão identificatória na relação com um homem. Retomarei, no próximo capítulo, a questão de como o gozo peculiar à mulher singulariza o desejo propriamente feminino e, consequentemente, repercute na forma como a mulher aborda a relação sexual e é, nesta, abordada pelo homem. Desdobramento que corresponde ao fato de que a mulher é dividida entre o que ela é para o Outro, para o homem, e o que ela é para ela própria como sujeito do inconsciente. "Mulher é desdobrável. Eu sou". É como Adélia Prado finaliza seu poema *Com licença poética*.[55]

Ora, nem sempre a mulher reconhece o que ela deseja, fascinada que é pela idealização do amor. Muitas vezes, ela crê amar, mas na verdade, deseja. Divisão (*déchirure*), diz Lacan, engodo do amor.[56]

A vida amorosa das mulheres não é mesmo atravessada de divisão?

Mulher é infiel por estrutura?

Para Freud, o amor e o desejo na mulher convergem para um único objeto: um (só) homem. Certamente, encontra-se aqui um contraponto com a disjunção característica do homem: de um lado, a mulher amada, de outro, a mulher desejada. Essa divergência entre amor e desejo no homem aponta para objetos diferentes e o pode levar a buscar diferentes soluções: ter duas mulheres, ter uma mulher e várias outras. O que faz com que para o homem seja necessário estar com uma mulher e com outra e outra.

Esse pensamento, Freud o desenvolve em suas "Contribuições à psicologia amorosa"[57], salientando a diferença entre uma corrente terna e uma corrente sexual da libido existindo no homem em particular, segundo ele. Nessas contribuições, Freud explora essa disjunção que pode igualmente tomar a forma de uma divergência no seio da mesma relação, entre o acasalamento e a satisfação autoerótica, por exemplo, entre o amor por uma mulher e a paixão por um carro, quando não vai até a disjunção nas suas formas mais acentuadas, entre o amor por uma mulher e uma atração por rapazes.

São abordagens diferentes de se expressar a dissociação entre amor e desejo para alguns homens que desejam as mulheres que não amam e amam as mulheres que não desejam. Vemos o homem partido, por estrutura, entre duas mulheres. O problema do amor para um homem é o de uma profunda divisão que ele introduz nas atividades do sujeito.

As condições de amor se colocam no lugar onde surge a pergunta acerca de como o homem reconhece a mulher enquanto tal. Não todas convêm ao homem.

James Stewart, protagonista do filme *Um corpo que cai* (*Vertigo*), de 1958, dirigido por Alfred Hitchcock, é o personagem ideal para representar o obsessivo, já que parece um homem tão normal, tão comum, tão igual a todos, mantendo-se oculto o seu aspecto problemático. Há uma cena do filme na qual ele não despe uma mulher, mas a veste. Como todo obsessivo, ele se encontra entre duas mulheres, uma inatingível (a qual sua fobia deixará morrer) e outra que deve se disfarçar da primeira. Não encontra, pois, A Mulher, a ideal, nem numa nem na outra, embora a busque. Ao mesmo tempo, seu sintoma o torna impotente e o subtrai do encontro com qualquer mulher. Degradação da vida erótica em seus encontros com uma delas; busca impossível da mulher perfeita, feminização na impotência que o petrifica.

Essa busca da mulher perfeita, ideal, nunca encontrada é evocada por tantos outros cineastas: Fellini de *8 e ½*, de *Julieta dos espíritos*, da *Cidade das mulheres*, Woody Allen de *Manhattan*, Hitchcock de *Rebeca, uma mulher inesquecível*, com as heroínas tão iguais, louras, lânguidas, frias e... inalcançáveis.[58]

Freud defende, pois, os valores de gozo da mulher: santa (mãe) ou prostituta. Estes valores em oposição são os que Freud pôde escutar na clínica masculina. Foi a partir daí que construiu a solução feminina do lado do gozo fálico. A tese de Freud, de que a necessidade de separar o amor do desejo era uma lógica apenas masculina, é inicialmente acatada por Lacan. Em seu ensino, pode-se encontrar argumentos para aprofundar a causa da ideia freudiana dessa figura proeminente da mulher desejada como moralmente inferior na fantasia masculina a marcar a degradação da vida amorosa tão frequente nos homens: a mulher desejada é aquela que adquire o valor de significante do falo. O que não quer dizer que seu desejo não possa ser dirigido a "uma outra mulher", que pode significar esse falo de diversas maneiras, fundamento da questão da infidelidade dos homens.

Para a mulher, seria diferente: para ela convergem no mesmo objeto uma experiência de amor que, como tal, priva-a idealmente daquilo que ele dá, e um desejo que ali encontra seu significante.[59] "O Falo, seu homem, como ela diz, sabe-se que isto não lhe é indiferente", lembra Lacan.[60] O amor e o desejo se conjugam, então, no mesmo homem.

Lacan começa a se afastar de Freud ao defender que não se deve acreditar que a disjunção entre objeto de amor e de desejo seja apenas constitutiva da posição masculina. Haveria, sim, também na mulher um desdobramento entre o objeto de amor e o do desejo, mas o primeiro muitas vezes se encontra dissimulado pelo segundo, na medida em que um homem pode desempenhar os dois papéis.

O novo aqui é que Lacan introduz uma duplicidade do desejo e do amor na mulher. Seu desejo pede a fetichização do órgão de seu parceiro, mas para amar ela precisa que no amor o homem lhe dê o que não tem, isto é, seja castrado.

De fato, se não há virilidade que a castração não consagre, não é um amante castrado ou um homem morto (ou os dois em um) que, para a mulher, se oculta por trás do véu para ali invocar sua adoração?[61]

Em contrapartida, se ela pretende obter o amor de um "amante castrado ou de um homem morto", isto é, daquele que lhe pode dar o que não tem[62], como a mulher desejaria esse homem cujos atributos fálicos lhe são imprescindíveis?

Mesmo que se trate do mesmo homem, ela exige dois, o portador do órgão e aquele que não o tendo, o pode dar no amor. Há aqui um desdobramento da mulher entre o parceiro e aquele que se pode chamar de o Outro do Amor. O Outro do Amor como tal, isto é, enquanto privado daquilo que ele dá, é mal discernido no recuo de onde vem substituir o ser do mesmo homem cujos atributos ela tanto estima.⁶³ É por isso que quer se trate de dois homens ou do desdobramento de um em dois, pode-se falar na infidelidade estrutural da mulher.⁶⁴

Se a mulher trai, não o faz, contudo, da mesma forma que o homem. A infidelidade feminina é mais pensada em relação ao Outro do Amor — que elas sempre buscam — e que não necessariamente coincide com um homem concreto. É o caso paradigmático de Madame Bovary para quem — são palavras de Flaubert — "não havia vida mais monótona que a sua", o que a leva a procurar realizar-se fora do casamento.⁶⁵ A mulher pode procurar encarnar em outro, outro que o marido, este Outro do Amor, e pode ou não ter uma história com ele. Esse Outro pode ser totalmente idealizado e fantasiado.

Haja vista que a psicanalista Lou Andreas-Salomé, que tanto se debruça sobre o feminino e o amor, defende, já em 1910, que o fato de o erotismo ser por natureza difícil de conciliar com a fidelidade indica não ser sinônimo de fragilidade ou de depreciação. Representa, ao contrário, um sinal de ascensão para conexões vitais mais vastas.⁶⁶

Com Lacan, dizemos que a mulher é o Outro, o não semelhante, o hétero, a alteridade, inclusive para ela mesma. Nisto, Lacan segue a lição de Freud: a lição que se lê em "Tabu da virgindade": a mulher é Outra como tal, *héteros*, não semelhante. E por isso ela é tabu. O que quer dizer que ela não é semelhante a ela mesma e sim Outra como tal. O que nos faz compreender porque as mulheres ficam tanto tempo frente ao espelho: num esforço para reconhecer-se nele ou para assegurar-se de ser Outra do que é. Ou pode ser que uma mulher não possa reconhecer-se a não ser sob a condição de assegurar-se de ser Outra.

A vida mesma e a experiência analítica nos mostram que as mulheres enganam os homens com outros homens. Ser a mulher legal de um homem pode significar para uma mulher o desaparecimento de sua alteridade. Ser infiel ao marido pode representar recuperar uma alteridade que sente perdida no casamento; quer dizer, necessitando ser a mulher ilegítima de outro para poder ser ela própria Outra.⁶⁷

Essa alteridade é o que uma mulher busca garantir sendo Outra para ela própria, como o é para o homem. Para alcançar sua divisão enquanto mulher, ela precisa servir-se do homem, este entendido não como ponto de chegada do percurso, mas como estação intermediária ou de parada, para então ela mesma tornar-se Outra.

Para tanto, é preciso que o homem aceite a castração por ela e para ela. Quando um homem sabe favorecer esta razão sensível, abre-se para ela uma nova harmonia... com ela própria. A mulher fica aliviada da preocupação fálica e se entrega ao seu lado mais feminino.[68]

A disjunção entre desejo e amor na mulher põe em jogo uma condição do proibido, do secreto, e que se apresenta como uma versão da necessária degradação do objeto de amor do homem. O que perde uma mulher de gozo quando se revela o segredo da cena fantasiada? É um tema bastante frequente na clínica esse, que é, no fundo, o de um segredo duplo: o segredo de cada um dos personagens, os parceiros proibidos e os autorizados. "O proibido é muito sedutor", confessa a professora de artes Sheba, personagem de Cate Blanchet no filme *Notas sobre um escândalo* (*Notes on a scandal*), de 2006, dirigido por Richard Eyre, ao procurar explicar por que não resistira em se envolver sexualmente com um aluno menor de idade numa escola de Londres.

Atualmente, já não se dissimula mais que as mulheres, não todas, certamente, mas muitas, amam de um lado e desejam e gozam de outro. Sobre esse ponto do desdobramento entre o objeto de amor e o objeto de desejo, a evolução dos costumes contemporâneos faz aparecer novos fenômenos.

O tema da degradação da vida amorosa nas mulheres é, sem dúvida, bastante atual e é um fenômeno cada vez mais observável na clínica. Talvez seja mais apropriado, no entanto, falar de disjunção da vida amorosa da mulher em contraponto com a degradação na do homem.

O declínio da figura paterna que Lacan anunciava nos seus *complexos familiares*[69] tem seus efeitos no Édipo freudiano. Se a função paterna estava baseada no amor e respeito, está hoje em dia seriamente questionada, isto certamente terá efeitos no Édipo. É o que se constata na clínica: a desunião em seus componentes do que estava unido no Édipo freudiano: a criança, o homem, o amor. A primeira consequência é a tentação da mulher atual de prescindir do pai para ter um filho. A segunda consequência aparece também com cada vez mais frequência: as modernas devoradoras de homens atuais que separam amor de desejo. O que Freud descreveu como uma degradação geral da vida erótica no homem, quer dizer a divisão entre o objeto de amor e o objeto de desejo, é um fenômeno que se observa também nas mulheres.⁷⁰

No filme *Infiel* (2000) dirigido por Liv Ullman, por exemplo, pode-se situar esta disjunção entre o homem do desejo e o do amor. O triângulo amoroso deste filme é entre uma atriz, seu marido, que é regente de orquestra, e o melhor amigo deste que é diretor de teatro. A atriz diz que para ela esse amigo do marido é como se fosse um irmão.

O drama começa a desencadear-se quando numa noite este amigo vem jantar, como de costume, na casa do casal, só que desta vez o marido está ausente. Ele pede para deitar-se com ela porque está angustiado. Este já é um tema: ele não lhe diz que quer deitar com ela porque a deseja ou porque a ama, mas porque está angustiado. Ela propõe que durmam juntos sem ter relações sexuais. Fica claro que, quando ela sugere esta noite sem sexo, a proposta dela está do lado do amor. Quando finalmente se deitam, sobretudo quando ele adormece, sem ter tido relações sexuais, ela acorda e o olha, e algo do amor aparece aí. Ela já sabe — nos conta — que o drama se desencadeará porque não poderá subtrair-se deste amor. E, certamente, todo o drama já está colocado em torno da disjunção entre o desejo e o amor, nessa mulher que é mãe e mulher.

A questão não se coloca somente em torno da disjunção entre a mãe e a mulher, como também entre o amor-paixão e a família, entre o amor e o desejo. A infidelidade — e aí é que está o pecado — é a marca da paixão que, tal e como se tem pensado em todos os tempos, é necessário controlar porque atenta contra a estabilidade e o bem-estar da família. A palavra "infidelidade" é interessante porque sugere em princípio uma traição em nível de amor.

Na estranha literatura fantástica celta — aquela que tanto fascinara o poeta, escritor e ensaísta Jorge Luis Borges, porque narrava bem a vida cotidiana, como uma verdadeira aventura, cheia de perigos, mas também de encantos — existe um personagem que infunde terror, *the demon lover*, ou seja, o amante demoníaco, ao qual Lacan também se refere na figura do íncubo ideal.⁷¹ Trata-se de um personagem que aparecia em busca de alguma mulher casada e com filhos para a fazer abandonar a sua família e ir com ele para o inferno, de onde nunca mais voltaria. Como vemos, o horror à infidelidade de uma mulher, que além do mais é esposa e mãe, funda suas raízes muito profundamente no tempo.

Hoje, mais do que nunca, as transformações ocorrendo nas posições adotadas pelas mulheres nos fazem reconhecer a não convergência do amor e do desejo sobre um mesmo objeto do lado feminino, tanto quanto do lado masculino. A lógica da disjunção — onde se deseja não se ama e onde se ama não se deseja — é uma questão que parece referir-se atualmente tanto à infidelidade dos homens como à das mulheres.

A marcante personagem Bia do romance *A audácia de uma mulher*, da escritora Ana Maria Machado, reconhece, contudo, que "[...] a gente sabe perfeitamente bem que homens e mulheres são iguais em algumas dessas coisas e muito diferentes em outras. Quer dizer, ele fica perfeitamente à vontade conhecendo uma mulher que o interesse e indo para cama com ela em seguida, sem nunca mais voltar a se verem. Isso nunca me aconteceu. Eu preciso conversar antes, conhecer um pouco, tem que pintar um clima... e depois fico querendo ver de novo".[72]

Com o que se chamou de liberalização dos costumes sexuais, ou seja, com as multiplicações das relações sexuais fora da instituição de um laço exclusivo e definitivo, constatamos que os diversos companheiros sexuais de uma mulher, eles mesmos, são colocados de um lado ou de outro: do lado do órgão que satisfaz o gozo sexual ou do lado do amor, e que a convergência sobre o mesmo homem se realiza como uma configuração entre outras, mas certamente não mais como a única.[73]

O que nos faz repensar a dimensão social e contemporânea do sexo é essa especificidade na forma de abordar a posição sexuada de homens e mulheres em nossa época, especialmente na conjunção ou disjunção entre o amor e o desejo. A essas duas dimensões se deve acrescentar a do gozo. Disjunção, pois, entre amor, desejo e gozo nas parcerias atuais homem-mulher.

CAPÍTULO 4

A DIALÉTICA DO AMOR ENTRE O DESEJO E O GOZO

"Eu desejo a você que seja loucamente amada."

ANDRÉ BRETON,
O amor louco, 1937

Uma nova parceria amorosa

A introdução de novos conceitos na teoria de Lacan, a partir dos anos 1960, favorece o surgimento de uma outra fórmula que ele propõe para a parceria amorosa que uma mulher estabelece com um homem. Não se trata mais, pelo menos não somente, da mulher "ser" o que ela "não tem" (isto é, o falo, significante do desejo do homem), mas de ela ocupar o lugar de objeto-causa de desejo na fantasia de um homem.

Embora o homem possa desejar a mulher nesse lugar de objeto-causa, quer ela queira ou não — "eu vou amar você, mesmo que não o queira" —, cabe à mulher aceitar ou recusar esse lugar que o homem lhe designa. É na aceitação ou na recusa dessa posição de objeto frente ao desejo de um homem, que reside a distinção entre a feminilidade (aceitação) e a histeria (recusa) como destino de uma mulher.

Entre homens e mulheres não há, pois, só o falo. Há também a fantasia. Tanto quanto o falo, a fantasia separa e aproxima os sexos. Separa porque a fantasia se interpõe entre eles na medida em que não há relação direta e complementar entre os seres humanos. Aproxima porque a fantasia é que favorece os seus encontros.

Acompanhar os desenvolvimentos que o conceito de fantasia opera na teoria de Lacan nos anos 1960 ajuda-nos a melhor compreender as variações em torno dos encontros e desencontros nas parcerias amorosas de homens e mulheres.

Lembro que o termo fantasia tem em psicanálise uma acepção diferente da do uso comum na língua, como consta em dicionário. Neste, a fantasia é definida como obra da imaginação. Para Freud, essa criação da imaginação pressupõe um desejo. É a existência de um desejo instigando a fantasia que explica por que ao próprio sujeito sempre é reservado um papel nessa cena criada no inconsciente.

Embora Lacan aceite inicialmente a formulação freudiana da fantasia como uma montagem visual que encena um desejo, ele, em seguida, enfatiza uma outra função da fantasia para o sujeito: o da constituição de seus objetos. Essa segunda perspectiva lacaniana da fantasia corresponde a todo o processo de formação edípica peculiar a cada um (cujos percalços tratei, em linhas gerais, ao longo dos capítulos precedentes) e que acaba se manifestando nas parcerias amorosas.

Por essa lógica fálica, Lacan pretendera dar conta da perda que todo sujeito, masculino e feminino, sofre ao se inscrever na linguagem. É a descoberta de Freud: o que torna a sexualidade enigmática é a ligação do inconsciente com o traumatismo da irrupção da linguagem. Determinado pelos significantes parentais que antecederam à sua entrada no Édipo, o sujeito se torna essencialmente *falta-a-ser*, a que aludi no capítulo 2.

Ora, o que o conceito de fantasia formulado por Lacan, na nova fase de seu ensino dos anos 1960, introduz é algo que tem a ver com uma nova ordem de falta (e não só com a *falta-a-ser*) que igualmente afeta o sujeito quando de sua inscrição na linguagem e no Édipo. Trata-se de uma perda em nível de gozo. O que quer dizer que a entrada na linguagem impõe ao sujeito (masculino e feminino) além de uma perda em nível de ser, também uma em nível de gozo. O "gozo", diz Lacan, "está vedado a quem fala como tal, ou ainda, que ele só pode ser dito nas entrelinhas por quem quer que seja sujeito da Lei, já que a Lei se funda justamente nessa proibição".[1]

Proibição de continuar tendo um gozo sem limites, o gozo dos primeiros tempos. Esta é a nova conceituação dada por Lacan à castração. Num primeiro tempo, ele havia formulado a castração como a interdição de a criança continuar alienada no desejo e na fantasia do Outro materno pela interdição da Lei instituída pelo pai. Ao mesmo tempo que mantém este sentido de castração — a proibição de a criança se manter alienada no desejo do Outro —, Lacan introduz esse novo sentido de castração: a proibição de manter um gozo sem limites. A prescrição de um gozo sem Lei traz, assim, uma precisão ao processo de separação do Outro materno que a linguagem e a entrada do Édipo determinam para cada sujeito.

Onde estava o Gozo (que é o gozo do corpo próprio), que prevaleça o Desejo (que tem ligação com o desejo do Outro). Renunciar a esse gozo proibido significa o sujeito aceitar submeter-se à Lei do desejo.[2] Onde o gozo ilimitado reina não há falta e não há, portanto, lugar para o desejo. Não é a falta o que move o desejo do ser humano para uma realização?

É um aspecto particularmente enfatizado por Lacan em seu Seminário sobre *A angústia*[3]: que o gozo (ilimitado) deve ceder espaço para o desejo. Mas ele acrescenta algo mais: que o amor tem uma importante função nessa substituição do gozo pelo desejo. Que o amor é uma via preferencial para que no lugar do gozo advenha o desejo — e que essa questão é particularmente relevante no caso da mulher — é um tema que continuarei a abordar.

O conceito de gozo adquire uma importância cada vez maior na última parte do ensino de Lacan.[4] Um conceito que nos é útil para acompanharmos nossos tempos que são os de uma busca desenfreada por objetos de gozo. Encontramos sujeitos solitários, devotados ao consumo de objetos ou ao culto do individualismo consumista, o que vem provocando uma multiplicação de novos sintomas: mal-estares do corpo e do humor, violência, transtornos de conduta.[5] Números crescentes de casos de anorexia, bulimia, toxicomania, alcoolismo também são testemunho da existência de sujeitos orientados por uma força que os empurram ao gozo. O gozo toxicômano, particularmente, tornou-se emblemático do autismo contemporâneo do gozo porque é uma forma de gozar em que se prescinde do Outro, no qual se goza a sós e em que não há espaço para o desejo. O que tem relação, portanto, com a forma pela qual se estabelecem as parcerias amorosas na contemporaneidade.

Para operar seus novos conceitos, o de fantasia e o de gozo, Lacan tem de aprofundar um outro conceito que mencionara antes, mas que não havia elaborado até então: o de real ao qual reserva um lugar cada vez mais proeminente em suas últimas elaborações. Até àquele momento, ele privilegiara os dois outros parâmetros da subjetividade — o do imaginário e o do simbólico — que são relativos à imagem e ao símbolo. Foram, aliás, esses dois registros que me guiaram em meu percurso até aqui para desenvolver as formas pelas quais as mulheres tratam questões que são especificamente femininas. É na relação com o real que se tornam ainda mais evidentes as diferenças da constituição psíquica de homens e mulheres, estas mantendo uma maior proximidade com esse registro da subjetividade do que os homens.

Com a abordagem do real, entra-se na via de tudo o que escapa ao domínio da imagem e da palavra. O comentário do personagem Leo Gursky de *A história do amor*, da escritora Nicole Krauss, me serve de ilustração para este mais-além da representação: "Quando você vai aprender que não existem palavras para todas as coisas?".[6]

A possibilidade de deparar-se com o real, isto é, com algo que escapa ao domínio da imagem e da palavra, é motivo de eterna aflição para o ser humano. O sujeito (de ambos os sexos) sabe que se confrontar com o real o pode deixar num estado de grande desamparo. Por isso, ele busca formas que o protejam de alguma maneira desse encontro com o real que, no fundo, é inevitável em um momento ou outro da existência de cada um, não sem produzir alguma angústia.

Pela importância que o real assume, a clínica lacaniana chega a ser definida na sua última formulação como a clínica do real, aquela que se refere a tudo o que permanece inatingível pelos registros do imaginário e do simbólico. Trata-se, a partir daí, de uma outra teoria, de um outro Lacan, pode-se quase dizer, de uma outra psicanálise.

O mais-além da lógica fálica

Não se pode desconsiderar a contribuição que a análise da sexualidade feminina trouxe para esses novos desdobramentos da psicanálise lacaniana. Descobrir que a lógica edípica fundamentada no conceito de falo até então defendida (tanto por ele quanto por Freud) não dava conta da constituição psíquica da mulher, faz Lacan descortinar a existência de um campo totalmente insuspeito que se refere ao feminino: o campo de um "mais além" da lógica fálica e o de um "mais-além" do Édipo. Esse achado de um "mais-além" que se revela na mulher modifica a sua perspectiva teórica sobre a questão da sexualidade feminina, o que, por sua vez, repercute sobre o próprio desenvolvimento de sua teoria.

A lógica fálica que era considerada o eixo em torno do qual evoluía a estrutura psíquica tanto de mulheres quanto de homens só se mostra na realidade totalmente válida para os homens. Para as mulheres não; para elas a lógica fálica só opera em parte. Elas se mostram regidas tanto pela lógica fálica quanto por uma outra, a não-toda fálica. Essa descoberta muda a perspectiva da constituição psíquica dos sexos lançando nova luz sobre a dessimetria entre a subjetividade masculina e a feminina.

O que significa os homens serem totalmente regidos pela lógica fálica?

Significa, em primeiro lugar, que "todos os homens são castrados" e, nesse sentido, eles podem ser incluídos num conjunto, isto é, constituem um universo. A regra universal que os regem é esta: a castração se aplica a todos os homens. Porém, pelo fato de não haver regra sem exceção, é preciso que haja "pelo menos um" homem que escape à castração, à Lei do Édipo.

Este é, aliás, o fundamento do texto "Totem e Tabu" de Freud, pelo qual procura dar uma explicação global da origem das sociedades e da religião a partir dos dados da psicanálise, ou, dito de outra maneira, busca um fundamento histórico para o mito de Édipo e para a proibição do incesto. O intuito de Freud é mostrar que a história individual de cada sujeito não é mais do que a repetição da história da própria humanidade.[7]

Essa explicação passa pela postulação de que, num tempo primitivo, os homens viviam no seio de pequenas hordas, cada uma das quais submetida ao poder despótico de um macho que se apropriava das fêmeas. Um dia, os filhos da tribo, rebelando-se contra o pai, puseram fim ao reino da horda selvagem. Num ato de violência coletiva, mataram o pai e comeram seu cadáver. Todavia, depois do assassinato sentiram remorso, renegaram sua má ação e, em seguida, inventaram uma nova ordem social, instaurando simultaneamente a exogamia (ou renúncia à posse das mulheres do clã do totem) e o totemismo, baseado na proibição do assassinato do substituto do pai (o totem). Freud propôs, em vez de um lugar de origem preconizado pela antropologia, um ato real: o assassinato necessário; em vez do horror ao incesto, um ato simbólico e a internalização da proibição.[8] A saber: o pai original é aquele que os filhos mataram, depois do que, é do amor por esse pai que procede uma certa ordem.

Se a existência de um ato real foi contestada principalmente pelo antropólogo Lévi-Strauss[9], o importante é que Freud chama a atenção para o fato de haver um desejo de incesto no ser humano, e que este tinha por corolário a proibição instaurada sob a forma de uma Lei e de um imperativo categórico. O que não impede que permaneça nos homens um anseio de ser o único a escapar da castração, a exceção, a confirmar a regra para todos os outros homens, a de serem totalmente regidos pela lógica fálica. Não esquecendo que Lacan assinala que gozar de todas as mulheres é uma posição que feminiza o pai da horda por aproximá-lo de um gozo ilimitado que é uma característica mais da sexualidade feminina e não da masculina, notadamente marcada por limites.

O que significa, em contrapartida, as mulheres não serem totalmente regidas pela lógica fálica?

No caso das mulheres, não há nenhuma que escape da castração: todas são castradas, sem exceção. O que não quer dizer, paradoxalmente, que elas se submetam totalmente à castração. Logo veremos por que aparece essa aparente contradição na mulher: não escapar da castração, mas não se submeter totalmente a ela.

A falta de exceção do lado feminino traz, sobretudo, uma série de desdobramentos. Como não há confirmação da regra (dada a impossibilidade da exceção), elas não constituem um conjunto e, portanto, não se aplica a elas a ideia de um universal. É pela via do amor e do desejo de um homem que se estabelece para uma mulher a relação com o universal por vias que retomarei ainda neste capítulo.

A consequência das mulheres não formarem um conjunto é que elas só existem no singular, no uma a uma. Os homens, por motivos que lhes são próprios, as amam assim: uma a uma. O poeta Luís de Camões considerava que cada mulher era uma mulher diferente e todas elas eram a mulher. Por isso, mostra-se sempre predisposto a cantar esse multiforme ser admirável, por meio do qual o amor invade sua vida e sua alma.[10]

Os homens podem encontrar uma e umas — há muitas delas —, mas não podem encontrar "A Mulher", porque essa não existe (já que nenhum significante a define como tal). Nessa série — uma, depois uma outra, depois outra ainda —, os homens buscam, ao contrário do que se esperaria, a conformidade.

As mulheres, elas próprias, podem se colocar no lugar de exceção. Por não poder ser "A Mulher", elas buscam, com frequência, ser "uma mulher" eleita de um homem. As histéricas, por outro lado, quando se posicionam como exceção são muitas vezes movidas mais por uma identificação masculina do que uma feminina. É mais tranquilizador para as histéricas se identificarem com o homem do que ter de confrontar-se com a indeterminação de seu ser feminino, uma condição que as deixam desconfortáveis. Esse é um verdadeiro impasse das histéricas em seu caminho para a feminilidade.

As histéricas exigem, então, que haja um homem que escape da castração não tanto para amá-lo, mas para que ele corresponda à sua expectativa de existir ao "menos um" (com o qual se identificam imaginariamente) que possa dizer-lhes algo sobre elas. As histéricas pedem a ele que ponha esse saber em palavras — "diga-me algo mais, você não me disse bastante, nunca me dizes..." — e ele nunca consegue estar à altura de sua expectativa ou, melhor, sua exigência. O próprio pai sempre é considerado por elas como insuficiente para a sua função. Como não foi ele capaz de lhe dizer quem é como mulher, de não ter lhe oferecido elementos para constituir-se uma identificação feminina?

A insistência de obter uma resposta da parte do homem, fundamento de suas perguntas incessantes, é notável e caracteriza a estratégia histérica de lidar com ele. Para mostrar sua insatisfação, a histérica acusa o homem de "ser covarde" ou de não ser "homem de verdade" e procura mostrar que pode ficar bem sem ele. "Posso perder-te" é a vertente subjetiva da interrogação que no fundo ela dirige a ele para saber do seu valor, do que ela representa em seu desejo: "Podes me perder?".

Frente a essa e a outras perguntas — "por que você me ama?"; "o que você ama em mim?" — pelas quais as mulheres querem que ele lhes diga quem são como mulheres, o homem emudece, perplexo ele próprio de não ter respostas. Ele chega a acreditar que se trata mesmo de uma incompetência dele — não é o que ela diz mais de uma vez? — não conseguir corresponder às demandas das mulheres, quando na verdade não compreende e não sabe o que elas lhe pedem. Há sempre um esforço a mais no homem para ser aquele pelo "menos um", aquele que teria a resposta a oferecer-lhes. Haveria algum homem que poderia lhes dar essa resposta? Não. Não há nenhum saber no homem sobre o que elas são como mulheres. *Hélas*! nem todos os homens são poetas os quais, como Freud mesmo reconhecia, eram os que realmente sabiam falar ao coração das mulheres.

O "não-todo" feminino

Eis as mulheres confrontadas, pois, com a questão de sua relação diferente da do homem com a lógica fálica, com a castração e com a constituição da subjetividade de forma geral. Se há algo nas mulheres que as fazem não totalmente inscritas na Lei edípica, é que elas são marcadas por um "não-todo". Basicamente um "não-todo" na lógica fálica e na lógica do Édipo, cujos desdobramentos passo a comentar.

Trata-se de uma constatação lógica que nos leva a um outro nível de compreensão da questão feminina que passa ao largo da ideia de incompletude centrada num "menos" pelo qual a mulher costumava ser definida, a partir da teoria freudiana. Do lado feminino, não é de um "menos" que se trata, mas sim de um "não-todo". O "não-todo" lacaniano toma o lugar da "incompletude" freudiana. A dita inferioridade feminina dos primeiros tempos de Freud deixa lugar ao ilimitado da elaboração posterior de Lacan.

Dizer-se que a mulher é "não-toda" inscrita na lógica fálica não significa que ela não o seja de todo: em parte o é, em parte não o é. Se não fosse de todo inscrita na lógica do falo, seria louca, o que não é o caso. Foi essa a primeira confusão à qual Freud incorreu quando pensa inicialmente que a renegação da falta na ordem do corpo da mulher, necessariamente representaria uma psicose feminina.[11] A condição de ser uma psicose é logo descartada por ele, mas com o conceito de renegação surge, de alguma forma, o tema da "loucura feminina". Lacan atribuirá esse lado "louco" da mulher à maior proximidade da mulher com o que fica fora do campo do simbólico, isto é, fora do domínio das palavras, no registro do real. Por isso diz que a mulher é louca, mas "não-toda" louca ou não louca de "todo". Não é por esse motivo que a mulher precisa mais de palavras, preferencialmente palavras dos homens, para que venham cobrir esse vazio que seu lado "não-todo" lhe impõe viver?

A mulher é "não-toda" enquanto sujeito significa que, em parte, é sujeito (marcada pela *falta-a*-ser que é constitutiva de todo ser humano) e, em parte, não é sujeito (marcada por uma segunda *falta-a-ser*, na sua particularidade feminina). Por isso Lacan sustenta que a mulher se move entre uma pura ausência e uma pura sensibilidade.[12] Em algum lugar a mulher está ausente de si mesma, ausente enquanto sujeito, ausência que também pode acometer os homens quando são místicos.

Nos escritos autobiográficos reunidos sob o título *Momentos de ser* (*Moments of being*)[13], a escritora e ensaísta Virginia Woolf isola uma série de experiências "excepcionais" de sua infância, que precedem o desencadeamento de sua enfermidade, e assim os denomina. Contrastam com os momentos de "não-ser" que emergem de suas vivências da vida cotidiana e acabam se revelando traumáticos, de horror específico e de desmoronamento, atuando sobre ela como uma força esmagadora. Estes momentos de "não-ser" são descritos por ela como os de uma tristeza sem remédio e fonte de revelação do sofrimento que a acompanhará ao longo da vida.

Que se diga que a mulher é "não-toda" tem a ver, então, com o fato de haver uma parte nela que se mantém "fora do discurso"[14], no sentido de uma parte dela ser inatingível pelas palavras. É esse fato que fazem as mulheres encarnarem o Outro tanto para os homens como para as próprias mulheres, um Outro ao qual não se pode ter acesso e que representa para sempre um enigma para ambos os sexos. Logo mais à frente veremos como um homem serve de mediador para uma mulher, inclusive, para ela ter acesso a esse Outro que ela é tanto para ele como para ela própria: Outro que não tem definição. Para as mulheres, para cada mulher em particular, há mesmo uma luta que se apresenta de maneira interna entre o que ela é enquanto sujeito e o que ela é enquanto Outro, a questão sendo de saber de qual lado penderá a balança.[15]

Essa exclusão do campo das palavras explica por que nem tudo da mulher pode ser dito, pelo motivo anteriormente referido de ela em alguma parte estar ausente de si mesma e não alcançável no registro do simbólico. "Foracluído" é o termo lacaniano para dar conta dessa exclusão da mulher do discurso. "Não há mulher senão excluída pela natureza das coisas que é a natureza das palavras e temos mesmo que dizer que se há algo de que elas mesmas se lamentam bastante, é mesmo disto", diz Lacan.[16] O remédio para essa falha que a entristece de alguma forma é se encontrar no inconsciente, em seus signos e suas ficções; é neste, entre outros aspectos, que um homem pode servir a uma mulher como mediador.

Nesse sentido, Lacan defende que, de certa forma, o inconsciente da mulher se apoia no inconsciente do homem para lidar com a questão da falta de significante especificamente feminino. A mulher só é sujeito, diz ele, onde ela consegue ser "toda", quer dizer, lá de onde o homem a vê, isto é, a acolhe.[17] Simone de Beauvoir o diz a seu modo: "É nos olhos do homem que a mulher acredita, enfim, se encontrar".[18] É através do homem que a mulher tem relação com o significante fálico que lhe dá alguma significância. Por isso mesmo ela quer ser reconhecida como "a única" pela outra parte, a masculina. Deve acentuar-se a palavra "reconhecida" porque é uma referência à estrutura do reconhecimento que no "Discurso de Roma" de Lacan tinha como emblema "Tu és minha mulher".[19]

Dizer-se, pois, que a mulher é castrada, mas "não-toda" castrada significa duas coisas. Que em parte, ela ser ela castrada por se submeter à perda de ser e à perda de gozo que é característica de todo ser humano. E que em parte não é castrada porque ela escapa da Lei edípica à qual não se submete totalmente como o homem faz.

Esse aspecto de não submissão total ao Édipo e à lógica fálica explica a mulher ter maior proximidade do que o homem ao domínio do real e aos conceitos que lhe são correlatos, aqueles que indicam haver um resto no processo de articulação do imaginário e do simbólico.

Com essa ideia de resto, retomo o conceito de gozo. Se o sujeito, homem ou mulher, tem de renunciar ao gozo ilimitado para tornar-se humano, devemos reconhecer que não o faz sem alguma resistência. Há algo precioso nesse gozo ao qual o sujeito não quer renunciar e por isso ele luta para reavê-lo de certa forma. Este é o segredo de cada um, a causa última de todo discurso: existe um gozo ao qual não se quer abdicar ou ao qual se quer, pelo menos, ter acesso em parte.

É nesse ponto que entra a função da fantasia. É a fantasia que permite ao sujeito reaver parte do gozo perdido ao qual ele teve de renunciar para ser introduzido à linguagem e se constituir como sujeito, como mencionei. A fantasia propicia, inclusive, a homens e mulheres ocuparem "um lugar" — um lugar de onde recuperam parte do gozo do qual foram separados. Na cadeia significante onde, pela formação do inconsciente, eles se constituem como sujeitos é que não encontram lugar algum; pelo contrário, é aí que se constituem como *falta-a-ser*.

A fantasia que se torna um axioma escrevendo para cada um a articulação dos dois modos de falta pelos quais se anuncia o sujeito do inconsciente e da pulsão é uma forma de homens e mulheres encontrarem uma possibilidade de superação para as faltas inscritas no âmago de seu ser. Em sua essência, a fantasia é a forma como cada qual sustenta seu desejo e recupera gozo.

Em busca do gozo perdido

Lacan precisava de um conceito que operacionalizasse a possibilidade de homens e mulheres recuperarem algum gozo na fantasia através das parcerias amorosas que estabelecem.[20] Ele o formulou através de um objeto que chamou de objeto *a*, um que não tem imagem nem representação; pelo contrário, é um objeto sem materialidade ou consistência e que pertence ao registro do real.

Nada melhor para explicar a inconsistência do objeto *a* do que lembrar que ele é um resto — resto do processo de simbolização na medida em que nem tudo do real é passível de ser transferido para o nível simbólico. O escritor e dramaturgo Samuel Beckett, em um comentário a respeito do seu livro *O Inominável*, nos dá uma ilustração do resto para o qual o objeto *a* aponta: "No fim de minha obra, nada há senão poeira".[21]

O objeto *a* deriva, de certa forma, da noção de objeto parcial que, desde Freud e Karl Abraham, a psicanálise adotou em função de não haver um objeto que correspondesse à pulsão genital completa. O fato de não haver a pulsão genital completa explica por que os sexos não se complementam: não há nada que designe o parceiro sexual para cada um.

Desde esses primórdios da psicanálise já se sabia que os objetos (pulsionais) eram parciais e que tinham origem no corpo, constituindo as chamadas zonas erógenas, zonas de prazer. Definidas por Freud em "Três ensaios sobre a teoria da sexualidade" como "regiões da epiderme ou da mucosa que, excitadas de uma certa forma, provocam uma sensação de prazer de uma qualidade particular", as zonas erógenas têm um lugar de suma importância na sexualidade infantil. O objetivo da sexualidade infantil é a obtenção desse prazer fornecido pela atividade dessas zonas erógenas, que são independentes entre si.

Se todas as partes da epiderme e da mucosa podem servir de zonas erógenas, existem, no entanto, regiões de eleição: aquelas que desempenham um certo papel nas trocas com o Outro (materno) primordial. Dois objetos principais foram isolados como respondendo a essas zonas: o objeto (oral) da sucção e o objeto (anal) da excreção. Lacan acrescenta a essa lista dois outros que se constituem na mais tenra idade e que também têm essa característica de serem partes destacadas da imagem do corpo, desejos, facilmente identificados como "resto": o objeto (fônico) voz e o objeto (escópico) olhar.

O objeto *a* não é, portanto, o Outro sujeito, nem a imagem, nem o falo, e sim um que tem ligação com o que foi extraído do corpo de sujeito impondo a este uma perda de gozo. Qual é a ligação do objeto *a* com essa parte extraída do corpo? É função do objeto *a* preencher o vazio causado pelo gozo perdido e, dessa forma, possibilitar uma recuperação de gozo. Como o objeto *a* tem esse valor de gozo "a mais" para compensar "um menos", ele é chamado de objeto *mais-de-gozar*.

Homens e mulheres procuram ter acesso a esse *mais-de-gozar* que os compensam da perda de gozo a eles imposta pela introdução à linguagem. Só podem fazê-lo pelas respectivas fantasias por intermédio do objeto *a* e isto, com a inclusão de um parceiro amoroso. Cada um, por seu amor-próprio, por seu narcisismo, não pode, enquanto homem ou mulher, não buscar sua satisfação segundo sua fantasia.

Freud já havia mencionado essa busca — busca de prazer, segundo ele — por parte do ser humano ao conceituar a pulsão como sendo aquilo por meio do que o ser humano procurava um só objetivo: obter satisfação. O objeto, diz Freud, chega a ser indiferente, pode até ser considerado "assexual". O importante mesmo é que o objeto da pulsão sirva como meio de obtenção de satisfação. O que a pulsão demanda é a satisfação e o objeto é o meio pelo qual se a obtém.[22]

Foi assim que Freud falou da "perversão polimorfa" da criança na medida em que sua sexualidade lança mão de qualquer objeto para satisfazer uma pulsão.[23] Esse dinamismo fica mais claro se tomarmos o exemplo da pulsão oral dado por Freud e retomado por Lacan: o da boca que beija a si própria. A satisfação vem, sobretudo, da contração muscular da boca, uma autossucção. Contudo, para realizar o beijar-se, é preciso que a boca passe por um objeto cuja natureza revela-se indiferente. A pulsão oral não é o comestível, mas sim o objeto que permite à boca gozar de si mesma, ou seja, para esse autogozo, é preciso um hetero-objeto. Este é o paradoxo fundamental da pulsão: ele é por natureza um circuito autoerótico que só se fecha através de um objeto e do Outro que abarca a dimensão dita da civilização.[24]

Assim considerada, a pulsão é um movimento de apelo a algo que está no Outro — um objeto do qual se foi separado, objeto *a*. O objeto *a* é, ao mesmo tempo, o que a pulsão em seus circuitos no desejo e na vida necessita em sua condição de gozo autoerótico e também o que se deve buscar no Outro do qual não se pode prescindir.

Quando se pensa na demanda (por satisfação) da pulsão, vemos que ela não tem nada a ver com a demanda de amor a qual, como já mencionei, é relacionada com o Outro e não só com o objeto. A demanda da pulsão é uma demanda que não fala, e que, no entanto, não é menos insistente, uma demanda que não visa o Outro, que não visa a falta no Outro cuja castração se quer evitar ou provocar. Bem ao contrário, é exigência de uma presença como condição absoluta e tem a ver com essa outra dimensão do ser humano que é a do gozo (e não a do amor).

Há, portanto, duas dimensões de demanda se contrapondo no sujeito: pelo lado da pulsão se trata de uma dimensão fechada, a do gozo autoerótico (que só passa pelo Outro porque este é necessário para concluir o arco de gozo), e pelo lado do amor, se trata de uma dimensão aberta que franqueia a passagem verdadeiramente para o Outro. O paradoxo da castração é que precisamos tanto deixar de gozar com o Outro quanto precisamos do Outro para gozar.[25]

De uma certa forma, o que se diz da pulsão é válido para os dois sexos. Mas, quando se passa para a diferenciação entre eles, como desenvolverei mais adiante, constata-se que o homem permanece mais ligado ao aspecto autoerótico da pulsão, se limitando a fazer do Outro (da mulher) um objeto em sua fantasia para satisfazer a pulsão. Já a mulher é mais ligada ao Outro e, portanto, mais independente da satisfação pulsional. A mulher estabelece uma relação como tal ao Outro, o que tem fundamental importância no estabelecimento de parcerias amorosas, tema que voltarei a tratar.

No nível da fantasia, pela qual se procura recuperar parte do gozo perdido, o parceiro essencial do ser humano não é, pois, o outro sujeito, basicamente um do sexo oposto, mas um objeto recortado do corpo de sujeito e recuperado sobre o corpo do outro sexual. Essa questão nos leva ao cerne da sexualidade humana, a qual, como vemos, nunca se refere ao nosso parceiro ou parceira de carne e osso, mas a algo além dele ou dela.

Esse objeto recortado por um sujeito do corpo do outro deve apresentar-se recoberto por objetos imaginários, pelo motivo levantado acima de que nenhum objeto real pode se mostrar para o sujeito sem a cobertura do imaginário; o objeto real, sem imagem ou nome, é em si causa de terror. É preciso que a vestimenta da imagem recubra esse objeto e que, assim sendo, possa provocar o desejo de homens e mulheres e dar sustentação às identificações e ao amor que são ambas formas de narcisismo.

Aliás, a inspiração para desenvolver essa nova fórmula de parceria que a mulher estabelece com o homem pela vertente do objeto, Lacan a foi buscar no *Banquete* de Platão, onde cada um dos presentes ao banquete fala de amor e onde surge a noção de *agalma*, a de objeto precioso que se espera encontrar no outro. Lacan fundamenta aí o amor em uma crença sobre a falta, retomando os termos gregos da metáfora do *erastés* (o amante) ao *erómenos* (amado). Para ele, a metáfora do amor se produziria de forma contingente quando o amante se coloca no lugar de amado.

No âmago do amor, encontra-se uma ilusão: de que aquele que está enamorado, o amante, supõe que o amado teria o que lhe falta e que poderia preenchê-lo. Esta é a função do objeto agalmático que conteria algo precioso no seu interior, algo fascinante. É um objeto frequentemente marcado pela idealização ou ainda pelo narcisismo, o que leva mais do que um apaixonado a constatar que o que ama no outro é o reflexo de sua própria imagem, mais ou menos idealizada. Se o amante se empenha em colocar o amado no lugar de amante e o desejado no lugar de desejante, é que amar é também querer ser amado.

Todo um circuito de trocas amorosas se torna possível quando os traços que causam o desejo são encontrados num parceiro — traços que devem ser justamente recobertos pelo imaginário do amor. É preciso, pois, que o objeto (objeto *a*) esteja ao mesmo tempo situado na demanda, no desejo, na pulsão e recoberto pelos objetos amorosos.

Ora, se a fantasia, em sua essência, é a forma como cada qual sustenta seu desejo e recupera gozo, mas que deve necessariamente passar por um parceiro sexual, é em relação a ela que mais se constata a diferença entre a constituição da sexualidade masculina e da feminina. A fantasia só medeia a relação entre homens e mulheres porque faz parte da forma como certos conteúdos psíquicos se organizam em seus respectivos inconscientes.

A estrutura da fantasia revela que o objeto *mais-de-gozar* que é o parceiro essencial do sujeito se apresenta com uma dialética diversificada segundo os sexos. Pode-se dizer que a fantasia é o estilo da vida amorosa de cada um.

Um homem faz da mulher o objeto *a* como *mais-de-gozar* em sua fantasia. Mas o inverso não é verdadeiro. Uma mulher não faz do homem um objeto *a* em sua fantasia. Os objetos *a* em sua fantasia são seus filhos. Para o homem, uma mulher reserva um outro lugar em sua fantasia. Devemos situar alhures o *mais-de-gozar* propriamente feminino. Nesse gozo a mais que ela obtém revela-se a força da forma erotomaníaca de amor que é a da mulher a se manifestar na exacerbação de sentimentos amorosos com seus parceiros sexuais.

O que as relações entre homens e mulheres indicam é que cada sexo vai procurar um determinado objeto no Outro, seu parceiro. Pela dessimetria da constituição fantasística dos sexos, o homem procura no Outro um objeto que toma a forma de um fetiche e a mulher busca no Outro o objeto erotomaníaco, como desenvolverei mais à frente.

Os labirintos da vida amorosa de homens e mulheres são feitos da articulação dos três níveis — o imaginário, o simbólico, o real — que constituem as respectivas subjetividades. Esses diferentes níveis estão às vezes reunidos, às vezes separados, aqui permanentes, ali transitórios, umas vezes puros, umas vezes mistos. No nível imaginário, amar é demandar. No nível simbólico, amar é desejar. No nível real, amar é gozar.

É assim que obtemos a variedade infinita que se encontra na vida amorosa de homens e mulheres. Como vemos, não há mesmo nada de natural nem na sexualidade humana nem no amor.

O que é uma mulher na fantasia de um homem?

Vejamos a forma pela qual, pela fantasia, o homem procura articular os dois modos de falta — em nível de ser e em nível de gozo — que o constituem como sujeito do inconsciente e que o levam, nesse intuito, a incluir uma mulher como seu objeto fantasmático. Mais além de sua parceira no amor está sempre a fantasia pela qual o homem pretende reaver parte do gozo perdido.

Retomo a ideia da perda na ordem do ser e da perda de gozo que são impostas pela castração ao homem para, em seguida, desenvolver os argumentos teóricos necessários para a compreensão de como ele precisa tomar a mulher como objeto-causa do seu desejo na sua fantasia para reaver parte do gozo perdido.

Em primeiro lugar, a castração introduz um hiato entre o homem e o falo. Por mais que tenha virilmente subjetivado seu sexo como "eu tenho o falo", não há identificação possível que permita a um homem dizer simplesmente: "Eu sou o falo que convém a uma mulher". Uma mulher até pode procurar o falo do lado do homem e encontrar por aí uma forma de amarração para o seu ser sem definição precisa, mas o que o homem tem realmente a oferecer à mulher é a sua falta, aquilo que ele não tem. Isto é, o homem oferece à mulher sua castração.

Se o homem só entra na relação enquanto castrado, em falta, ele vai ter de aceitar uma transformação da forma como subjetiva seu sexo sob o modo do "eu tenho". A castração quer dizer exatamente isto: você tem uma falta; você, na verdade, "não tem". O homem tem de pagar pelo resgate de seu desejo com sua pessoa, com o seu falo, já que todo desejo implica numa falta. Nada o compensa dessa falta em nível de ser.

Onde há, sim, compensação para o homem é em nível de gozo que a fantasia lhe permite alcançar. E se o alcança, é através da mulher tomada como objeto em sua fantasia. É uma troca de valores de gozo. Isto é, o homem reavê parte perdida dele mesmo no corpo do outro, o parceiro sexual, no caso, a mulher.

Para o homem, portanto, ao menos que haja castração, não existe nenhuma possibilidade de que goze do corpo de uma mulher, em outras palavras, que lhe faça amor. É com uma perda de gozo que um homem pode fazer amor a uma mulher. Para Lacan, quando o homem *faz amor* trata-se de poesia. Porém, o seu *fazer amor* é diferente do seu *ato de amor*.[26] Por quê?

Porque se para o homem fazer amor é poesia, o ato de amor implica um modo perverso de amar. Chamamos de perverso a esse modo de amar do homem porque ele guarda uma semelhança com a relação que o sujeito de estrutura perversa mantém com seus objetos; o "verdadeiro" perverso, se assim se o pode chamar, considerada a sua estrutura subjetiva.

Para clarificar essa ideia, lembro que são três as estruturas clínicas com as quais a psicanálise opera: a neurose, a psicose e a perversão. Isto, de acordo com a forma pela qual, em que cada uma dessas estruturas, inscreveu-se a metáfora paterna separando a criança da posição de alienação inicial no desejo da mãe, no processo de sua individuação como sujeito. É o que determinará, a partir desse momento estrutural, a relação da criança com um Outro através das dimensões da demanda, do desejo e do gozo no que estas se entrelaçam com a esfera do amor.

É verdade que, na prática, é bom não nos atermos apenas aos tipos clínicos concebidos como expressões dessas estruturas clínicas já conhecidas. É preciso ir do tipo clínico ao caso único, que é mais compatível com o individualismo contemporâneo no qual o sujeito resiste às iniciativas de ser enquadrado e classificado. Só há análise do particular, diz Lacan.[27] O movimento atual da nossa clínica, baseando-se no individualismo como movimento da época, mostra mesmo uma preocupação com o um por um.

O perverso, principalmente o fetichista, exige a presença de um objeto para que ele possa renegar a castração (da mulher) cuja existência, no entanto, no fundo, reconhece. A falta na mulher é-lhe intolerável e, por isso, procura dotá-la de um fetiche que encobriria sua falta, embora o próprio encobrimento denuncie a falta subjacente cuja existência ele não pode ignorar de todo. Não abordarei aqui a perversão, a não ser para sustentar que ela, como estrutura clínica, apenas acentua a função de desejo do homem: de fazer da mulher objeto *a* em sua fantasia, objeto do qual obtém um *mais-de-gozar*.[28]

O homem não é necessariamente perverso, embora ele tenha um "modo perverso, fetichista" de amar, por amar o objeto para além da mulher. Trata-se de uma transferência da mulher enquanto sujeito para a mulher enquanto objeto. "Assim a mulher é, de fato, criada a partir de uma costela de um homem!", graceja Vinciguerra.[29]

Um fetiche é um objeto neutro em si mesmo e que se vê transformado em valor de troca, de mercadoria. É a conhecida figura do sapato como fetiche completando o que supostamente falta à mulher usado sobejamente para falar-se do mecanismo em jogo na perversão como estrutura. Com a mulher, não se trata de mercadoria, mas de troca de gozo. A mulher sendo metáfora de gozo. É enquanto fetiche, que o parceiro feminino é tomado pelo homem como objeto através do qual ele recupera um gozo perdido a completar a parte faltante de si mesmo.

Retomo aqui a importância da descoberta da pulsão como sendo apenas parcial e que se aplica no caso da relação sexual: um homem só pode desejar uma mulher como objeto parcial, *a*. De certa forma, do lado do homem, em termos de sua fantasia, é a pulsão que continua a dominar a relação com a mulher. O homem em seu gozo tem mais relação com o objeto pulsional (que a mulher representa como objeto *a* em sua fantasia) e menos com o Outro, no caso, a mulher na realidade.

O que quer dizer que um homem em sua fantasia não busca uma mulher qualquer e sim aquela que porta algo do fetiche e que, no caso, é o objeto *a*. Esse objeto obturador de falta (de gozo), que toma a forma do fetiche para o homem, é um elemento que tem caráter de unidade, de permanência, até de uniformidade, isto é, que se pode procurar como objeto em diferentes contextos que se apresentam.[30] Para Dante, por exemplo, trata-se do olhar de Beatriz, que causa seu desejo. Assim, é preciso que a mulher possua uma pequena coisa, um detalhe que a faça fetiche, em função de que ela se torne um objeto que condense para o homem uma condição de amor, que é condição de desejo e condição de gozo. Geralmente é o homem que se ocupa de saber como deve se apresentar o corpo do outro e é do lado dele que surge a exigência de que a mulher deveria se vestir de uma certa maneira. Por isso, o homem só pode abordar as mulheres, uma a uma, por sua particularidade, sua singularidade. Essa cristalização da fantasia do homem domina a poeticidade do seu discurso amoroso.

Mas porque o homem encontra um limite no gozo fálico — afinal ele goza mesmo de uma parte do próprio corpo, não da mulher —, seu gozo é finito, "começo e fim". Um homem sabe muito acerca de seu gozo, sobre os detalhes que condicionam seu gozo e sabe tão pouco sobre o gozo da mulher, logo veremos o porquê.

Não é que o homem não ama a mulher. Ele a ama como amou sua mãe, *quoad matrem*, diz Lacan.[31] Quer dizer que uma mulher só pode inscrever-se na relação sexual enquanto mãe, proibida. Nunca como Mulher. A mãe contamina a mulher para um homem. Mesmo que a feminilidade se separe do *quoad matrem*, da condição materna, na medida em que indica outra posição subjetiva, não é nessa posição, contudo, que o homem a procura ou a encontra.

Não se pode dizer que um homem escolhe uma mulher, a reconhece, a ama, a deseja e goza dela enquanto mulher, relação que não seja intermediada pelo falo ou pela fantasia. O único personagem que poderia talvez se vangloriar de poder desejar e de gozar de qualquer mulher seria Don Juan. Por isso, ele é um mito. E ainda mais, um mito feminino: um homem ao qual nada faltaria. Há uma certa relação de Don Juan com a imagem do pai enquanto não castrado, isto é, uma pura imagem, uma imagem feminina. Don Juan é uma bela história que funciona e que produz seus efeitos, mesmo para os que não conhecem todas as suas gentilezas, umas que não estão ausentes do canto mozartiano e que se encontram mais do lado das *Bodas de Fígaro* do que de *Don Giovanni*.[32]

No entanto, o efeito devastador de um abandono de uma parceira sexual pode igualmente ser observado num homem e não só numa mulher como é frequentemente ressaltado. É quando o amor oscila entre o "amor sempre" e "o amor nunca" passando pelo amor "ai de mim!", parando no enunciado o mais grave, ao enunciado pungente do qual o compositor Jacques Brel fez sua glória: "Não me deixe!" (*Ne me quitte pas*).[33]

A diferença é que um homem pode ser devastado por uma mulher quando esta toca de uma maneira ou outra ao seu parceiro fundamental que é o objeto *a* e não necessariamente, como é o caso da mulher, da perda do parceiro enquanto tal.

Para o que pode acontecer a um homem, Gide ainda é um exemplo. Queimando as cartas que Gide lhe havia escrito, Madeleine destrói o que era mais caro a Gide: não ela, mas as cartas de amor que ele lhe havia escrito, as cartas que lhe eram preciosas. É esta parte dele extraída e perdida, da qual era ela a destinatária, que Madeleine destrói, o destruindo junto.[34]

É um tipo de verdade que a psicanálise estabeleceu que no fundo marcou o estilo do amor, ou as dificuldades da época. Toda relação é marcada por este estilo. Faz-se todo o possível para torná-la outra vez etérea, ideal, e amar tanto ou mais, até o amor louco, mas por trás se encontrará, para o homem, o encrave fantasmático que assume o lugar de sua verdadeira parceira: a mulher enquanto objeto *a*. O homem fetichiza a mulher ao preço de se eclipsar na sua fantasia.

Os homens fazem um esforço para ceder seu gozo autoerótico para o desejo através do amor, contanto que este seja suficientemente forte para sustentar a passagem da comodidade do gozo autoerótico para a assunção dos riscos do encontro com o Outro. É aconselhável que o homem associe o seu gozo sexual à palavra de amor e à carta de amor, para que ele não fique petrificado pelo gozo que se aloja entre parênteses em sua fantasia. "Para viver um grande amor é necessário ser de sua dama por inteiro" é o canto poético de Vinicius de Moraes.[35] Que os homens avancem, pois, em direção ao amor (e não só ao do desejo) para equacionar sua questão, como a mulher recorre ao amor por outros motivos para resolver a dela.

O que é um homem na fantasia de uma mulher?

O ser feminino também encontra na fantasia uma forma de compensar as perdas que sofre tanto em sua condição de sujeito como na de mulher.

Considerados os fatores dessimétricos na constituição feminina em contrapartida à masculina, a pergunta é a seguinte: de que forma a mulher inclui o homem como meio de recuperar parte de seu gozo perdido pela castração, uma vez que se sabe que ela não faz do homem um objeto *a* em sua fantasia?

Procurando responder a essa questão, retomo primeiro a ideia de que a mulher espera que o homem encarne para ela o significante do desejo, isto é, o falo. Na medida em que a mulher não dispõe de um significante do sexo feminino, ela volta-se para o homem que está do lado do Um fálico para o qual existe, sim, um significante; um, que dá ao homem um suporte identificatório. Seu próprio significante identificatório, a mulher o busca no homem. Não no homem propriamente dito, mas naquilo que ela encontra do lado dele: o significante do desejo, o falo.

Tanto é assim que para a mulher não basta o homem ser provido do órgão: ele tem que encarnar o significante do desejo, aquele que lhe pode revelar quem ela é como mulher. Se o homem não encarna o significante para ela, a mulher pode desenvolver um desgosto pelo órgão.[36] "São as mulheres que possuem os homens", diz Lacan.[37] O falo, *seu* homem, como elas o dizem, não lhes é indiferente. Há aí uma questão fundamental para as mulheres. Elas têm diferentes modalidades de abordar o falo.

Só quando o homem representa o significante do desejo é que ele pode oferecer à mulher sua castração, aquilo que ele não tem, condição que tem uma enorme importância para a mulher. Nesse oferecimento da castração de um homem, a mulher encontra um suplemento de ser e, de certa forma, uma identificação feminina, como mencionei no capítulo anterior. O que quer dizer que esta identificação é dada à mulher pelo amor de um homem, a saber: pela forma como ela se torna a mulher de um homem. Por isso que o sintoma do homem — o de só poder amar uma parte da mulher, nunca ela por inteira — tem uma profunda repercussão sobre a mulher;[38] Para ela, trata-se de uma devastação, o de nunca ser amada por inteira. Por isso também o amor se faz tão insistente e tão importante para a mulher e o sentimento de perda de amor tão devastador. E como poderia ser diferente se para uma mulher é o amor que a identifica como uma?

Compreensível que o amor de uma mulher seja ciumento e que ela não poupe esforços para torná-lo exclusivo. Isto se verifica ocasionalmente por uma fidelidade exemplar, inclusive na dedicação sem limite, contanto que o parceiro responda a essas exigências de sua parte de uma maneira esperada. Daí advém a forma erotomaníaca de amor da mulher, sua necessidade de ter certeza de ser amada, que pode tomar dimensões delirantes como voltarei a abordar no próximo capítulo.

Um caso clínico o ilustra: M. não ama a dimensão sexual do amor. Ela ama esperar ser amada, ela ama amar. Ela diz que não pode se abandonar nos braços de um homem. Mas, que, em contrapartida, ela ama de uma maneira quase mística (são seus próprios termos). Ela fala então de estados que ela conheceu de ardor amoroso, de um *élan* amoroso espiritual, que lhe dão uma excitação física. Segundo suas próprias palavras, "ela iria até o fim do mundo para encontrar o amado, mesmo se no fim da viagem nada acontecesse". Parece que esta mulher não é animada pelo desejo de um encontro sexual, mesmo se este ocorre, mas pela exaltação que lhe dá, sem limite, a paixão da ideia do amor.

M. é uma mulher que se perde nas delícias, felizes ou penosas, da espera amorosa. O que lhe é particular é que coexiste nela amor por um homem e paixão do amor. Ela goza diferentemente da ausência do homem amado que de sua presença e oscila entre a possibilidade da parceria amorosa e sua impossibilidade. M. é uma mulher que experimenta mais realização amorosa na espera infinita e amor que na realização sexual. Está pronta para a jornada amorosa, mesmo que no final da viagem nada aconteça...[39]

É pela via do amor e não pelo da identificação com o gozo, como os homens, que elas poderão se dizer mulheres. Elas não logram a identificação sexuada através da via do gozo porque o gozo feminino nada mais é do que resto e não é compatível com o que se convencionou chamar de gozo limitado do homem e que o identifica como tal.[40]

Porque o homem encontra um limite no gozo fálico — afinal ele goza mesmo de uma parte do próprio corpo, não da mulher — seu gozo é finito. Pelo contrário, a feminilidade tem uma relação com o ilimitado, isto é, o gozo do corpo não se encontra limitado pelo órgão fálico. Se o gozo feminino é infinito, é no sentido de ser não localizável. Essa experiência do ilimitado pode deixar a mulher sem recursos para lidar com a situação. Elaborar a forma singular que a fantasia assume na sexualidade da mulher nos exige um desvio pela via do gozo na sua especificidade feminina.

O gozo exclusivo da mulher

É em seu texto justamente intitulado "Diretivas para um congresso sobre a sexualidade feminina" que Lacan, propondo-se avançar sobre a questão da mulher, vai se deter não mais sobre as dimensões da demanda e do desejo que constituíam, até então, os parâmetros para abordar a especificidade feminina. É quando reconhece que não se pode medir o valor da mulher apenas pela sua vertente de ajuste da fantasia do homem em termos de desejo, mas que era mister incluir a dimensão de gozo. Uma grande descoberta o espera.

O que se revela é que além do gozo apontar para o registro do real, há na mulher um gozo envolto em sua própria contiguidade em contrapartida à descontinuidade do gozo fálico do homem. É um aspecto que começa a descortinar uma importante distinção na sexualidade masculina e feminina e que caracteriza toda a sua concepção de um "mais-além" do Édipo feminino: em matéria de gozo, o homem encontra um limite (descontinuidade) e a mulher não (contiguidade); pelo contrário, ela tem mais é que se confrontar com uma falta de limite. Por isso mesmo, Lacan, no final desse texto, menciona que os homens são os defensores do desejo e as mulheres as apelantes do sexo.[41] Ou seja, que a posição feminina é gozar, enquanto a posição do homem é desejar, contrariamente ao que se acredita.

Dez anos depois, Lacan dá um passo a mais em sua elaboração sobre a distinção entre os gozos masculino e feminino.[42] A diferença é marcante: o homem só tem acesso a um único gozo, o fálico; a mulher apresenta dois gozos e não só um como o homem. É o próprio falo, aliás, que cria uma divergência entre esses dois modos de gozo na mulher: um gozo fálico e um gozo mais além do falo. É a este que Lacan chama de gozo suplementar, um gozo só da mulher, um gozo "a mais" do que o homem tem. Para formulá-lo, ele se refere ao que a experiência lhe tinha sugerido a começar pelos propósitos de seu divã, largamente frequentado à época por mulheres tendo questões, mas também respostas.[43]

A história contada pelo poeta Ovídio é bem conhecida e ilustrativa; ela nos ensina, pela voz de Tirésias, que mesmo naqueles que se supõem verdadeiramente gozar, os deuses, a mulher está muito à frente do homem. Aliás, o que só vem confirmar a inexistência de complementaridade entre os sexos em qualquer nível. Se Freud se perguntava o que deseja uma mulher, Lacan se questiona como e de onde ela goza. Do lado de Freud, podemos situar o enigma sobre o desejo da mulher e do lado de Lacan, a verdade sobre o seu gozo.

Desse gozo suplementar nada pode ser dito. Só sobre o gozo fálico pode-se dizer algo, isto é, só ele é passível de ser expresso em palavras. Nem a mulher pode dizer algo a respeito, a não ser que o experimenta... isso ela sabe. Ela sabe disso, certamente, quando isso acontece. Isso não acontece a todas;[44] Isso lhes acontece, dizem elas, como uma loucura. Se fosse uma, não seria mais que passageira; seria mais uma maneira que têm as mulheres de saber lidar com a loucura, de se libertarem da mesma, uma ameaça que sempre lhes paira no ar. De qualquer forma, é por essa vertente do que "nada pode ser dito" que Lacan retoma a ideia do "continente negro", pela qual Freud se referia ao enigma que a sexualidade feminina representa.[45] Assim como Freud pretendera obter uma confissão da mulher sobre o seu mistério feminino, Lacan reconhece que os homens há tempos suplicam às mulheres, suplicam de joelhos que lhes digam algo sobre seu gozo feminino. Pois bem, diz ele desalentado, nenhuma palavra!: "Nunca se pôde (delas) tirar nada".[46] Uma coisa que os homens nunca foram capazes de aceitar, e que nunca aceitarão, é que os corpos das mulheres não falem com eles. Se o mutismo de uma mulher se revela inquietante, é porque atrás do mesmo se esconde um gozo indizível que a concerne, um sobre o qual ela nada pode dizer. O que indica também que o próprio do gozo feminino é que uma mulher só sabe gozar em uma ausência. A questão é, com efeito, saber no que consiste o gozo feminino, na medida em que a mulher envolvida nesse gozo não está toda ocupada com o homem, e mesmo Lacan diz que, enquanto tal, não se ocupa dele de modo algum.[47] Essa ideia lembra Safo e as estranhas *heraistrai* evocadas por Aristófanes em *O banquete* de Platão, e que são "um pedaço de mulher" e que não dão aos homens a "mínima atenção".[48] Isto enlouquece um pouco os homens.

Como fazê-lo compreender aos homens, que exigem a revelação de toda a verdade feminina que ela mesma desconhece a respeito desse gozo do qual ela só sabe — algumas — que ela o ressente? O desconcerto é sem remédio.

Na clínica, escutamos uma fascinação dos homens por esse gozo feminino que se dirige, como diz Lacan, para deus, o deus do gozo, que retoma vida, através das mulheres. Os homens querem ter uma ideia do que ela goza, sendo que não há nada no corpo da mulher que revele qualquer coisa que seja do gozo feminino. Lá onde o homem pensa em ter a mulher inteiramente para ele (mesmo que ele só se relacione com parte da mulher), ela tem um gozo que não compartilha com ele. Aqui não se trata de um outro homem, mas de um outro gozo que a afasta dele, a rouba dele.

Uma mulher, portanto, nunca é completamente de "um" e, assim, pode-se dizer que, se o homem é às vezes infiel à mulher, ela o é sempre. Uma mulher poder ser sua companheira no amor, pode, inclusive, não demandar outra coisa, mas o engana com o seu próprio gozo. E o homem se vê levado a suprir este *déficit* com outra, que o engana, do mesmo modo.

Mesmo quando há o reconhecimento "Tu és minha mulher", equação pela qual o sujeito masculino constitui sua parceira, não quer dizer que a questão fique resolvida para uma mulher. Embora por esse reconhecimento a mulher estabeleça um laço com o Outro, isto é, o fato de essa condição absolutamente específica ser satisfeita, não impede que uma outra questão se desdobre: que o gozo que o homem tem de uma mulher a divide convertendo sua solidão em sua parceira.[49]

Isto quer dizer que quando um homem faz da mulher causa de seu desejo e goza dela, seu gozo divide a mulher e a deixa só. Há aí uma conjugação na mulher do "ser dividida pelo gozo do parceiro", do "ser ultrapassada pelo gozo" e da exigência de amor impossível de satisfazer. As mulheres suportam bem esse retraimento, de um gozo sobre o qual nada pode ser dito. Elas fazem da solidão, nesse campo do gozo, sua parceira. Elas se asseguram, dessa forma, de um autoerotismo que o segredo do seu gozo lhes proporciona. Freud já havia notado que o segredo tinha um valor fálico para a mulher. Aqui se trata de um outro valor, um de gozo, que o segredo lhe proporciona. A solidão de uma mulher se fundamenta nesse gozo ao qual nenhum homem tem acesso: neste gozo o homem não pode segui-la.

O que não impede os homens despenderem enorme esforço para fazer as mulheres caberem no todo-fálico, terreno que conhecem bem. Os homens, por isso, fantasiam educar as mulheres. Eles não compreendem ou têm dificuldade de aceitar que as mulheres pensam e agem de uma maneira diferente da deles. Isso ficou celebrado no musical *My fair lady*, baseado no Pigmaleão do dramaturgo Bernard Shaw, em que o personagem principal, Henri Higgins, a um certo momento, indignado com a ineducável Eliza, se pergunta: "Por que uma mulher não pode ser mais parecida com um homem?".

Para um homem, aceitar um gozo Outro, que se caracteriza por não ser todo fálico, implica em se sentir ameaçado por esse gozo que não se inscreve todo no Um fálico. Espera-se que essa ameaça não o leve a fazer deste gozo a causa de sua angústia nem o cerne do seu ódio.

Isto não quer dizer que as mulheres "não todas ocupadas dos homens" possam prescindir deles. A tese de Lacan é fazer o Outro gozo, ao qual as mulheres têm acesso e que é qualitativamente ligado à ausência do falo, depender paradoxalmente da contingência de uma presença fálica. Essa condição é que coloca uma mulher "não--toda" sob o regime aleatório do encontro do desejo de um homem.

Daí, a antinomia entre amor e gozo. O amor e as exigências que ele formula são do registro do reconhecimento e constituem um esforço para inscrever o gozo na relação com o Outro. Se o amor tem definitivamente uma função muito particular no psiquismo feminino, é porque ele medeia a relação da mulher com o homem de cuja presença fálica precisa para obter alguma consistência significativa para seu ser e, como continuarei a desdobrar, para encontrar uma forma de não ser arrastada pelo transbordamento de seu gozo ilimitado. É nesse sentido que a questão se formula: será que dá para dispensar os homens, como cada vez mais em nossos tempos, é pretensão feminina, se deles, as mulheres devem se servir para dar conta do lado "não todo" fálico que as caracteriza?

Servir-se do homem?
Se não é como objeto *a* que o homem chega a inscrever-se na fantasia da mulher, diferentemente do homem que sim, faz da mulher objeto *a* na sua, de que forma ela o inscreve, então, em sua fantasia?

Retomo a ideia de que o gozo que um homem tem de uma mulher a divide.[50] Na verdade, divide seu gozo em gozo fálico e o gozo que o transcende, o gozo não fálico. Este é o gozo suplementar ao qual o homem, fazendo a mulher objeto *a* em sua fantasia, lhe proporciona, embora dele não participe. Para que o homem se torne esse mediador entre a mulher e seu gozo é preciso uma espécie de adivinhação e de ajustamento, por parte do homem e da mulher, da posição de objeto que ela ocupa.[51] Como pode um homem melhor servir a uma mulher da qual quer gozar (pelo menos de parte dela), se não é dando-lhe acesso a esse seu gozo que, paradoxalmente, não permite que ela seja toda sua?

Quando a mulher em posição feminina aceita ser objeto *a* na fantasia de um homem, ele, em contrapartida, oferece a ela sua castração e seu gozo fálico. Desse gozo fálico do seu parceiro, a mulher faz a causa do seu desejo.

Numa entrevista concedida pelo cineasta Woody Allen ao *New York Times*, quando do lançamento de seu filme *Todos dizem eu te amo (Everyone says I love you)*, de 1996, chama a atenção o depoimento nela incluída de Diane Keaton. Perguntam a ela, que foi uma das esposas de Woody Allen e uma das mais frequentes protagonistas de seus filmes, sobre o que achava que a tinha feito se apaixonar por ele. Diane diz que o que a fez se apaixonar — e isto marca uma das posições femininas de ser — foi observar Woody fascinado vendo, como testemunha passiva, um filme de seu diretor preferido que é Ingmar Bergman; ou seja, que ela não se enamorou por Woody Allen, o cineasta consagrado, no lugar de Outro, mas se apaixonou por ele no lugar de objeto, como olhar, seu gozo aí implicado.

O que no homem está totalmente localizado na fantasia para a realização de um *mais-de-gozar* que ele obtém fazendo da mulher um objeto *a*, na mulher passa pela ressonância ao nível do corpo através do gozo fálico do homem. É dessa forma que o homem se inscreve na fantasia da mulher: tocando em seu gozo suplementar. E enquanto o homem dá à mulher acesso a esse gozo, ele também introduz um limite ao mesmo. Essa é outra função mediadora do homem em relação à mulher: aportar um limite para seu gozo que, em excesso, pode devastá-la.

Aliás, essa função de amarração desempenhada pelo gozo fálico do homem que é fundamental para que a mulher não se perca no ilimitado que seu gozo suplementar pode provocar nela, indica, por mais esse ângulo, a importância do papel do amor na vida de uma mulher. O amor e a devastação têm uma relação estreita. Têm o mesmo princípio, diz Miller, a saber: têm a ver com o ilimitado do gozo feminino.[52]

O enlaçamento entre o gozo e o amor é fundamental para a mulher aceitar ficar na posição de objeto-causa de desejo de um homem, que é a posição feminina. Quando o gozo está desenlaçado do amor é porque ocorreu uma falha na inscrição simbólica e a mulher continua precisando amparar-se no Outro para sustentar uma identificação ao ideal parental, ideal fálico. Cabe ao pai, em primeiro lugar, enlaçar o gozo ao amor.

O amor ao pai relança a questão do amor e do gozo femininos, isto porque o pai não funciona só como limite, mas como aquele que encarna um desejo vivo, possibilitando inscrição de um gozo contingente.[53] O pai é reconhecido em sua função se pôde confrontar-se com o gozo de uma mulher, com aquela que se torna sua causa, ao que aludi no capítulo 1. Isto porque o fato de "A mulher" como tal não existir, como diz Lacan, não impede que se a deseje.

A mulher só assumir sua feminilidade na medida em que aceita colocar-se na posição de objeto na fantasia de um homem tem uma contrapartida: o homem só assumir sua masculinidade se for capaz de fazer de uma mulher, objeto em sua fantasia. Assim, posição masculina e posição feminina têm como fundamento a razão fálica, mas nada do que trata o inconsciente deixa de ter referência aos valores de gozo adotados nessas respectivas posições dos sexos.

Se homens e mulheres são destinados a procurarem compensações para suas perdas através de parceiros com os quais não se relacionam natural e diretamente, mas só por intermédio do falo e da fantasia, não se pode mesmo falar de verdadeira união entre eles. A união propriamente dita fica no umbral da relação, não se realiza. É esse fundamento do aforismo lacaniano, de que a "relação sexual como tal não existe", que, se não deixou de causar escândalo e de despertar sentimentos de estranheza, encontra sua razão de ser na impossibilidade da complementaridade dos sexos.

No entanto, encontros entre homens e mulheres ocorrem e são imprescindíveis para o estabelecimento de parcerias amorosas possíveis.

A mulher em posição feminina

Enquanto a mulher aceita em termos gerais ser o significante do desejo de um homem, posição da qual, em sendo desejada e amada (pelo que ela "não é"), ela aufere um valor fálico, tornar-se objeto de desejo do homem não é uma condição que uma mulher abraça sem percalços. Não é porque os homens lhes designam este lugar que as mulheres têm uma inclinação natural a aceitá-lo. Ter um gozo "outro" e, além disso, ser objeto de gozo na fantasia de um homem é uma história complexa para qualquer mulher. Não é que dessa posição ela não possa auferir ganhos, seus.

O consentimento ou a recusa de uma mulher de instalar-se nesse lugar serve, inclusive, de baliza para diferenciar uma solução feminina de uma solução histérica. O grande número de casos de histeria feminina não deve nos levar a reduzir a posição feminina à histeria, nem tampouco nos inclinar a desconhecer a histeria. Isto, para mencionarmos apenas a distinção entre as duas estruturas femininas mais conhecidas, entre outras modalidades clínicas.

O que é a mulher adotar uma posição feminina?

A mulher que aceita a condição feminina em sua dimensão de semblante e de mascarada, além de objeto de gozo na fantasia masculina, presta-se à forma fetichista de amar do homem.

Em seu processo de feminilização — Freud não dizia que a mulher não nasce uma, deve tornar-se? —, uma mulher concorda em ocupar esse lugar de objeto na fantasia de um homem se não se sente ameaçada de retornar à posição de objeto do desejo que um dia foi para um Outro em sua condição de vivente.⁵⁴ As mulheres são mais susceptíveis de viver essa experiência primordial de ter sido tomada como objeto de desejo e de gozo na fantasia materna, uma que deixa marcas indeléveis no inconsciente. Afinal, como já mencionei, um pai nunca separa completamente uma filha da mãe; sempre há um resto nessa separação. Esse resto tem a ver com o gozo ilimitado do lado feminino da mãe ameaçando reabsorver a filha em suas malhas devastadoras.

É preciso, pois, que a mulher tenha superado o horizonte da devastação estrutural da relação mãe-filha, que toma o relevo de transbordamento do gozo feminino da mãe, e que tenha alcançado um além do amor ao pai e da organização fálica que ele representa. Paradoxalmente é uma verdadeira separação de corpos e de sexualidade — duas mulheres, enfim — que pela pacificação nas relações, mais genuinamente pode aproximar mãe e filha.⁵⁵

Nesse processo, a filha encontra, como mulher, uma forma de fazer algo com o "nada" que, em matéria de significância, marca sua situação feminina. Cria uma maneira de constituir-se uma identidade feminina, tarefa que incumbe a cada mulher realizar. Ela ascende não a um saber sobre o sexo feminino que escapa sempre, mas a um "saber fazer" com a feminilidade. É nisto que se diz que as mulheres são artesãs de sua feminilidade. "Uma mulher que ama como mulher só pode se tornar mais profundamente mulher", diz Nietzsche.⁵⁶

Trata-se, então, de uma mulher que encontrou uma solução para sua questão identificatória. Embora precise do homem para, através dele, ancorar falicamente seu ser e, inclusive, encontrar um limite para o ilimitado de seu gozo, ela prescinde de lhe demandar seu ser do amor — que é, como desenvolverei em seguida, a grande questão da histérica.

Aceitar-se na posição de objeto *a* na fantasia de um homem é querer gozar e fazer gozar, e corresponde ao que Lacan, em um de seus últimos textos, diz a respeito de ter um corpo: "Ter um corpo é poder fazer alguma coisa com ele, particularmente uso de gozo".⁵⁷ Através da parceria amorosa assim estabelecida, tornar-se Outra para si mesma como ela é para o homem. A versão lacaniana quanto a essa questão é dizer que a mulher entra em contato com este Outro estrangeiro a ela mesma no momento em que ela é reconhecida como objeto *a* pelo homem.

Se, para uma mulher, a perda de amor excede a dimensão fálica à qual Freud a reduzia, é porque o que ela perde ao perder o amor é ela mesma, mas enquanto Outro nomeado, isto é a possibilidade de entrar em contato com esse Outro que ela é para o homem e que procura ser para ela mesma. Ressaltar esse aspecto ajuda-nos a melhor compreender os motivos que podem levar uma mulher a ser infiel no casamento. Para que esse homem, fora do casamento, possa fazer dela esse Outro ao qual ela quer ter acesso e que pode não encontrar no âmbito da relação conjugal.

Uma mulher que quer satisfazer o gozo do Outro se interessa em provocar e contar com o gozo fálico do homem para trazer um limite ao seu próprio gozo. Pode-se dizer, portanto: uma mulher em posição feminina quer gozar e fazer gozar.

O que é a mulher em posição histérica?

O que se passa com a mulher que abraça a posição histérica é algo bem diferente do que se dá para aquela que consente em aceitar a condição feminina.

A começar pelo fato de que, para a histérica, ocupar o lugar de objeto na fantasia de um homem é algo muito difícil, às vezes impossível. Talvez pelas condições vividas com a mãe, aceitar a condição de objeto de qualquer natureza é um problema, mesmo que seja em nível de fantasia. É frequente encontrar na clínica mulheres presas a um pesadelo persistente, uma cena de sedução em que o que está em face da menina é a mãe em sua vertente de excesso de gozo, alguma coisa a inspirar horror. Qualquer posição de objeto pode evocar nelas um medo de reabsorção. Os transtornos alimentares contemporâneos, como o da anorexia e da bulimia, surgem frequentemente assim, como uma amarração de gozo no refluxo do Édipo com a mãe.

É essa parte da experiência com a mãe que pode vir à tona na relação que uma mulher estabelece com um homem na condição de objeto. Esse é o ponto central do questionamento do gozo na histérica: a devastação infiltrada na posição de objeto na fantasia de um homem. A pergunta "este corpo me pertence ou ele é dedicado ao gozo do Outro?" dos primeiros tempos pode retornar na condição de objeto que a fantasia do homem lhe solicita ocupar. Freud não dizia que um marido herda aspectos do que uma mulher vivenciou com a mãe tanto quanto o que viveu com o pai?[58] É claro que não desconhecemos a relação da histérica com o pai da qual advém sua inclinação para uma identificação viril e a adoção de uma posição masculina quanto à sua sexualidade, como desenvolvi no capítulo 1.

A palavra histérica é de revolta. É uma palavra que, embora tenha servido de suporte à revolução feminista, mais amplamente, representa uma revolta contra a lei da troca simbólica entre os sexos que procura levá-la a aceitar essa posição que ela não tolera, a de objeto, *abjeto*, pensa ela.

Muitas vezes, a recusa dessa posição inaceitável para ela advém nas brigas com o parceiro depois do ato sexual ou igualmente nos choros que acompanham o gozo que uma mulher pode obter de um homem. Em nossos dias, as histéricas não se esquivam de ir para a cama; ao contrário, algumas até chegam a exacerbar o ato da cópula. Mas, em seus discursos, para além de seus atos, nós observamos que o gozo sexual não é o seu objetivo principal podendo ou não se produzir.

Se a histérica não quer ser um objeto de gozo para o Outro em sua fantasia, não é a busca de gozo que a move, pelo menos não a do gozo sexual. Também não quer satisfazer o gozo do Outro, porque, ao contrário da mulher em posição feminina, não se interessa em provocar e contar com o gozo fálico do homem para trazer um limite ao seu próprio gozo que, muitas vezes, não chega mesmo a experimentar. Só acontece com algumas, não disse Lacan?

A questão da histérica passa por outros caminhos quanto ao gozo e ao desejo. Se ela quer suscitar o desejo do Outro, não é certamente para satisfazê-lo. No prolongamento dessa ideia, também não é de seu interesse satisfazer o gozo do Outro que a poria na posição feminina de objeto na fantasia desse Outro. Mais um motivo de inquietação para os homens que não compreendem, tal qual Freud, "o que quer, afinal, a mulher?".

Pode-se dizer: uma mulher em posição feminina quer gozar e fazer gozar e uma mulher em posição histérica não quer gozar nem fazer gozar. O que ela quer é ser.

Se a histérica vai querer despertar o desejo do homem, é mais nesse sentido de que através desse desejo ela se torne o objeto agalmático e precioso que sustenta o seu desejo de homem. Donde vem seu grande interesse pelo desejo do Outro. Tanto é assim, que quando em análise a histérica fala de desejo, nunca se refere ao seu, mas ao desejo do Outro. As histéricas ouvidas por Freud instruíram-no sobre a causa do desejo masculino, na medida em que estas histéricas estavam animadas do desejo como desejo do Outro, do homem. Elas falavam, como a bela açougueira cuja análise de sonho Freud celebrizou, a língua dos homens.

Na contramão de sua natureza feminina, e justamente por não poder suportá-la, entram em contato com a função fálica, viril, de um modo absoluto, sofrendo os embates da feminilidade recusada de diversos modos. Na dúvida "sou mulher ou homem?", a histérica recorre a um "terceiro" através do qual vai procurar respostas para a sua questão.

Não podendo reconhecer diretamente a imagem de seu corpo feminino, recorre a uma outra mulher que, esta sim, saiba assumir esse corpo. O que poderia ser chamado de encarnação deslocada sobre um outro.[59] Daí, muitas vezes, a ligação apaixonada de uma mulher, não por outra mulher, mas pelo que ela representa para ela. O que ela visa na Outra mulher retorna como questionamento sobre o seu próprio ser, aspecto a não ser confundido com homossexualismo. É o caso de Dora, como comentei no capítulo 1, admirando a brancura do corpo da Sra. K. através do qual vislumbrava uma possibilidade de acesso ao enigma de sua própria feminilidade.

É por isso que a histérica põe em cena uma outra mulher a quem ela prefere ver designado o lugar de objeto-causa do desejo de um homem que ela não aceita de modo algum ocupar. Daí o interesse que sempre encontramos na histérica pela posição da Outra mulher e o modo que, em geral, a histérica o assinala ao seu parceiro essa Outra mulher, embora declare sempre que é bem ao contrário. Essa solução que faz parte da estratégia da histérica mostra o seu interesse pela pessoa rival, a "Outra". É uma questão tão constante na histeria, que, se não encontramos a "Outra mulher", temos que nos perguntar se estamos mesmo frente a uma histeria.

Já do homem, a histérica espera que através de seu desejo ele lhe diga quem ela é para ele: "Diga-me o que visa seu desejo em mim". O que acredita é que conhecer a causa do desejo do homem lhe permitiria ser, que é, sem dúvida, sua maior questão. No fundo, mais do que se dirigir ao Outro do desejo, acaba se dirigindo ao Outro da demanda, ao Outro do amor, mesmo se este Outro do amor não é bem percebido atrás do véu fálico. É essa a sua ilusão: acreditar que através do amor ela conseguiria de alguma forma resolver a questão da inconsistência com a qual cada mulher deve se confrontar. Pela esperança vã de que o amor lhe dê o ser, a histérica é mais sensível a sofrer caídas depressivas quando desvanece a ilusão amorosa. No momento de desilusão, é o ser mesmo que lhe vacila.

O que a histérica quer inspirar no homem é o desejo de saber. É o preço da sua histeria: obter do mestre a produção de um saber — um saber que será sempre um não-saber — fenômeno que se observa de Sócrates a Platão e das histéricas a Freud. Que a produção de saber que a histérica busca já é um meio de gozo, é o tipo de verdade que, com a criação da análise, Freud trouxe à luz.

Se não obter a resposta almejada mantém a histérica em permanente estado de denúncia pela suposta falha por parte dos homens, também alimenta sua interminável queixa.

O gozo feminino da privação
Ora, a queixa da histérica que o tempo todo fala de seu lugar de vítima, de que está privada, de que não tem, que não lhe dão, que a excluem, encobre, na verdade, um certo gozo que Lacan chamou de gozo de privação.

Foi, aliás, esta uma grande descoberta feita por ele e desenvolvida em seu seminário, não por acaso, intitulado *O avesso da psicanálise*, no qual inverte muitos de seus conceitos e oferece justamente uma nova leitura da histeria. Que a histérica goze de estar privada é algo completamente novo no ensino de Lacan e na psicanálise.[60]

Por aí Lacan apresenta uma maneira diferente para dizer por que Dora foge do Sr. K. e de sua proposta. Diz que o valor do órgão, para Dora, reside não em que seja feliz com ele, mas que Outra mulher a prive do mesmo. É uma frase forte. Se ela estivesse posicionada como mulher, ela quereria gozar deste órgão. À histérica interessa o possuidor do órgão masculino, mas como não interessa gozar do órgão, ela age para que uma Outra mulher a prive desse gozo que é o sexual. A estratégia histérica é quanto a esse aspecto notável, pois ela fica bem longe de procurar o gozo da mulher. Sob a espécie da Outra mulher, ela exalta a feminilidade, não para o ser, mas para fazer existir "A mulher" que falta ao homem.

A privação na histérica deve, então, ser lida em sua dupla vertente: a da histérica que se queixa da privação — com uma posição reivindicatória fálica — e pela vertente do gozo de ser privada... por outra mulher. Este é o paradigma do que é uma histérica.

Dá, então, para compreender que não se pode dizer que a histérica quer gozar. Nem se pode dizer o contrário. Ela não se interessa pelo gozo sexual, pois, como anteriormente referido, ela se esquiva enquanto objeto de gozo na fantasia masculina. Em vez de introduzir um mais de gozo, ela põe em cena um menos de gozo na relação sexual. Só que se deve atentar que ela não sacrifica seu gozo pulsional, sexual, sem algum ganho que é o gozo da privação.

É um gozo bastante complicado de trabalhar numa análise. Um sonho de uma analisanda o ilustra: "Eu quero, mas não vou levar" é frase inaugural de seu relato. "Eu abro a geladeira", continua, "e encontro várias camadas de torta de damasco de que eu gosto muito, com cobertura de chocolate. Estão muito alto em cima da geladeira e eu me pergunto como vou alcançar? E quando eu finalmente alcanço, a torta cai no chão".

Esse gozo da privação, introduzido por Lacan em *O avesso da psicanálise*, pode ser considerado um antecedente da formulação do Outro gozo que Lacan introduziu alguns anos mais tarde, em *Mais, ainda*, o mencionado gozo *suplementar*. Que a histérica goze da privação, coloca em jogo essa relação com o Outro gozo que não é fálico, o *gozo-a-mais* da mulher.

É por não conhecer essa estratégia histérica que um homem pode inadvertidamente contribuir ao gozo histérico da privação numa mulher. Ele pode dedicar esforços vãos para oferecer o órgão viril à mulher acreditando que ela está desolada por não ser portadora de um (o que de certa forma é verdade, mas não é toda a verdade ou não é a verdade toda) e que ela ficaria muito contente com o seu oferecimento... fálico. Mas não, pelo contrário, esse oferecimento do fálico pode reavivar a chamada ferida da privação.[61]

A histeria feminina pode, então, ser definida como a estrutura na qual uma mulher privada de falo não o procura com o intuito de gozo, mas que faz de sua privação (que é o nome da castração numa mulher) uma modalidade de gozo. Mais do que o gozo pulsional é o gozo da privação que ela busca, um recuo diante da condição de gozo da sexualidade feminina que a mulher abraça ao aceitar a posição de objeto diante do desejo masculino.

Compreende-se porque a histeria presta-se a ser confundida com a posição feminina e porque ela é mais frequente na mulher do que no homem. Se há muitas vezes confusão, é que uma e outra passam pela mediação do Outro, pelo homem. É inevitável. Que a feminilidade enfatize o "fazer gozar" não exclui o "fazer desejar" que é sua condição e pelo qual a histérica se inclina preferencialmente.

Num posicionamento diferente frente ao desejo e ao gozo, a mulher que adota uma posição feminina e uma que abraça a posição histérica se distinguem pela forma pela qual cada uma se defronta com a questão de ser objeto-causa de desejo de um homem. Só aceitando essa posição de objeto-causa de um e pela mediação dele uma mulher se torna "Outra para si mesma". A posição feminina tem a ver com lograr em ser Outra para si mesma. A histérica encarna o lugar da Outra na outra mulher, não em si mesma.

Um deslocamento dessa recusa de ser Outra para si mesma, como o é para o homem para uma aceitação dessa condição, indicaria uma via de passagem da histeria para a feminilidade em termos lacanianos. Quer dizer que cessaria a demanda dessas mulheres de que necessariamente o Outro pela resposta, pela presença, por amor, lhes dê o que elas acreditam não terem: o ser. É uma via a tornar as mulheres menos loucas e mais femininas. Com isto, retomo a questão da chamada "loucura feminina".

CAPÍTULO 5

OS AMORES LOUCOS OU NÃO TÃO LOUCOS ASSIM

> *"... o amor demanda o amor.*
> *Ele não deixa de demandá-lo.*
> *Ele o demanda... mais... ainda."*
>
> LACAN,
> *Mais, ainda,* 1972-1973

A clínica do amor feminino: da falta ao excesso

O caminho até aqui percorrido permite-me sustentar que a grande questão da mulher é ela oscilar entre um registro de falta (em termos de significante) e um de excesso (em termos de gozo).

Afinal, dizer que uma mulher é "não-toda" é indicar, por um lado, ela ser marcada pela falta de um significante específico de seu sexo e, por outro, ela ser afetada por um gozo suplementar que a pode ultrapassar e orientar para deuses obscuros. Talvez seja aí que as Medeias dos nossos dias encontrem seu lugar.

As mulheres, embora "não-todas" loucas ou "não-loucas" de todo, como sustenta Lacan, no fundo, sempre temem o ficarem. O soneto de Ana Cristina César o evoca:

> "Pergunto aqui se sou louca
> Quem quer saberá dizer
> Pergunto mais, se sou sã
> E ainda mais se sou eu."[1]

As mulheres não têm mesmo um lado em que se ausentam como sujeito e não têm como parceiro a solidão de seu gozo que, por uma sempre possível falta de limite, as ameaça de devastação?

Comentei como a particularidade do feminino é evocada no filme de Jane Campion, *O piano*, onde o irrepresentável do feminino é lembrado justamente lá onde um vazio se abre na visão. A modalidade central na qual durante todo o filme sublinha-se a falta, o "fora do campo" é a ausência da voz da personagem que se manifesta através da fala em *off* de Ada como voz de seus pensamentos.

Retomo o filme agora pelo viés do que se desenrola em torno do mutismo de Ada com o intuito de ilustrar o que trato aqui: o excesso do lado feminino. Atrás do mutismo de Ada se escondia um gozo indizível; se não havia voz que o pudesse dizer é porque era um gozo que se revela como uma atração vertiginosa para algo que ela desconhecia. Ada sente o forte apelo desse abismo de gozo pelo qual, no entanto, não se deixa levar completamente. Há uma luta entre duas forças, uma levando-a à vida, outra, à morte. Luta que fica evidente, por exemplo, numa das cenas do filme.

Ela está no navio, com seu novo parceiro e sua filha, em viagem para uma outra vida cuja aparente oportuna decisão de se desfazer de seu inseparável piano revela sua face oculta: a dificuldade de separação com este objeto que a mantém vinculada a um gozo ilimitado — justamente aquele que o seu mutismo representa. Ada suspensa pelos pés e estreitamente ligada ao seu piano nas profundezas do mar, suas saias infladas como se ela fosse um balão é a própria imagem de sua divisão.

"Que morte! Que ocasião!" são suas palavras, ou melhor, seus pensamentos amplificados, quando ela ressurge depois de uma luta extenuante para se libertar da corda à qual ela se tinha solidamente amarrado. O que nos permite supor, comenta a psicanalista Christine Terrisse, que, apesar de Ada ter optado pela vida, parte dela tenha permanecido nesse lugar em que reina somente o silêncio.[2]

É esse abissal silêncio que reina nas águas profundas do mar que Thomas Hood evoca em seu poema *Silence*:[3]

> Há um silêncio onde jamais houve som,
> Há um silêncio onde som jamais haverá,
> Na cova fria — no mais profundo do mar,
> E no vasto deserto onde vida não há,
> Que calado e quieto, dorme profundamente;
> Nenhuma voz é silenciada — nenhuma vida caminha silenciosamente,
> Apenas nuvens e nebulosas sombras perambulam livremente,
> Que, sobre o chão indolente, nunca falaram;
> [...]
> Eis o verdadeiro silêncio, consciente de si e solitário.
>
> *There is a silence where hath been no sound*
> *There is a silence where no sound may be,*

> *In the cold grave — under the deep deep sea,*
> *Or in wide desert where no life is found,*
> *Which hath been mute, and still must sleep profound;*
> *No voice is hush'd — no life treads silently,*
> *But clouds and cloudy shadows wander free,*
> *That never spoke, over the idle ground*
> [...]
> *There the true Silence is, self-conscious and alone.*

No caso de Ada, ela conta com Baines, seu parceiro de amor, para resgatá-la do abismo para o qual seu gozo ameaça levá-la: para o fundo do mar. A função do amor de Baines, no caso, é esta: a de não deixar Ada totalmente entregue à solidão de seu gozo e, dessa forma, fazê-la preferir a vida à morte — morte que é uma metáfora desse gozo infinito que a atrai.

É isto que o amor revestido de cores do sentido sexual do desejo de um homem pode oferecer a uma mulher: uma remissão da morte graças ao limite que põe à sua disposição. É em virtude da ameaça desse real para o qual o gozo ilimitado das mulheres aponta, que elas, as ditas apelantes do sexo, aspirando ao gozo outro, se convertem em aspirantes ao amor. É bem esta a linha de pensamento lacaniano a que aludi no capítulo anterior, a de que o amor favorece a renúncia ao gozo, um aspecto a se mostrar particularmente relevante em se tratando de mulheres.

A oposição entre amor e gozo se manifesta, sobretudo, na relação com o Outro. O amor institui o *agalma* do Outro, isto é, o objeto precioso que ele contém. Em função do que, o amor é associativo e aspira ao Um, no sentido de uma fusão. Já o gozo faz a operação inversa. O gozo destitui o Outro em benefício do *a* em sua dimensão de *mais-de-gozar*[4], indicando o quanto o gozo é dissociativo e se realiza na solidão. Se há uma antinomia entre gozo e amor, a questão é saber em que condições o amor pode funcionar como limite contra o gozo infinito.

Em seu livro *La conversation amoureuse*, Alice Ferney nos mergulha no discurso interior que acompanha um encontro, tanto do lado masculino quanto do feminino.[5] O livro trata da relação de Pauline e Gilles, relação adúltera, destinada à clandestinidade, pois ambos são casados. Mas vê-se como do lado dela há anseio, um apelo, para que essa relação se eternize. Do lado dele, no entanto, sente-se que há um recuo, que essa relação poderia terminar e é só em função da demanda dela que ele não se afasta completamente. Esse lado de perpetuação, essa aspiração a uma relação que não tenha fim, sente-se que vem dela. Pauline se deixa invadir pela relação "como uma terra aberta ao mar...".

Há uma tensão fundamental aqui entre a continuidade da demanda por amor da mulher e a descontinuidade que caracteriza o amor para o homem. Há muito que se sabe da rapidez com que o homem pode se apaixonar por outra mulher logo depois de um rompimento amoroso. O que é muito menos fácil para a mulher, pois o término de um relacionamento deixa em suspenso muitos aspectos que a mulher havia levado para dentro da relação com um homem. Lá onde mais facilmente o amante se afasta e se desliga, abre-se do lado feminino a dor da separação, o insaciável apelo à presença. Esta diferença é que vai marcar a resolução da relação retratada no livro até o epílogo intitulado "Se não há fim".[6]

Alice Ferney concede uma entrevista ao escritor e jornalista Jérôme Clément por ocasião do lançamento deste livro que ela diz ter sido escrito como reação a toda uma literatura do desencanto amoroso. Para a própria autora, o que se mostra relevante na relação amorosa é o que não termina. É difícil a ela conceber, reconhece, o fim do amor. Uma postura que ela acredita ser bem representativa do sonho de amor feminino: "Parece-me que uma mulher masculina procuraria talvez encontros, um deslumbramento sexual, depois uma ruptura. Mas uma mulher feminina, não é isto que ela busca, é o contrário, é um amor sem fim". Alice Ferney busca desenvolver nessa sua *conversação amorosa* o que pode constituir a especificidade de uma posição feminina no amor em sua vertente de demanda perpetuada.

O amor e o que ele representa na subjetividade da mulher pode dominar a cena psíquica feminina. Por isso, as mulheres fazem do amor uma exigência sustentada por essa demanda insistente à qual venho me referindo: "Me ame mais, mais... faça de mim a única".

Fundamental para ela é que nesse amor, ela pudesse estar segura de ser a predileta, a dileta antes de mais nada e de tudo, a mais amada, aquela diante da qual o coração dele diria como o do poeta: "Em tudo ao meu amor serei atento/ antes, como tal zelo e sempre e tanto,/ que mesmo em face do maior encanto/ dele se encante mais meu pensamento".[7]

A pretensão de ser a única dá à mulher amorosa uma figura às vezes impertinente, pois tal exigência pode facilmente converter o amor em recriminação e em demandas insaciáveis, chegando a ponto de tiranizar o parceiro em nome do próprio sofrimento. Há toda uma série de comentários reveladores quanto às dificuldades do amor, o famoso "fale-me", "não me falas suficientemente". Se o homem diz à mulher: "Eu te amo", é provável que ela peça os detalhes, o *porquê*. "Por causa do seu sorriso". "E por que mais?". "Por causa da sua inteligência". "E por que mais?".

O que está em jogo na insistência da demanda de uma palavra de amor é o fato de que o amor não pode ser dito de uma só vez e para sempre. O amor visa a algo incondicional, absoluto, e é por isso que uma resposta, um gesto, não é o bastante.

Por um lado, é como mencionei, a busca de um recobrimento pela palavra de tudo o que na mulher fica fora do discurso. Esse recobrimento pela palavra é o que ela busca incessantemente. O amor feminino vai mais-além do lugar onde o amor masculino poderia dar uma resposta.[8]

Os fracassos do amor da ordem do abandono por parte do amado, da descoberta ou da suspeita de sua infidelidade, da sucessão de fracassos amorosos ou de uma vida de casal reduzida à rotina das relações sexuais sem desejo e, sobretudo, como voltarei a comentar no próximo capítulo, "sem palavras", submergem as mulheres num estado particular de loucura.

De outro lado, a exigência do amor numa mulher é devida ao fato de que o gozo a arrebata, o que traz a certeza de ela ser tomada de angústia, de um sentimento de destituição, podendo se perder e mesmo tornar-se louca. Esse medo de ficar louca tem a ver com o estranhamento de gozo pelo qual ela é tomada e no qual ela mesma não se reconhece. O discurso amoroso não deve cessar de dizer-se para assegurar uma função de moderação para o gozo mais além do gozo fálico. Loucas, mas não-todas, as mulheres chamam o amor como um recurso contra esse gozo que as ameaçam.

É dupla, pois, a função do amor para uma mulher: pacificar seu ser em falta de um significante que lhe diria quem é como mulher e oferecer alguma inscrição para seu gozo, evitando ser por esse gozo invadida.

Eis um dos grandes paradoxos das mulheres: o amor que as protege da loucura não deixa, por outro lado, de as enlouquecer.

A mulher, a loucura, o amor

São as mulheres que com maior frequência enlouquecem com e por amor. Uma questão que atravessa o ensino de Lacan do começo ao fim, embora não por um projeto intencional de sua parte. Aparentemente, nada mais longe de seu pensamento no início que se dedicar ao estudo da subjetividade feminina. É a psicose que o interessa, a loucura que nela desponta e se desenvolve.

Só ao longo de seu caminho e num momento avançado de seu ensino, quando formula o lado "não-todo" da mulher, é que ele articula loucura e destino da mulher. Tal articulação se deve ao fato de que o problema das condições de amor acaba constituindo um dos principais eixos da clínica de Lacan, tanto da psicose como a da subjetividade feminina. Essa associação entre loucura e feminilidade é que nos interessa aqui. O que faria Lacan chegar a dizer que as mulheres "são loucas" sim, embora com a ressalva que não são todas loucas ou não loucas de todo?

Uma maneira de responder a esta questão Lacan a encontra na formulação da forma erotomaníaca de amar da mulher que, de certa forma, evoca a psicose já que a erotomania é uma das suas expressões. Retomo o caminho percorrido por Lacan para chegar a esta conceituação da subjetividade feminina para poder distinguir mais adiante a erotomania como quadro clínico da psicose da forma erotomaníaca de amar da mulher, que é estrutural.

Sendo um grande estudioso da psicose, Lacan vai buscar inspiração em Freud para abordar a paranoia e em Clérambault para pensar a erotomania, que é considerada um componente central desse quadro clínico, sendo preferencial, se não exclusivamente, uma afecção atingindo mulheres ou homens colocando-se em posição feminina.

Em sua tese de medicina de 1932, que o conduz ao umbral da psicanálise, Lacan explora a paranoia cujo centro localiza-se um caso de erotomania, esta, que a psiquiatria do século XIX identificava como "delírio de amor".

Primeiro comento aspectos da organização paranoica na qual o quadro da erotomania se insere e por cujo estudo Freud se interessou. Tal é, pela leitura da loucura, o primeiro encontro de Lacan com Freud.

Freud estabelece, em 1911, a observação de um caso de paranoia a partir das *Memórias* do presidente Schreber (1903), eminente jurista que havia escrito e publicado ele próprio a história de sua doença.[9] Esta tinha começado depois de sua nomeação para a presidência da Corte de Apelação, progressivamente sob a forma de um "delírio alucinatório" multiforme para culminar num delírio paranoico sistematizado que o ameaçava de ter de se transformar em mulher. Freud aí reconhece uma relação erótica homossexual ao pai e a um irmão mais velho, objetos de veneração e de revolta pelo poder que exercem sobre ele. É contra a irrupção dos desejos homossexuais que as defesas paranoicas se erigem. No caso de Schreber, substitui-se a figura paterna pela de Deus — Deus que o ama, que o persegue com o seu amor e é exatamente por aí que Schreber é empurrado para ocupar a posição feminina, expressão de suas fantasias homossexuais.

As defesas da paranoia se erigem a partir do enunciado básico homossexual: "Eu, um homem, amo um homem". A primeira dessas defesas é a da negação: "Eu não o amo, eu o odeio". Na medida em que os mecanismos defensivos postos em jogo mostram-se insuficientes para encobrir as fantasias homossexuais que o paranoico tanto teme, novas formações devem ser acrescidas.

Aos poucos, uma verdadeira construção delirante se delineia. A percepção interna "eu o amo ou eu o odeio" é recalcada e, num determinado momento, seu conteúdo, após ter sofrido uma certa deformação, consegue chegar à consciência sob a forma de uma percepção vinda do exterior: "Ele me odeia" que rapidamente evolui para a crença de que "ele me persegue". É a partir dessa formulação que o sujeito justifica o ódio que ele sente pelo Outro por quem, no fundo, se sente atraído. É a entrada definitiva do sujeito paranoico num sistema delirante de perseguição.

Esses mecanismos de projeção e de inversão de sentimentos amorosos hostis com delírios de perseguição observados por Freud, Lacan também os encontra nos quadros de erotomania estudados por Clérambault. Por este, Lacan tinha grande apreço que se manifesta na forma como a ele se refere: "Meu único mestre em psiquiatria".

Clérambault fez da erotomania uma construção que lhe é própria, sistematizando o delírio amoroso como uma síndrome. Para ele, o traço mais importante da síndrome erotomaníaca é o postulado fundamental consistindo na convicção "de estar em comunhão amorosa com um personagem célebre", um ator, um acadêmico, um rei.[10] Uma verdadeira erotomania é sempre construída, segundo ele, sobre um postulado de certeza originando-se na transformação de um sentimento expresso pela frase "eu te amo" para a convicção delirante revelando-se na frase "eu sou amado/amada".

Uma vez que esse postulado fundamental se instala, ele se assemelha a um episódio emocional comum de enamoramento, tanto na emoção que o sujeito sente, quanto em suas atitudes de apaixonado. Mas não é igual, pois diferentemente do que acontece com os apaixonados normais, na erotomania há uma intensidade absolutamente desmedida da paixão, além do fato de ela ser apenas uma ilusão.

Para Clérambault, o distúrbio evolui segundo três estágios: uma fase de esperança relativamente longa, quando o sujeito se crê amado de forma inabalável e é tomado de orgulho por ser alvo de amor do qual se supõe ser objeto. Orgulho advindo do narcisismo na medida em que sua relação é de forma geral, com uma figura idealizada. Na segunda fase, encontra-se a decepção, mesclada de uma experiência afetiva de despeito, quando o sujeito tem pelo objeto, ao mesmo tempo, sentimentos de conciliação e de vingança baseados em seu orgulho ferido pelo fato de o outro não estar correspondendo ao que o erotômano espera dele. Na terceira e última fase, prevalece o sentimento de rancor ou de reivindicação, quando o sujeito passa a sentir ódio do objeto inicial de amor e a fazer-lhe falsas e delirantes acusações e ameaças de vingança subsequentes; estas ameaças podem ser acompanhadas por manifestações com implicações médico-legais graves.

Assim a Sra. Dupont, exemplifica Clérambault, estava persuadida de que o Príncipe de Gales se interessava por ela, a procurava, marcava encontros, aos quais, no entanto, não comparecia. Ela se ressentia, acusava-o de enganá-la e finalmente atravessou a Mancha para surpreendê-lo em flagrante traição, tomada pelo ciúme. Voltando a Paris, a Sra. Dupont agrediu em via pública um policial, que a conduziu para o escritório do chefe da enfermaria especial, a fim de ser internada.

Compreende-se que o ciúme se faz presente na paranoia por estar envolvido o desejo de ser amado. O ciúme é, sobretudo, um afeto dolorosamente comparável ao luto provocado por uma perda, real ou suposta, do objeto amado em proveito de um rival. O que quer dizer que o objeto perdido entra em jogo quando é ou era posse do sujeito. Dito de outra forma, ele se apresenta como objeto incluído no que Lacan chama de "o ar narcísico dos pertences do sujeito".[11] A fórmula "eu te amo, mesmo que não o queiras" é adotada com demasiada frequência, infelizmente para um dos parceiros.

A convicção delirante como condição essencial da erotomania e os consequentes delírios de perseguição, sobre os quais Lacan insiste, identificam essa estrutura no campo da psicose.

O filme *Bem me quer, Mal me quer* (*A la folie pas du tout*), de 2002, da cineasta Laetitia Colombani, mostra até onde a loucura no amor pode levar uma mulher. A cena de abertura nos introduz a um cenário idílico numa nuvem de rosas. A primeira imagem é a de uma jovem de rosto angelical e sonhador pairando entre as rosas de uma casa de flores. Seu nome não podia parecer mais apropriado: Angélica.

O tema gira em torno da paixão que Angélique, uma estudante de arte aparentemente normal e trabalhando num café com sua melhor amiga Héloise, nutre por um renomado cardiologista, Loïc, que de início desconhece a paixão amorosa da qual é objeto. O amor que Angélique cultiva secretamente é inicialmente um amor puro, um amor mais suposto que real. Ele é o homem de sua vida, acredita. Ela está absolutamente convencida de que Loïc também a ama, transformando o que parecia no começo um desencontro amoroso em um delírio temerário. Angélique envia a seu amado presentes, flores e cartas ardentes pelas quais ele aos poucos toma conhecimento da paixão amorosa da qual é objeto e que insidiosamente o irá pôr — e à sua esposa, grávida, por sinal — numa trama destrutiva. A jovem semeia transtornos em torno dela com sua loucura até ser internada num hospital psiquiátrico. Angélique (Angélica) não é, afinal, tão angelical como aparentara.

Há uma outra vertente da erotomania a ser considerada, além dessa que acabei de mencionar, pela qual uma mulher tem a certeza de ser amada. Pode-se considerar uma qualidade erotomaníaca em si mesma quando esse amor assume uma forma imperativa e absoluta tal como na definição do "eu te amo embora não o queiras" que não se sustenta nem na falta do Outro nem na própria. Trata-se de uma relação com o Outro absoluto, ali onde o signo do amor e o signo do gozo parecem superpor-se em uma conjunção impossível.

É nessa relação com o Outro absoluto que surge a figura do "Homem" que poderia supostamente fazer de uma mulher "A mulher" quando se sabe que "A mulher enquanto tal não existe". O que, sim, existe é a mulher com a barra, a mulher sem um significante que a identifique como tal, a mulher uma a uma, na sua singularidade.

Acreditar na existência de "A Mulher" é também acreditar possível uma relação complementar e harmônica entre os sexos — relação que igualmente "não existe". Só na psicose uma mulher pode alcançar tal "Homem", um que a faria acreditar na existência de "A Mulher" e na existência da relação sexual.[12]

Este "Homem" que uma mulher erige na psicose torna-se o que ele nunca pode ser para uma mulher, isto é, a causa de seu desejo, o complemento enquanto objeto *a* do seu desejo feminino. Como mencionei no capítulo anterior, só o homem se relaciona em sua fantasia com o objeto *a* que a mulher representa para ele. Este não é o caso para a mulher, pois ela não faz do homem um objeto *a* e sim reserva-lhe um outro destino em sua fantasia.

Essa crença no "Homem" por uma mulher deve ser compreendida na mesma linha de pensamento que nos leva à versão do Um do pai, aquele que não transmite a lei, mas se confunde com ela, como no caso do pai de *Sweetie*, personagem do filme de Jane Campion, sobre o qual me detive no capítulo 2. Na erotomania, essa modalidade típica — ainda que não exclusiva — da psicose, a mulher está de tal forma fixada numa certeza inquestionável de amar e ser amada que ela compromete todas as possibilidades e até exigências que o amor pode inventar. É isto para o que o amor aponta: cada encontro e cada laço sejam uma criação, um acontecimento muitas vezes efêmero no caso a caso e não fundamentado numa certeza inquebrantável.

Com seu filme *Ondas do destino* (*Breaking the waves*), de 1996, o cineasta Lars von Trier se coloca na junção da clínica e da sociedade. O filme tem por tema um amor singular de uma mulher, o amor por um homem na psicose. Ao se manifestar como uma demanda sem limite, esse amor se apresenta como um dilema insolúvel que tem a loucura no horizonte. Como comenta Biagi-Chai, um amor suficientemente louco para levar a protagonista à morte.[13]

Logo a referência à psicose fica explícita no filme. Os diálogos alucinatórios de Bess, a heroína, são calcados no desdobramento das vozes sobre o qual termina o filme *Psicose*, de Alfred Hitchcock, em que o jovem herói, cuja personalidade se desdobra, dialoga em duas vozes com a mãe que está nele.

Se o amor é esta aspiração a constituir o Um para corrigir a desarmonia dos corpos que a castração simboliza e que barra o acesso do sujeito ao gozo sem perda, então o objetivo é atingido porque ela desaparece no Outro. O amor louco é aquele que não deixa espaço entre o desejo e a sua busca de satisfação, entre o Um e o Outro.

Bess pertence a um meio protestante exemplarmente rígido onde as leis se aplicam literalmente. Essa jovem ingênua e pura ama Yann, um jovem estrangeiro (isto é, não pertencente a esse meio religioso e austero) e que trabalha numa plataforma petrolífera. Ela se casa com ele. Ele trouxe música para sua vida, toda passada nesse vilarejo onde só reinava o silêncio. Nem mesmo os sinos tocavam na igreja.

Bess vive seu amor da mesma maneira que sua religião: sem mistério. O que guia sua vida é o supereu social e religioso que lhe é imposto pela voz alucinada de sua mãe. Assim, Bess é moldada pelo discurso do Outro cujo desejo ela não se questiona. O desejo de Yann separado do amor não encontra nenhum eco em sua fantasia, nenhuma coordenada para interpretá-lo. Essa questão do desejo do homem, seu marido, se dissolve da mesma maneira atrás do discurso convencional a respeito do casamento e do amor.

Da mesma forma, nenhuma fantasia vem recobrir o ato sexual. O rigor significante do termo "casamento" desliza na metonímia lógica que vai do homem à mulher à primeira relação sexual; esta acontece no banheiro do restaurante onde se dá a celebração do casamento por vontade de Bess. Ao marido, que se espanta do pouco romantismo desse lugar onde se realiza a primeira relação sexual, é a pura lógica significante que faz a recém-casada responder: "Tome-me agora mesmo, já que me deram a você". Bess faz equivaler o simbólico à realidade carnal que ele implica, esvaziado dos sonhos que fazem consistir no imaginário. O trágico é que Bess, mais do que perdida, está rigorosamente lá, no Outro. Sua aspiração ao absoluto a vai conduzir a se anular nesse amor louco. Para Bess, a presença real é signo de amor e todo afastamento de Yann irá representar desaparecimento (dela) e ameaça de morte.

Quando o amor surge de algo relativo a esse Outro Absoluto, que não se submete à castração, ele não deixará de tomar uma feição conjugada com a morte. Nessa vertente real do amor, há uma condensação entre amor e morte. A palavra amor tem efeito condensador, traz em si essa dupla declaração: a-morte; amor-te. Aqui temos uma conjugação dos dois termos que Freud manteve em oposição, a saber: Eros e Thanatos. Deste ponto de vista, é o amor morto da erotomania.

A loucura do amor feminino pode não ser mais do que a antecâmara da morte; mas ela também pode ser evitada ou tratada.[14] Se uma análise é bem-sucedida, diminui a divisão entre amor e ódio que se apresenta com frequência numa mulher.

Aimée, a amada

Aimée, a amada, é o nome escolhido por Lacan para falar de sua paciente em torno de cujo caso ele desenvolve sua tese de medicina que tem a erotomania como tema central. Esse caso ocupa na gênese do lacanismo um lugar idêntico ao de Anna O. na construção da saga freudiana à qual aludi no início do capítulo 1. Há sempre uma mulher na origem de um mestre, escreve a historiadora Elizabeth Roudinesco em sua *História da psicanálise na França*.[15]

Aimée, a paranoica, desempenha mesmo um papel fundamental no percurso de Lacan. Ela lhe oferece sua palavra, sua história, sua escrita, sua loucura, o que a fará, mais tarde, acusá-lo de ter se apropriado de sua obra.

Se com Clérambault Lacan aprende a observar os paranoicos, com *Aimée*, ele renuncia a se tornar Clérambault e torna-se, a partir desse acervo adquirido de seu mestre, o artífice de uma nova introdução do freudismo.

Aimée havia sido confiada aos cuidados de Lacan no Hospital Saint-Anne logo após ter tentado matar a facadas Huguette Duflos, atriz muito querida do público parisiense nos anos 1930, convencida que estava sendo perseguida pela atriz. Huguette Duflos não se revelaria a única perseguidora na história de *Aimée*.

Na sua história aparecem outras tantas versões de mulheres famosas, aduladas pelo público e que como a Sra. Duflos vivem luxuosamente. A glória e o reconhecimento adquiridos por essas mulheres alçadas a posições idealizadas estão por trás desse ato de *Aimée*. A todas essas mulheres, ela as ama. Como amara a irmã mais velha e, antes desta, a mãe. Amor transformado em ódio amoroso, contudo. *Aimée* quer atingir essas mulheres que têm brilho e destaque porque elas representam o ideal próprio.

A perspectiva adotada por Lacan em relação à *Aimée* lembra o que Freud havia descoberto no caso da jovem paranoica: ela estava sob o domínio absoluto do que designara então de complexo materno, "a dama de cabelos brancos" alvo das acusações persecutórias delirantes da jovem.[16]

A opacidade do laço mãe-filha é constatada quando da internação de *Aimée*. A mãe responsabiliza seus vizinhos pelo drama da filha que é, dentre os seus sete filhos, a preferida. Essa preferência havia sido grandemente reforçada pelo reconhecimento dos pendores intelectuais de *Aimée* ressaltados pelos seus professores; que estes predestinassem à *Aimée* um futuro no magistério havia entusiasmado seus pais e os haviam feito reservar a ela um lugar de privilégios.

Mas *Aimée*, em vez de querer ensinar a ler e a escrever, resolve se empregar nos Correios e se torna a que envia cartas. A oportunidade de aproximar-se de cartas, da escrita, a lança num projeto mais ambicioso: almejar encontrar-se um lugar no mundo literário. Ao longo de sua vida, seu ideal manteve-se alojado nesse universo de discurso: a escola, o magistério, a literatura: "Uma carreira de mulher de letras me está reservada"[17], é o que acredita. Mulher de letras, novelista capturada na nova certeza identificatória de seu ser; na verdade, identificada ao que falta à mãe. É contrastante pensar que a esta filha de analfabeta se destina o lugar do saber.

No emprego conhece uma colega que é aristocrática, mas que por circunstâncias da vida tivera de trabalhar para sobreviver. Mas com sua origem nobre exerce um prestígio intelectual e moral sobre o mundo mais restrito dos empregados dos Correios. É através desta amiga refinada que *Aimée* escuta pela primeira vez falar de Huguette Duflos e de Sarah Bernhardt, destacadas atrizes que se transformariam em suas maiores perseguidoras. É essa amiga que infla em *Aimée* um anseio de ascender a um mundo superior, privilegiado, para o qual pais e professores já lhe haviam predestinado.

É nesse contexto que *Aimée* insere seu casamento ao unir-se a um funcionário dos Correios hierarquicamente superior.

Oito meses após o casamento, a irmã mais velha de *Aimée* vem morar com o casal. Viúva e sem filhos, ela se propõe a dar à *Aimée* o apoio de sua dedicação, de sua experiência, o conselho de sua autoridade e o oferecimento de sua compreensão afetiva. O que acaba ocorrendo é uma ascendência da irmã quanto à direção prática do lar. *Aimée* sente a presença da irmã como uma intrusão e uma humilhação moral. Os atos, as palavras, as atitudes da irmã constituem para ela desaprovações cruéis e desvalorizações constantes. *Aimée* se encontra dominada por quem representa a imagem mesma de quem ela idealmente quer ser, impotente para levar adiante seu projeto de vida e dominada, como havia ocorrido com sua amiga, a intrigante refinada. É uma figura da tensão com o outro que a acompanha desde sempre no eixo imaginário que tem mesmo como fundamento, como comentei, um fundo paranoico: "ou eu ou o outro". Não há espaço para dois sujeitos e essa é uma situação que implica sempre uma dimensão mortífera.

A condição de *Aimée* se agrava com o nascimento de seu filho a quem ela se dedica com um ardor apaixonado e que teme ele sofrer algum mal. É quando a interferência da irmã se faz sentir mais agudamente e dá vazão à multiplicação de grandes reações interpretativas. *Aimée* acaba deixando o filho aos cuidados do marido e da irmã e é internada com a certeza delirante de que querem arrancar-lhe o filho. No caso de *Aimée*, seu delírio de que queriam tirar-lhe o filho tinha pelo menos um aspecto de verdade. A irmã confessará a Lacan que encontrara, enfim, uma compensação para sua impossível realização de tornar-se mãe, ao "adotar" o filho de *Aimée*.

Quando *Aimée* sai da clínica a pedido de sua família, não retorna ao lar. Pedira transferência para outra cidade. Em Paris, se fecha progressivamente numa maneira estranha de viver. De um lado, o universo cotidiano de seu emprego nos Correios e, por outro lado, o tempo livre dedicado a retomar estudos interrompidos. É então que o delírio se organiza e se desenvolve, culminando no ato criminoso de procurar esfaquear a atriz. O que finalmente a leva a ser internada no Hospital Saint-Anne e ser tratada por Lacan.

Foi Elizabeth Roudinesco quem revelou pela primeira vez, em 1986, a verdadeira identidade dessa mulher da qual Lacan se ocupou: Marguerite Anzieu. Se o caso *Aimée* chama tanta atenção é, por um lado, por sua erotomania e, por outro, porque sua história é um verdadeiro romance.[18]

O filho de Marguerite, cujo nome é Didier, sofrera, desde sua infância, por causa da loucura da mãe que o fizera ser praticamente adotado pela tia e também sua madrinha. Depois de aspirar a ser ator e escritor, ele estuda Filosofia. A lembrança de sua mãe o leva a se interessar pela Psicologia. Quatro anos mais tarde, ele inicia uma análise com ninguém menos do que Lacan, ignorando que sua mãe lhe havia precedido em outras circunstâncias e se tornado o famoso caso *Aimée* tratado por ele.

Didier conhece a verdade pela própria mãe, quando esta lhe conta suas lembranças de relações que manteve com os psiquiatras da época. Em livros da biblioteca, Didier procura a verdade sobre um passado que lhe pertencia e do qual ignora até então aspectos essenciais.

Interrogado sobre o fato de não ter reconhecido a identidade de seu paciente, Lacan confessa a Didier que ele mesmo só passara a reconstituir a verdade durante sua análise. Essa explicação não satisfaz a Didier, pois acreditava impossível Lacan não ter associado o nome do filho de sua paciente várias vezes por ela mencionado — Didier — ao longo do tratamento e não ter-se indagado sobre a sua origem. Os conflitos entre Didier Anzieu e seu analista foram tão violentos quanto os que opuseram Marguerite e seu psiquiatra na época. Se para Didier se tratava do fato de Lacan não o ter advertido de que sua mãe havia sido tratada por ele psiquiatricamente, para Marguerite sua queixa se centrava em torno dos manuscritos que ela lhe havia entregue por ocasião de sua internação no Hospital Saint-Anne.

Efetivamente, Lacan lê as novelas e os escritos de *Aimée* e os publica parcialmente em sua tese. Ao tornar-se depositário de sua obra, Lacan se torna também o editor, de certa forma, destes escritos.

Qual teria sido o valor destes manuscritos para Marguerite, aos quais por meio de sua publicação ela parecia querer encontrar algum reconhecimento para sair do anonimato e de uma vida sem atrativos? Sentimentos que ela teria projetado numa série de outras mulheres, provavelmente bem-sucedidas profissionalmente, culminando na figura da atriz que ela viria a tentar matar que representava a figura ideal que ela aspirara ser e não conseguira se tornar?

Em termos mais clínicos, teríamos que nos perguntar se *Aimée* procura pela letra, pela escrita, uma forma de enlaçamento dos registros do simbólico, do imaginário e do real, operando insuficientemente em seu caso.

Esse percurso pela erotomania que decidi explorar foi motivado pelo fato de que é nessa patologia tão predominante na mulher que Lacan encontra o fundamento para formular um modo de amar tipicamente feminino: a forma erotomaníaca de amar. A erotomania não deixa de ser uma forma de acentuação delirante da demanda de amor tão caracteristicamente feminina. É em seu texto sobre "Diretrizes para um congresso sobre a sexualidade feminina" que Lacan comenta pela primeira vez a forma erotomaníaca do apego da mulher para o homem que elegeu no laço heterossexual.[19]

É sobre essa maneira de amar caracteristicamente feminina — erotomaníaca — que me volto agora.

O modo erotomaníaco de amar da mulher

À forma fetichista de amar do homem, Lacan opõe a forma erotomaníaca de amar da mulher. Em ambos os casos uma ressalva se aplica: assim como o homem não é fetichista, embora seu modo de amar seja fetichista, a mulher também não é erotomaníaca, mesmo que seu modo de amar seja erotomaníaco. Explico.

A forma de amar do homem é chamada perversa e, particularmente fetichista, pelo valor que o objeto *a* adquire em sua formulação. É ter o objeto *a*, como objeto *mais-de-gozar*, no centro de seu fundamento, que aproxima o homem da perversão como estrutura clínica propriamente dita. Qual o mecanismo que define em tese a perversão, essa forma de subjetivação mais característica do homem uma vez que, em princípio, a perversão como estrutura clínica não se apresenta na mulher? Assim, não é fortuito o fato de Lacan considerar o sexo masculino "o sexo frágil em relação à perversão".[20]

O perverso assume a posição de objeto da vontade de gozar de um Outro, isto é, "o sujeito se faz o instrumento do gozo do Outro".[21] O perverso tem como função devolver ao Outro um gozo supostamente perdido e recuperável através do objeto *a*. Não se trata, pois, de seu próprio gozo, mas o de um Outro.

Já no homem (que não é perverso por estrutura), o gozo de que se trata é o próprio, não o do Outro. O que está em jogo é o homem.

Através de sua forma perversa de amar, procura reaver um gozo perdido na forma do objeto *a* que a mulher encarna para ele em sua fantasia. Há uma grande diferença subjetiva entre "ser-se" perverso ou apenas "ter-se" uma forma perversa de amar. É a valorização do objeto *a*, objeto fetiche, que aproxima a forma perversa de amar do homem (que só ama a mulher enquanto objeto *a*) e a perversão propriamente dita (que pretende devolver ao Outro o gozo perdido na forma de objeto *a*).

Já pelo lado da mulher, a aproximação é entre a psicose na vertente da erotomania e a forma erotomaníaca de amar da mulher. Enquanto na erotomania, a mulher erige o "Homem" não interditado de um gozo pela castração, a mulher pode no máximo, como já aludi, manter a fantasia de encontrar aquele que seria o "menos-um" que escapa da castração. Apesar de adotar forma erotomaníaca de amar, a mulher, ela própria, se interdita este "Homem" não castrado. Ela sabe que só o pode encontrar na loucura. A mulher encontra um limite imposto pela sua própria estrutura: é a um homem castrado ou a um homem morto que ela endereça seu desejo, isto é, a um homem marcado pela castração, como mencionei no capítulo anterior. É o fato de a mulher se interditar "O Homem" não castrado que determina que ela não seja "louca de todo". O signo da "não-loucura" da mulher é o fracasso do amor louco.

Na impossibilidade em ser "A mulher" do "Homem", a mulher aceita ser aquela pela qual o homem satisfaz sua fantasia, isto é, aquela pela qual ele encontra a sua hora de verdade: que ele goza mesmo é da mulher como objeto *a*, através de sua fantasia. Ao mesmo tempo que a mulher pode prestar-se a ocupar a posição de objeto na fantasia masculina, ela é capaz de dar tudo ao homem, "seu corpo, sua alma, seus bens", como diz Lacan em *Televisão*.[22] Mas essa famosa complacência das mulheres à fantasia masculina já mencionada, que as leva às "concessões", engendra entre outros efeitos a mascarada masoquista. Os traços de sofrimento e da falta exibidos devem ser atribuídos ao que Lacan, fazendo um jogo de palavras (*vers tu/vertu*), chama "os males do vir-a-ti" (*vers tu*). Os males da virtude (*vertu*) evocam as tribulações daquela que se procura no desejo ou no gozo do Outro[23] (*vers tu*). A plenitude e a alegria acobertam, com efeito, uma entrega ao Outro cujos graus são variáveis, mas que pode ir até ao extremo da abolição voluntária, em certos misticismos, por exemplo.

Se não há limite para as concessões que uma mulher está disposta a fazer pelo homem, trata-se de um sacrifício que não tem nada de incondicional. Seu sacrifício é a condição para que ela obtenha o amor que a identifica como mulher e que traz um limite para o seu gozo.

Uma passagem do livro *La conversation amoureuse*, de Aline Ferney, descreve um momento importante na vida de uma outra mulher, Penélope, pouco depois de ela ser pedida em casamento e estar se dirigindo para uma festa: "Ela amarrara um lenço dourado em torno de seus ombros e se fora para o clube na cintilação desse tecido e a glória interior que a segurança de se sentir amada dá".[24]

O amor e sua exigência por parte da mulher fazem parte do seu esforço de encontrar uma amarração para o seu ser à deriva e sirva de anteparo ao gozo que a pode ultrapassar.

Por um lado, portanto, a mulher espera que o amor de um homem — emprego aqui o amor em sentido amplo, ao mesmo tempo, sentimento e desejo sexual — dê a ela um valor fálico, que a identifica como "mulher de, amante de e, até mesmo, musa de", segundo fórmulas mencionadas por Colette Soler.[25]

Por outro lado, através do homem, a mulher quer ver seu gozo feminino inscrito na relação a um Outro, para que o vínculo com um homem venha fixar o excesso de gozo que pode a assaltar. Por isso, conforme referência anterior, é tão importante para uma mulher que um homem chegue a se inscrever na fantasia dela, isto é, de ele ocupar um lugar no discurso dela que toque precisamente o seu gozo mais além do falo. O vínculo na forma de amor erotomaníaco, se ele é compartilhado, fixa a mulher numa relação vital.

Essa necessidade do lado feminino de encontrar em seu parceiro amoroso um limite para o seu gozo, faz com que esse parceiro seja confrontado à possibilidade de um ilimitado do gozo feminino para o qual cabe-lhe introduzir um limite. Tudo depende do que esse ilimitado do gozo de uma mulher representa para ele e da forma como um homem vai se incumbir dessa função de equilíbrio que a mulher a ele reserva. Observamos frequentemente na clínica que há algo aí de insuportável para o homem, na medida em que o assusta justamente o não-sentido que este gozo comporta.

Todo parceiro sexual pode se tornar devastador para uma mulher se ele não chega ou deixa de ocupar um lugar no discurso que toca ao gozo específico da mulher, o gozo para além do falo, isto é, se ele não ocupa um lugar em sua fantasia para que ela possa encontrar um limite para esse gozo. Basta observar o estado no qual ela se encontra aspirada pela pulsão de morte quando os signos do amor e do desejo se afastam dela. Difícil aceitar que o amor não é mais do que um encontro contingente e que nada garante que ele dure ou não. Com que soberana segurança a psicanalista Lou Andreas--Salomé afirmava em suas *Reflexões sobre o problema do amor* nos albores do século XX que os seres humanos nunca se *possuem* uns aos outros, mas se ganham e se perdem a cada instante da vida.[26] O amor nós o inventamos a cada vez, como cada amado forçosamente único, em qualquer momento, lugar, idade.

"Põe-me como um selo sobre teu coração, como um selo sobre teu braço! Porque é forte o amor como a morte", tal é a bela imagem pela qual o *Cântico dos cânticos* sublinha a importância do amor.[27]

Porque a feminilidade indica uma posição subjetiva que, na relação sexual, corresponde à experiência corporal de uma ausência de limite, o amor se faz necessário. A forma desigual, pela qual se inscreve o gozo nos sexos, revela-se justamente na ressssonância no corpo da mulher o que no homem está localizado apenas na fantasia. O gozo do homem está "fora-do-corpo" e o da mulher "no-corpo". "Sem o corpo, a alma não goza", diz Adélia Prado[28], o que é bem lembrado em se tratando de mulher.

Para uma mulher, o gozo do corpo não se encontra limitado ao órgão fálico, como é o caso para o homem. É por isso que a experiência corporal da mulher é marcada por uma ausência de um limite claramente estabelecido: não há órgão identificável para localizá-lo. É esse sentido não-localizável de seu gozo que dá à mulher a ideia de seu gozo ser infinito quando ela o experimenta.[29] É uma experiência que não se produz para todas as mulheres.

Pode-se ilustrar essa ressonância em nível de corpo também com os sujeitos místicos de ambos os sexos. O sujeito místico relata que seu corpo registra a presença do Outro divino. Se há algo que se constata na literatura mística é o testemunho de um modo de gozar particular, muito concreto, que é o contrário do amor enquanto amor quimérico, amor romântico, do amor no qual quando alguém falta nada mais tem sentido. Pelo contrário, aqui se trata da operação "o verbo se faz carne". Nessa encarnação do verbo há um gozo provocado por algo que parece ir mais além do órgão. Não há órgão e, no entanto, há uma ressonância particular do corpo.

Há uma série de místicos masculinos em que se constata a presença de uma fala feminina, inspirada nessa modalidade de amor extremamente carnal. O que se pode dizer da experiência mística é que esta não pode existir sem amor.[30] Na opção dos místicos, o amor se encontra com o gozo, mas ele exclui o desejo. Amores impossíveis de domesticar.

O místico espanhol San Juan de la Cruz, por exemplo, escreve em posição feminina algo sobre esse gozo em seu poema "Noite escura", do qual isolo alguns versos:

> "Em uma noite escura.
> Com ânsias em amores inflamados,
> Ó, ditosa ventura!
> Senão que no coração ardia,
> Ó, noite que juntaste
> Amado com amada,
> Amada em Amado transformada!"[31]

> *"En una noche oscura,*
> *Com ansias en amores inflamada,*
> *oh dichosa ventura!* [...]
> *sino que en el corazón ardia*
> [...] *Oh noche que juntaste*
> *amado com amada,*
> *amada en Amado transformada!"*

Um encontro crucial no qual o êxtase corresponde ao momento descrito como "...amada no Amado transformada", isto é, a fusão plena, em que a amada não se agrega de modo complementar ao Amado, mas em que sua heterogeneidade se transforma em homogeneidade da Amada e se torna parte indiferenciada dele. Aqui não há alteridade, porque o sujeito desaparece, se funde no Outro, para sentir o êxtase de sua transformação.

O gozo feminino pode ter esse vínculo direto e sem resistência com a vida pulsional, o que explica encontrarmos na mulher não só a sexualidade em êxtase e transes, mas também em sua dimensão mortífera. Quando a via da vontade de gozar é deixada livre, sem limite de alguma natureza, revela-se sua face de pulsão de morte.[32] É por aí que se manifesta o excesso feminino. Em outras palavras, podemos dizer que a dor na relação amorosa confronta o sujeito feminino ao ilimitado do gozo, que veste então as roupagens da pulsão de morte.

O filme de Nagisa Oshima, *O império dos sentidos*, de 1976, mostra como na aventura erótica de Sada e Kichizo a morte se apresenta como único limite do gozo sexual. Não é outra coisa que Freud concebeu, lembra Coutinho Jorge, em sua derradeira teoria das pulsões, ou seja, a ideia de que a tendência subjetiva mais vigorosa — e que chamou justamente de pulsão de morte — é aquela que empuxa a existência no sentido da mais radical aniquilação.[33]

Se *Mme. Bovary*, de Gustave Flaubert[34], é uma expressão literária que continua fascinando os leitores, é porque explora o enigma feminino em suas diferentes facetas e as implicações que elas produzem nas relações amorosas.[35] Os grandes apetites sensuais e o sentido de rebelião contra sua vida sem perspectiva que marcaram Emma Bovary causariam menos escândalo hoje em dia, mas eles não deixam de ter o mesmo sentido ameaçador que tiveram para a sociedade burguesa da França do século XIX. Sempre se pode ir longe demais.

Flaubert é um grande retratista dessas esposas decepcionadas com o casamento. Emma anseia viver "no aqui e agora" um prazer sexual que seu marido Charles é incapaz de satisfazer porque ele nem sabe que existe. Em seu livro *Orgia perpétua*, o escritor Mario Vargas Llosa comenta que o sexo ocupa um lugar central nesse romance porque este é o lugar que ele ocupa na vida e que Flaubert pretendia imitar a realidade.[36]

Emma Bovary recria algo da verdade do que pode acontecer a cada mulher, a tensão entre aquilo que a constitui do lado fálico e do lado do não-todo fálico, onde ela tem acesso a um outro gozo, o suplementar. Em particular, encontra-se em Emma uma mulher que percorre zonas desconhecidas porque explora uma região sem marcas, mais além das fronteiras.[37] É aqui que ela ultrapassa limites.

Emma introduz a problemática apresentada pelo amor feminino, cujo rasgo de ilimitado está dado precisamente por seu caráter de demanda absoluta de amor. Demanda infinita representada em Emma de uma forma erotomaníaca bem definida, de amar loucamente um homem por quem deseja ser amada, posição que se pode recortar em seu final trágico.

A ficção produzida por Flaubert em seu romance nos leva a pensar a complexa trama de amor e sua relação com o gozo na mulher. Essa orientação se encontra na angústia particular na qual está capturada a personagem, que é a ameaça de perda de amor. O amor para Emma se tornou uma condição indispensável para que o gozo em jogo fosse accessível.

Se o amor de um homem — ou a falta dele — pode tornar-se uma devastação para uma mulher, é nesse sentido de que ele falharia em protegê-la de um excesso de gozo que poderia surgir. A devastação de uma mulher pode ser compreendida por esse fato de que seu gozo a pode ultrapassar quando ela não consegue uma certa amarração através do gozo fálico do homem numa parceria amorosa estabelecida.

A devastação quando ocorre, deixa bem evidente o engano que o fenômeno amoroso introduz. Como diz Lacan: se há um domínio em que, no discurso, o engano tem algo de bem-sucedido, é certamente o amor que lhe serve de modelo.[38]

Em muitos casos em que a função do amor não opera, há uma emergência do gozo frente ao qual, a mulher deixa aflorar a negatividade do desejo. Este pode então se tornar desejo em estado puro, desejo de nada, desejo de morte. Como muitas vezes acontece na anorexia, fenômeno clínico tão feminino.

Para cada caso de mulher, a que consente em ter uma relação com o homem, o que já constitui uma façanha, toda a questão é saber como ela se arranja com estas variáveis em sua vida amorosa.

Quais são, então, as incidências deste novo campo que se descortinou na psicanálise que é o do gozo feminino em sua vertente de excesso na subjetividade das mulheres em nossa época?

As patologias do amor
As transformações das representações das mulheres nos nossos dias tiveram efeito sobre o discurso dos desejos femininos e incidiram nas vicissitudes de suas pulsões. Essas modificações estruturais nas

mulheres foram conduzindo a um desregramento pulsional levando mais para uma dimensão de excesso do que para uma de falta esta que era, como venho mencionando, a dimensão norteadora de Freud e do primeiro Lacan da teoria da sexualidade feminina.

Tanto na clínica quanto na vida cotidiana se constata a presença de manifestações de excesso na dialética pulsional feminina e que se apresentam de modo inversamente proporcional a uma resolução simbólica.[39] Os efeitos subjetivos de experiências de falha na inserção simbólica vão de uma leve desorientação até uma profunda angústia. As cada vez mais comuns depressões femininas, fenômenos de despersonalização, distúrbios alimentares, algumas formas de errância bem como passagens ao ato, deste fato são testemuos. Assim, não é sem razão que se diz que todo amor dá felicidade, incluindo o amor infeliz, do qual o despertar é penoso. "Despertares tristes, despertares dilacerantes (de ternura), despertares em claro, despertares inocentes, despertares pânicos", já escreve Stendhal em *De l'amour*.[40]

As manifestações sintomáticas contemporâneas que advêm na clínica das mulheres indicam que elas não estão conseguindo encontrar limites adequados para o gozo mais além do falo pelo qual podem ser tomadas. É no meio de um contexto social de grandes conquistas femininas que as mulheres se deparam com novos desafios para encontrarem equilíbrio para a tendência à deriva pulsional que as acomete.

Desde 1938, nos *Complexos familiares*, Lacan denunciava a crise do pai, que este já não mais estava presente para regular o gozo, para vigiá-lo e, por isso, o gozo estaria solto. O que coloca todo um outro problema em nível de ética, pois não se trata de mal-estar como nos tempos de Freud, mas de impasse. O impasse é a ausência de autoridade. Em função do que, o lugar destinado ao gozo no discurso de nossos tempos modificou-se bastante nas últimas décadas. Na época de Freud, o supereu proibia o gozo motivo pelo qual ele falava de "mal-estar" na civilização: hoje em dia o supereu é uma instância que empurra para o gozo, homens e mulheres.

Em *O osso de uma análise*, Jacques-Alain Miller sustenta haver um mercado do gozo especular, do gozo auditivo, do gozo fantasmático que adquire características nunca vistas.[41] Algo como um direito ao gozo sexual se acrescenta aos direitos do sujeito moderno: homem ou mulher.

Em particular para a mulher, o surgimento dos imperativos particulares de gozo na sua vida foi muito favorecido pela extraordinária liberdade feminina, o que a levou ao uso do próprio corpo para a satisfação do seu gozo. Por esse empuxo, uma mulher convida um homem a satisfazê-la sexualmente. Quando isto funciona, funciona para essa mulher e também para os homens que ela elege. Contudo, há de se considerar que essa nova versão de satisfação sexual se articula diretamente com o gozo sexual feminino, o suplementar, para o qual a mulher tem de encontrar um limite.

Com frequência cada vez maior, dá-se uma aceleração de gozo vivido como um imperativo de gozo, voz do supereu: "Goze!" *Sur-moitié* é o termo empregado por Lacan para situar essa nova figura do supereu, própria do gozo feminino que se alia ao empuxo da mulher à satisfação sexual. Essa exortação ao gozo não deixa de ter um caráter ameaçador para a mulher, pois o que surge sobre a cena psíquica é um gozo para o qual ela tem dificuldade de encontrar um limite. O gozo passa então de um estado de êxtase para um de devastação.

A satisfação sexual aparece como uma exigência tão justificada, uma dimensão tão natural, um fim em si independente das finalidades da procriação e dos pactos do amor, que não somente ela se tornou objeto de um discurso público, como também nada mais tem de íntimo.[42]

Nessa suposta legitimação do gozo sexual na sociedade contemporânea, Catherine Millet escreve um livro para dizer a verdade de sua vida erótica. Ela não hesita em desconsiderar as dúvidas com as quais a poeta Emily Dickinson no século XIX se confronta: "O que devemos dizer aos outros? Para nossa proteção pessoal, ou mesmo para preservar a humanidade, temos o direito de selecionar o que achamos conveniente os outros saberem? Ou devemos sempre dizer tudo, a verdade inteira? Em um de seus poemas, Emily Dickinson nos dá uma resposta poética e ética como resposta.

"Dizer toda a Verdade — em modo oblíquo —
No Circunlóquio, o êxito:
Brilha demais p'ra nosso enfermo gozo
O seu sublime susto.

....
Como a meninos se explica o relâmpago
De modo a sossegá-los –
A Verdade há de deslumbrar aos poucos
Os homens — p'ra não cegá-los."[43]

"Tell all the Truth but tell it slant
Success in Circuit lies
Too bright for our infirm Delight
The Truth's superb surpires
....
As lightning to the Children eased
With explanation kind
The Truth must dazzle gradually
Or every man be blind."

Já Catherine Millet é uma mulher de nossos tempos, na qual se lê claramente os nós entre a época e a particularidade, diz a psicanalista Liliana Mauas.[44]

O que faz com que uma respeitada crítica de arte decida abrir publicamente, com inédita crueza e sem qualquer disfarce, os detalhes de sua movimentada e intensa vida sexual?

Porque Catherine Millet é isto: crítica de arte e diretora de *Art Press*, a revista sobre arte contemporânea de maior prestígio em Paris. O livro *A vida sexual de Catherine Millet* foi escrito em 2001 e sua publicação gerou grande celeuma em Paris.[45] "Jamais uma mulher contou tão francamente sua vida sexual, sem ocultar-se atrás de um pseudônimo, sem manifestar culpa nem gozo pela provocação", é um comentário publicado no jornal *Le Monde*. Precisamente, esse é um fato que concorda com a exigência de nossa sociedade contemporânea, o de que Catherine não se refugiou atrás de um pseudônimo, como a autora da *História de O.* que voltarei a comentar no próximo capítulo.

Como uma mostra de arte, ela nos abre em seu livro a exposição mais íntima de uma mulher, seu modo de gozar sem nenhuma trava, sem vergonha, sem pudor algum. Isto a coloca no centro dos olhares, já que se dá a ver, como um quadro, provocando assim, de acordo com os alinhamentos atuais, uma exibição obscena de seu gozo.

Colocada nesse lugar de exceção, posição reivindicativa sem limites e com um prazer polimorfo, Catherine se oferece como objeto de troca não encontrando um limite para esse modo de gozar. Ela assume o livre arbítrio de seu estilo de vida sexual. Sua liberdade, diz Catherine Millet, não era das que se exerce sob certas circunstâncias da vida, mas uma que se exercia de forma contundente, na aceitação de um destino ao qual ela se entrega sem reservas.

Pode-se constatar que Catherine Millet transita por uma suposta vida sexual livre, mas que é cristalizada nas coordenadas fantasmáticas que orientam seu destino pulsional: este alude a uma contabilidade como modo de gozo. Catherine Millet começa seu livro contando que desde pequena tinha uma extrema preocupação com números. Um dos aspectos que mais se destacavam na necessidade de computabilidade era em relação à possibilidade de ter vários maridos: uma mulher, perguntava-se, podia ter vários maridos ao mesmo tempo ou somente um após o outro?

Catherine Millet descreve como, depois de perder a virgindade aos 18 anos e pertencendo a um grupo de jovens privando de grande liberdade sexual, ela passa a ter relações com vários homens ao mesmo tempo em lugares variados, vivendo o que se poderia chamar de sexo sem qualquer tipo de vínculo sentimental: o sexo numérico, consecutivo, anônimo, sem preâmbulos e sem romance.

É sintomático que quando deixa a casa da mãe ingressa mais intensa e vertiginosamente no mundo desses encontros anônimos, nos quais não dá para computar os sujeitos. Esse aspecto se enlaça com uma confissão da mãe de Catherine de que havia tido sete amantes na vida. Sete, diz a mãe olhando para Catherine, não são tantos. Muito tempo depois, ao lembrar-se dessa confidência materna, Catherine Millet se pergunta: o que eram sete, comparados com uma conta nunca saldada? A sua própria.

O encontro com Jacques, encontro contingente com o amor, foi um freio para a sua dispersão sexual e para um gozo mortificante sem limite e que não deixava de a alienar na fantasia do Outro primordial, da mãe.

Liliana Mauas reconhece que essa delimitação no ponto de subtração do corpo de uma infinitude de experiências, como era o caso de Catherine, marca uma torção, mas que o empuxo a dizer tudo — a ideia original do livro — a reenvia novamente a tornar público o até então privado e que sua tentativa de dizer tudo o que concerne ao gozo de uma mulher revela-se irrealizável.⁴⁶

Essa busca exacerbada de gozo não deixa de causar problemas para as mulheres, porque o gozo feminino que não tem marcos referenciais e que pode arrebatar uma mulher, certamente não a identifica. Pelo contrário, o gozo feminino arrasa as identificações. Não é o mesmo o que ocorre com o homem cujo gozo é fálico, como já mencionei, porque o gozo masculino longe de estar em oposição com a base identitária do sujeito, ao contrário, a constitui. Nessa diferença se reconhece o motivo pelo qual Lacan observou que as mulheres suportam melhor a frigidez do que os homens a impotência.⁴⁷

Os efeitos subjetivos que o gozo produz no homem e na mulher repercutem em especial em nível de clínica diferencial do amor. É o amor que para uma mulher funciona como restabelecimento de uma identificação fálica com a qual o gozo arrasa. É assim que opera a função do amor para ela, como solução para um gozo devastador porque não é localizável pelo significante fálico, como o é para o homem. Por isso, a mulher tende mais do que o homem para uma lógica de absolutização do amor que a empurra para uma busca insaciável do Outro.

Quando a mulher pede ao homem que o ato sexual seja envolto em amor e até em amor único, a mulher está pedindo, por um lado, que ele a assegure de uma sustentação fálica pelo objeto agalmático que ela se torna para ele e por outro, de ele trazer um limite ao que é louco no amor feminino.

Aceitar essa condição de encontrar uma resposta para o ser em prestando-se a ser objeto de desejo de um homem, ajuda a mulher a parar de sonhar com o "Homem" e, em consequência, deixar de reprovar seu parceiro por não sê-lo: não ser o "Homem" cujo acesso ela mesma se o proíbe.

Ou seja, ela passar a aceitar o impossível implicado pela estrutura é que a faz aceitar não ser mais do que um sintoma para o outro. Uma mulher é sintoma para o homem na medida justamente em que ele só pode amar parte dela, nunca por inteiro. É a aceitação dessa posição feminina na fantasia de um homem que pode justamente dar lugar para ela ao amor que vem suprir a relação sexual que não existe.

A clínica do excesso

Fatos contraditórios em relação às conquistas femininas são constatados em nossa época. De um lado, a autonomia social e profissional das mulheres contribui para sua independência em relação a projetos de parceria com os homens. Mas, de um outro lado, a aspiração de cada uma em encontrar o homem de sua vida, como muitas dizem, não parece em vias de extinção. Entre esses dois tipos de dados, parece surgir uma cultura de insatisfação nostálgica com tintas depressivas. Se uma mulher aspira a encontrar *seu* homem, é precisamente como uma consequência de não "ser toda" e precisar de uma ancoragem para o seu ser e para o seu gozo.

Em seu livro *O passado*, o escritor Alan Pauls evidencia seu interesse pelo devir estranhamente militante do amor que adquire no mundo contemporâneo certos particularismos que há alguns anos só consideraríamos idiossincrasias mais ou menos privados. As mulheres que ele descreve amam demais e, de acordo com a época em que vivemos, não lamentam esse excesso de amor. São militantes. Ao autor interessa esse neofanatismo do amor que prolifera no mundo contemporâneo. A personagem Sofia representa essa figura que irrompe em nossos dias que converte o amor em Amor, ou seja: em uma causa.[48]

O que quer dizer que como as mulheres fazem mais facilmente do amor uma causa, quando ele falta, pois que ele está em crise hoje, elas ficam sem causa. A novas possibilidades, novos tormentos e dúvidas para as mulheres.[49]

O caminho de liberdade sexual encetado por muitas mulheres em nossos tempos, longe de fornecer o objetivo almejado pelo movimento feminista para liberação dos prazeres da sexualidade feminina[50], acaba levando a mulher a uma certa solidão. O imperativo de gozo deixa a mulher vinculada a um *mais-de-gozar* que curto-circuita o laço social com o Outro[51], aspecto que sempre esteve mais associado à sexualidade masculina. Esse movimento na vida sexual feminina de nossos tempos favorece um afastamento cada vez maior das mulheres dos homens e as encaminham para a solidão, inclusive, solidão de seu gozo. É o que há de mais feminino da feminilidade. Aqui se localiza a relação mística, a relação com o Grande Outro que é a relação com o Amor. É verdade que se trata de um amor um pouco desencarnado, comenta Gabriela Brodsky.[52]

A dificuldade feminina no campo do amor se inscreve no rol dos sintomas contemporâneos e que valem como signo dos nossos tempos. Principalmente quando, como sustenta Zygmunt Bauman, os amores hoje se "liquefazem" em prol de relações flexíveis, de conexões temporárias e de redes afetivas que só fazem mudar.[53] É por isso que a dificuldade das mulheres em matéria de relações amorosas revela um caráter de urgência na medida em que as próprias mulheres, diminuindo o teor de sua demanda de amor ao homem, tendem a se isolarem mais. Quanto mais se isolam, mais ficam sem saber como lidar com a falta no cerne de seu ser e com o excesso do gozo pelo qual podem ser atravessadas.

Frente a uma situação cada vez mais recorrente em nossos tempos em que o significante fálico aportado por um homem na vida de uma mulher não mais exerce essa função de moderação, ela fica mais facilmente submetida à aceleração do gozo erotomaníaco que a caracteriza e que não pode deixar de representar uma ameaça para ela. A poesia de Ana Cristina César o evoca: "Só de não ditos ou de delicadezas se faz minha conversa e para não ficar louca e inteiramente solta neste pântano, marco para mim o limite da paixão, e me tensiono na beira: tenho de meu (discurso) este resíduo".[54]

As posições de excesso observadas na clínica contemporânea da feminilidade provocam os "amores loucos" aos quais a psicanalista Paola Francesconi se refere.[55] Uma astronauta da Nasa é a mais recente prova de que o amor pode, literalmente, enlouquecer uma mulher. Lisa Nowak, que chegou a viajar para a Estação Espacial Internacional e tem mais de 1.500 horas de voo, foi presa e indiciada por acusações de tentativa de homicídio e sequestro, roubo e agressão, entre outros crimes, num caso que claramente causa constrangimento à agência espacial americana, reputada por seu seletíssimo grupo de profissionais. Lisa dirigiu por mais de 1.500 quilômetros que separam o Texas da Flórida e atacou uma suposta rival, Colleen Shipman, uma engenheira da Agência, na escolha amorosa do comandante da Nasa, William Oefelein. "Minha ligação com Oefelein era mais do que uma relação profissional, mas menos do que um romance", declarou Lisa.

Em função de sua demanda de amor a um homem, uma mulher coloca a causa de seu desejo no Outro e fica à mercê dos caprichos de sua resposta e como ameaçada de sua ausência. Esse tipo de alienação vale também para o homem, certamente, só que, para ele, seu ser se sustenta de outra coisa que o amor, como venho mencionando. Do *Cântico dos cânticos,* ouvimos o apelo:

> "Confortai-me com flores,
> fortalecei-me com frutos,
> porque desfaleço de amor."[56]

O amor é temerário e também efêmero, sabemo-lo de sempre. Exaltador quando se o ganha no encontro, o amor é também deprimente quando se o perde. O "Sempre amor" é o poema de Adélia Prado:

> "Amor é a coisa mais alegre
> amor é a coisa mais triste
> amor é coisa que mais quero"[57]

A experiência da perda do amor do parceiro pode produzir na mulher a sensação quase sobrenatural de se sentir uma estranha aos próprios olhos. Enquanto o amor de um homem pode dar a ela uma medida da existência, seu retraimento pode ameaçá-la de desaparecimento. Ser rejeitada pelo parceiro frequentemente provoca na mulher um questionamento renovado do que ela é, que valor ela tem. É como escreve Ronald Barthes em *Fragmentos de um discurso amoroso*[58]: "Projetei-me no outro com tal força que, quando este me falta, não posso me reencontrar, me recuperar; estou perdido para sempre".

Uma analisanda diz que vive todo fim de uma parceria amorosa como "um estrago", em expressão sua. Sente-se sem vitalidade e sem objetivo de vida a cada rompimento de um parceiro de amor. A imagem que lhe vem frequentemente à mente é a última cena de *E o vento levou* (*Gone with the wind*), de 1939, em que Scarlett O'Hara contempla a visão da destruição infligida a Tara, a terra de sua plantação de algodão, pela Guerra Civil Americana, num momento que coincide com a partida de Rhett — "se você for, aonde eu irei, o que farei?" —, após o que, senta na escada e chora, no maior desalento.

Para as mulheres, "o amor não é uma evidência", diz Lacan.[59] Compreende-se o efeito benéfico do encontro amoroso para a mulher, que, embora comporte o corpo a corpo, não se reduz a ele.

Ana Maria Machado, deixando-se levar pela reflexão que sua personagem Bia de *A audácia de uma mulher* faz a respeito da confiança depositada pela mulher na palavra do outro, escreve: "Porque só então (podendo se fiar na palavra do outro) o sentimento ganha uma dimensão temporal. Passa a se jogar numa esperança de futuro, na certeza de que é possível pular do trapézio voador porque vão surgir dois braços na hora certa, segurar e impedir a queda. Sem isso, está tudo perdido: vira pulo no abismo, corpo se debatendo no espaço enquanto despenca vertiginosamente".[60]

A mulher espera que o homem chegue a inscrever-se na sua fantasia para ocupar um lugar no discurso que toca seu gozo mais além do falo para dizer seu ser e cifrar seu gozo. Aqui assume todo o seu valor a palavra do ser amado para a mulher.

Para a mulher não há amor sem palavras.

CAPÍTULO 6

OS DIZERES DO AMOR

"O que envolve, enlaça o corpo sensível da mulher, não são, antes de tudo, palavras, palavras de amor?"

PHILIPPE LA SAGNA
"A elaboração da solidão", 1999

O enlaçamento do amor e da palavra

A forma fetichista de amar do homem e a forma erotomaníaca de amar da mulher indicam o que, segundo cada estrutura, um sexo vai buscar no Outro em termos de gozo. Nessa busca de gozo, por parte de homens e mulheres, eles acabam impondo uns aos outros um determinado modo de ser.

Uma das mais importantes imposições que a mulher faz ao homem em sua forma de amar: é que ele seja um Outro que fale. Uma das mais importantes imposições que o homem faz à mulher em sua maneira de amar: é que ela seja um objeto que não fale.

Note-se a diferença entre a busca da mulher por um Outro que fale e a do homem por um objeto que não fale. Do lado da mulher, esse Outro é o Outro do amor, e do lado do homem, esse objeto é o objeto fetiche. O próprio fato de num caso tratar-se de um "Outro" e no noutro caso de um "objeto" é mais um indício da dessimetria da estrutura subjetiva de homens e mulheres.

Embora se reconheça que em matéria de amor a palavra é fundamental — "o que seria do amor sem os ditos do amor?", pergunta o psicanalista Paulo Siqueira[1] —, a articulação do amor com a palavra é essencialmente diferente em cada sexo. De que modo cada sexo articula amor e palavra?

O objeto fetichista do amor do homem é, por excelência, o objeto inerte, que não fala. Este é o objeto que na forma de objeto *a*, a mulher encarna na fantasia masculina, aspecto sobre o qual já me detive.

O homem exige que sua parceira, como objeto *a* (não é o objeto *a* que a mulher representa na fantasia de um homem?), responda a um modelo que pode se reduzir a um pequeno detalhe, um "divino detalhe". Esse detalhe tem a função de recobrir o objeto *a*, que enquanto pertencente ao registro do real (sem representação e sem imagem) nunca pode se apresentar sem algum tipo de invólucro. Não esquecendo de que qualquer encontro com o real — sem representação nem imagem — é da ordem do insuportável.

Uma das formas de recobrimento possíveis do objeto *a* é quando o homem, pelo amor que dedica a uma mulher, dá um nome próprio ao *a* que ela representa em sua fantasia. É, por exemplo, ele reconhecer nela a amante única, Beatriz no caso, e poder dar a isto, como fez Dante, um nome próprio construindo uma obra de linguagem em redor do mesmo. Este é, aliás, na teoria do amor, um dos papéis das palavras de amor, das cartas de amor: o recobrimento do objeto *a* que a mulher representa na fantasia do homem e que causa seu desejo.

A forma fetichista de amor do homem é coerente, pois, com uma condição de gozo que exclui a palavra. Enquanto que ocupado com seu gozo, o homem não quer mesmo ser importunado pela palavra que considera desnecessária. "Seria tão bom se tudo se passasse no silêncio", é o anseio do lado do homem. Trata-se, de alguma forma, de uma erótica do silêncio.

Há toda uma série de questões sensíveis em torno desse gozo que tem o silêncio como horizonte. É um traço, diz Jacques-Alain Miller, que se constata, por exemplo, nas práticas da homossexualidade masculina em que o acordo de gozo pode se fazer por uma troca de signos que curto-circuitam o *blábláblá* do amor. É o que dá à relação ares de confraria, de fraternidade conspiratória e que são clinicamente fundadas, precisamente, neste reconhecimento de sinais entre os parceiros, em que há sedução sem palavras. Essa possibilidade de prescindir-se da palavra é passível de ser encontrada também nas relações de um homem e uma prostituta. Sempre que está em jogo apenas o objeto fetiche, surge a oportunidade de se fazer o amor sem falar.[2]

Essa opção de fazer o amor sem falar corresponde ao fato de que o gozo fálico do homem é mais um modo de gozo do próprio corpo, motivo pelo qual é chamado de gozo do Um. O gozo do Um tem como característica não aludir ao Outro como tal. Pelo contrário, a pressão pulsional mais ligada ao Um dissolve esse Outro.

A mulher, pelo contrário, se refere ao Outro na medida em que a busca do amor, do Outro do amor, está sempre presente em seu psiquismo. Como venho insistindo, a falta de algo pressupõe a busca de amor como suplência, este sendo um aspecto que marca particularmente o destino da mulher. É o que torna a mulher definitivamente mais voltada para a ligação com o Outro e menos voltada para a exigência pulsional, como o homem do lado do Um o é. Essa diferença no nível de exigência pulsional entre o homem e a mulher, que se constata na vida cotidiana, não tem uma explicação apenas biológica.

É, aliás, o que leva Lacan a afirmar numa fórmula tanto mais provocante quanto mais perfeitamente reconhecível, que de seu ser de homem, ele não compreende nada do amor na medida em que para ele basta o gozo. Pode-se, pois dizer: o amor é feminino. O que faz com que quando o homem ama, que acontece certamente, é em posição feminina.[3] Para inclinar-se pelo amor, o homem terá de sentir alguma falta. É algo sobre o que Lacan escreveu de forma repetitiva: para que haja amor, deve haver uma condição de castração.

Em *Mais, ainda*[4], Lacan sustenta que para o homem, a menos que haja castração, não há nenhuma chance de que ele goze do corpo da mulher, ou dito de outro modo, de que ele faça o amor. Se a opção do homem é gozar em silêncio é porque existe nele todo esse lado que se satisfaz no gozo próprio do Um. Não é, pois, a palavra de amor que faz o homem desejar ou gozar.

Bem diferente é o caso da mulher. Se ela precisa que seu parceiro amoroso seja aquele ao qual falta alguma coisa, é também no sentido que nos interessa aqui, o de que essa falta o faz falar. O amor é inconcebível sem a palavra porque em falando é que se oferece a própria *falta-a-ser* a alguém. É porque Lacan diz que, para uma mulher, o Outro do amor deve ser privado do que dá.[5] É aí que ela reconhece o amor do homem.

A clínica nos ensina que, definitivamente, a parceria amorosa para uma mulher não se fecha sobre o silêncio. Toco aqui numa das versões da devastação que é para a mulher ser não contemplada com a palavra do homem, mas, ao contrário, ser confrontada com o seu silêncio. Para ela, cabe o comentário de Marcos Siscar: "O silêncio é o sofrimento da palavra, quando a poesia do silêncio lhe é roubada".[6]

São principalmente as mulheres que vêm falar a um analista sobre as palavras que lhes foram ditas e também sobre as palavras que não lhes foram ditas quando elas esperavam que elas o fossem. O amor sem palavras ou, pelo menos, sem palavras que possam trazer-lhes algum alento, submerge as mulheres num estado particular de loucura.

Retomo De Clérambault quando ele indica que: na patologia erotomaníaca tudo se torna palavra do ser amado ou tudo faz signo da palavra do amado. E é disto que a mulher erotomaníaca sofre: as palavras do Outro lhe falam permanentemente e lhe sopram delirantes palavras de amor.

O que se apresenta de forma acentuada na erotomania é essa característica de a mulher, pela sua forma erotomaníaca de amar, exigir a palavra, a palavra de amor de um homem. Uma mulher não pode desejar um objeto fetiche como o homem porque o fetiche não fala.

Um personagem célebre da literatura de Machado de Assis, Dom Casmurro, resume numa frase como ele e sua amada Capitu deixaram transparecer sem saber o seu amor incipiente à mãe dela que se expressa sob ópticas diferentes: "... assim, apanhados pela mãe, éramos dois e ao contrário, ela encobrindo pelas palavras o que eu publicava pelo silêncio".[7]

Dá para associar a necessidade das palavras de amor ao papel da demanda de amor na sexualidade feminina que se traduz na seguinte fórmula: "Que o Outro me ame e, portanto, me fale". Demanda que vai da súplica à recriminação.

É este o tema de uma das mais célebres das canções de Edith Piaf, *La vie en rose*:

> Quando ele me toma em seus braços
> E que ele me fala baixinho
> Vejo a vida cor de rosa;
> Ele me diz palavras de amor
> Palavras de todos os dias,
> E isto me faz qualquer coisa...
>
> Quand il me prend dans ses bras,
> Qu'il me parle tout bas,
> Je vois la vie en rose;
> Il me dit des mots d'amour,
> Des mots de tous les jours,
> Et ça m'fait quelque chose...

As palavras que a mulher espera do Outro do amor não são palavras quaisquer. São palavras que devem tocar sua fantasia para surtirem o efeito desejado. Como diz Lacan: "Quando um homem fala a uma mulher segundo sua fantasia fundamental, ela retira disto um efeito de amor às vezes, de desejo sempre".[8] Lacan dá aqui peso ao surgimento do desejo na mulher na medida em que ela pode ser tão tomada pela paixão do amor que frequentemente ignora o desejo: "O amor eis aí uma paixão que pode ser a ignorância do desejo"[9], diz expressamente. Permanecer apaixonada e inteiramente no terreno do amor é se perder num labirinto. Compreende-se a dimensão do engodo da paixão amorosa, engodo cuja extensão se entrevê na desilusão.

Quando um homem fala a uma mulher segundo sua fantasia, o que está em jogo para ela não é só o amor, mas também o gozo e o desejo aos quais as palavras de amor lhe dão acesso. Ao gozo porque uma mulher, para gozar, necessita amar. Ao desejo, porque um dos propósitos do amor é o de permitir que o gozo possa condescender ao desejo do sujeito até então desencaminhado. Se o homem deve falar à mulher de acordo com a fantasia dela, é na medida em que o amor se dirigindo ao dizer opera o enigmático reconhecimento de dois inconscientes, o do homem e o da mulher.

Um caso clínico relatado por Elisabeth Leclerc-Razavet o ilustra.[10] Uma mulher abandona marido e filhos, reconhecendo que deixa para trás a segurança e a posição social adquirida, uma que sempre prezara, para aceitar viver uma outra relação; esta, não estável. Mas ela a assume com bastante calma, alegando que ela aceitava pagar o preço, porque se tratava de um amor que "não se encontrava todos os dias". Apesar de viverem momentos difíceis, este homem que se tornara seu marido, sabe lhe dizer coisas que a tocam profundamente, como "que ele iria até o fim do mundo para encontrá-la se fosse necessário". Essas palavras a haviam motivado a deixar o que lhe era mais caro: a segurança de seu casamento anterior e seus filhos. Ela nunca pensara ser amada assim. "Um amor como esse não se pode perder", confessa ela.

Ao dizer-lhe que ele a procuraria até o fim do mundo se fosse preciso, esse homem fala segundo sua fantasia fundamental que gira em torno do risco de abandono. As palavras do homem despertam a um só tempo o momento inconsciente da fantasia — em que ela é abandonada pelo pai — e um reencontro com o amor que havia sido ameaçado de desaparecimento exatamente por causa do abandono. Ela se sente reassegurada pela palavra desse homem quando ele lhe diz que a procuraria até o fim do mundo. Basta para me tranquilizar, diz ela. É verdadeiramente um pacto, selado pela palavra do homem.[11]

Freud já havia, aliás, antecipado esta ideia de que um homem deveria falar com a mulher a partir de sua fantasia. Numa reunião da Sociedade Psicanalítica de Viena, Freud comentara em 1906 uma vinheta clínica que merece ser mencionada, pois ela mostra de maneira exemplar o que a clínica revela com frequência, a incidência de um traço infantil, aqui no caso, o ciúme sobre a escolha do objeto ulterior. Uma jovem apaixonou-se por um convidado que viera jantar em sua casa assim que este, para quem se mostrava um álbum de fotos de família, comentara ao olhar uma foto, que ela era mais bonita que sua irmã. Sua condição de amor era ser preferida à sua irmã, sustenta Freud.[12]

A forma erotomaníaca de amor da mulher impõe, pois, esse modo de ser ao homem: que ele seja alguém que fale. Diga o quê?

A mulher quer que o homem a ame e lhe diga algo sobre o insondável de seu ser feminino. Só que com isso, ela institui o impossível do amor na medida em que o homem só pode amar uma mulher enquanto ela ocupa o lugar de objeto em sua fantasia, nunca como mulher enquanto tal.

Se a mulher exige que o amor e a palavra do homem se entrelacem, é porque ela sabe que o gozo que o homem obtém dela em sua fantasia não representa um signo de amor por ela. Ela vai ter de encontrar outros signos de amor por parte do homem.

É nessa direção que a mulher encaminha sua demanda ao homem: que ele lhe fale e ame e dessa forma, envolva a ela e ao seu corpo com palavras de amor. As palavras de amor de um homem sustentam em grande parte a aceitação de uma posição sexual feminina da mulher frente a um homem. Condição esta que não se aplica em caso de histeria dada a recusa desta de ocupar o lugar de objeto na fantasia masculina, como já abordei.

O peso das palavras de amor no envolvimento do corpo da mulher no início de qualquer relação também se faz sentir após o encontro sexual. Como observa a psicanalista Dominique Laurent, as mulheres não se mostram com frequência desconcertadas, decepcionadas, insatisfeitas e, inclusive, furiosas ao constatar o adormecimento, sempre demasiado rápido, daquele que obteve satisfação?[13]

Se o homem (heterossexual) fala, é porque a mulher, em função de sua forma erotomaníaca de amar, o faz falar. Aliás, para o homem é melhor falar, porque, se ele não fala vai ser ela que vai falar, e para reclamar que ele não fala. Mesmo que o homem fale, não impede que a mulher continue frequentemente se queixando que ele não o faz suficientemente. O que dá origem a pequenos dramas do cotidiano: "Ele não me diz nada". Ao que ele retruca: "Mas o que ela quer que eu diga?".

Se há queixas do lado masculino, são as relativas a essa exigência da mulher de que ele fale mais ou as relativas ao fato de ela falar demais. Em todo o caso, essa demanda de palavras de amor por parte da mulher não deixa de ser um convite para o homem sair da limitação de sua fantasia que se passa na retração e no silêncio. Funciona como resgate do homem de sua incapacidade de amar. A mulher pode ser o porto seguro, a guardiã da fé do homem no amor, acenando a este a possibilidade de viver a aventura de sair de si e mergulhar na alteridade. Em uma carta de 1856 de Marx a sua esposa Jenny, o pensador revolucionário tece comentários sobre o amor. Não o faz em termos filosóficos, mas em função de sua experiência de homem apaixonado: "...o amor pela amada (no caso, por ti) — torna a fazer do homem um homem".[14]

Lou Andreas-Salomé, a intelectual psicanalista alemã que, após vivamente impressionar o filósofo Nietzsche e o poeta Rilke, seduziu Freud com seu brilho, foi considerada figura emblemática da feminilidade narcísica. Em seu artigo sobre o narcisismo, era nela que Freud pensava quando descreveu os traços tão particulares dessas mulheres, que se assemelhavam a grandes animais solitários mergulhados na contemplação de si mesmos.[15] Num ensaio escrito sobre o erotismo, a pedido do filósofo Martin Buber para uma revista literária como contribuição para o pensamento psicanalítico que abriu o século XX, Andreas-Salomé sustentava a distinção entre a forma masculina e a feminina de amar: "Seria possível dizer na medida que o amor viril é de tal modo oposto ao seu, sendo mais ativo, mais parcial, mais sobrecarregado pela necessidade de ser satisfeito, ele torna o homem, mesmo no interior desse amor, mais desajeitado que a mulher, que, amando mais total e passivamente, procura de corpo e alma um espaço onde cumprir, e todo o conteúdo de uma vida a leva à floração, até o seu clarão, de modo que aí se consuma".[16]

O que a mulher procura "de corpo e alma", para retomar os termos de Andreas-Salomé, é como realizar sua exigência de que o homem a ame e lhe fale, porque, para ela, o que é inesquecível é o que o amor fez e faz dela.

Confrontada com a falta de um significante para seu sexo, a mulher encontra no "ser fálico" a única identificação a sustentar seu ser feminino. Mais além da mascarada à qual consente para corresponder à fantasia do homem, para uma mulher os valores fálicos clássicos postos em evidência pelo discurso psicanalítico continuam válidos: o filho, o pênis, a palavra. A mulher não tem, como já salientei, a possibilidade de uma identificação sexuada pela via do gozo como o homem tem.

O gozo feminino não inscreve uma mulher como tal, não a identifica como uma mulher na medida em que esse gozo, como se sabe, não passa pelo inconsciente; não há meio para a mulher se encontrar neste nível. Segundo a psicanalista Dominique Laurent, as palavras de amor do ser amado vêm justamente cobrir essa falha para uma mulher: a de que seu gozo não passa pelo inconsciente, pois ele não é significantizável. Se o gozo fálico do homem permite, como mencionei no capítulo anterior, que o gozo feminino possa alojar-se, também as palavras de amor de um homem permitem a esse gozo da mulher encontrar um lugar e não ficar à deriva.[17]

Entre a linguagem e esse determinado efeito que justamente chamamos amor, há uma articulação sólida que se dá pelos "dizeres do amor". Dizeres do amor apontam para uma orientação, um laço. Esse laço que não escapou aos poetas foi ressaltado por Freud e Lacan, como venho sustentando.

"Para nos atermos", diz, por exemplo, Lacan, "a uma tradição mais clara, talvez ouçamos a célebre máxima em que La Rochefoucauld nos diz que "há pessoas que nunca se haveriam apaixonado, se nunca tivessem ouvido falar de amor", não no sentido romântico de uma "realização" totalmente imaginária do amor, que fizesse disso uma amarga objeção a ele, mas como um reconhecimento autêntico do que o amor deve ao símbolo e do que a fala comporta de amor".[18]

Isto se constata na experiência da vida cotidiana e também na prática analítica.

Retornarei sobre o que é essa necessidade da mulher de articular seu ser ao simbólico através do amor. Mas, desde agora, vou ilustrar esse aspecto com a peça de Molière, *A Escola de mulheres* (*L'École de femmes*).[19]

Lacan, em seu seminário *Formações do inconsciente*, capítulo VII, "Uma mulher de não receber", retoma essa obra de Molière para discorrer sobre o efeito das palavras de um homem na vida de uma mulher.

A Escola de mulheres vem a ser uma peça de teatro que se desenrola em torno de três personagens que constituem um triângulo: Arnolphe, o marido, Agnès, a esposa, e Horace, o amante.[20] Toda a trama se passa em torno do peso das palavras de amor para Agnes, que a divide entre o marido e o amante.

Vemos Arnolphe entrar em cena, logo no início, falando sobre sua grande paixão — assim a chama Lacan — que é sua obsessão de não ser traído. É uma paixão como qualquer outra. Arnolphe, em sua juventude, escolheu desde muito jovem, aos quatro anos, uma mulher por seu aspecto doce e ingênuo. Esse traço lhe inspirou amor e o fez elegê-la como esposa um dia: "Eu te desposo, Agnès". Com esse reconhecimento, Arnolphe faz dela sua mulher e a instaura socialmente nesse lugar. Assim resolve elegantemente a questão de determinar como ela deveria ser.

Isto porque, como diz Chrysalde, seu vizinho, Arnolphe é um homem esclarecido. De fato, é esclarecido: trata-se de um educador. Ele se dá o direito de "educar" sua mulher. Por isso a história se chama de *A escola de mulheres*. Os velhos sempre cuidaram da educação das meninas e, para isso, até instituíram princípios. No caso, Arnolphe descobriu um princípio que considerava feliz, que consistia em conservar Agnes num estado de completa ignorância e ingenuidade. Pela fórmula "Eu te desposo, Agnès", Arnolphe dá a entender a sua esposa como ela deve ser, segundo *As máximas do casamento ou os deveres e obrigações da mulher casada* Ele mesmo prescreve os cuidados que supostamente concorreriam para esse fim de mantê-la para sempre nesse estado de ignorância.

Há, de início, um certo consentimento por parte dela. A singularidade do personagem Agnès parece haver proposto um verdadeiro enigma: será ela uma mulher, uma ninfomaníaca, uma coquete, uma isto, uma aquilo? Nada disso, afirma Lacan. Ela é um ser a quem ensinaram a falar e que é articulada. A espécie de ignorância que é uma das dimensões de seu ser está simplesmente ligada ao fato de que, para ela, não existe outra coisa a não ser a fala. No início, ela é captada pelas palavras de Arnolphe.

Ora, Horace, o amante, assume um papel de destaque na história quando, na cena em que Arnolphe, por algum motivo propõe arrancar-se a metade dos cabelos, ela lhe responde tranquilamente: "*Com duas palavras, Horace, faria melhor do que vós*".

É isto o que o desenrolar da história introduz: o que modifica a situação dos personagens é Agnès dar-se conta das palavras de Horace que passam a superar as de Arnolphe. Com seu comentário, ela pontua perfeitamente o que está presente ao longo de toda a peça, ou seja, que o que lhe aconteceu no encontro com Horace, do que ela descobriu. De que ele diz coisas arrebatadoras, dignas de serem ouvidas.

Horace vai além de Arnolphe. Agnès, logo de seu encontro contingente com Horace, goza com as palavras de amor. O que ele diz, Agnès é incapaz de nos dizer e também de dizer a si mesma, mas é algo que veio através da fala, isto é, daquele que rompeu o sistema da fala aprendida e da fala educativa. Ela foi cativada pelas palavras de Horace, palavras "não-educativas". Horace lhe fala não como um esposo, a trata como mulher, enquanto que o marido a trata e lhe fala sempre como a uma esposa... a ser educada e ser limitada. E assim são os homens que, como Arnolphe, correm o risco de perderem suas mulheres ou de serem por elas traídos.

Quando Arnolphe lhe explica que o outro lhe estreitou as mãos e os braços, ela pergunta: "*Como! A gente ainda faz mais coisas?*, e ela fica muito interessada. É uma deusa da razão, essa Agnès", diz Lacan, a respeito desse comentário dela.

Simplesmente pelo fato de que está no domínio da palavra, seu desejo está mais além, e ela fica encantada pelas palavras, isto é, ela fica encantada pelo raciocínio (*l'esprit*). Ela descobre que existe algo mais além do que pretendem lhe impor e de cuja limitação ela busca escapar.

O que nos mostra o desenvolvimento da trama encenada? É o que se poderia chamar como o "espírito aparece nas mulheres". É nesse ponto que uma inversão se processa. A palavra "raciocinadora" em oposição a "ingênua" vem agora se aplicar a Agnès: *"E hoje que sou mulher não quero mais passar por burra, se o puder".*

Essa inversão vem sufocar Arnolphe por um momento e ele tenta uma reação. A princípio, o marido enquanto educador procura, como diria Marguerite Duras, domesticar a criatura cativa do amor impossível de domesticar. Ele a censura por sua ingratidão, sua falta de sentimento de dever, sua traição, e ela lhe responde com admirável pertinência: *"Mas, o que eu vos devo? Se é unicamente o ter-me tornado burra, vossas despesas vos serão reembolsadas".* Para acrescentar: *"Tão-só dele é que sei o que posso saber. E muito mais que a vós a ele devo, a meu ver".*

Agnès, a esposa, sacode a Arnolphe, seu marido, da posição que ele confortavelmente ocupara até então. A partir do momento em que o raciocínio (*l'esprit*) penetra na moça, é o marido que, sim, transforma-se no ingênuo, porque agora deve proferir palavras que não permitem nenhuma ambiguidade. Ele, que era afetado pelo mal de não poder amar, dirige a Agnès palavras de amor.

Arnolphe se apresenta como um homem que começa com uma posição bsessiva, poderia dizer-se que faz uma resolução obsessiva no sentido de que a quer no momento em que está por perdê-la; mas não é só isto. O "tu és minha mulher" o protegia da intrusão do Outro desejante e também de seu próprio desejo, quer dizer, da contingência do encontro amoroso.

Arnolphe diz então a Agnès que a ama e o diz de todas as maneiras possíveis:

> "Tua grande paixão é ser lesta e galante,
> Pois tão sempre o hás de ser, eu te acariciarei,
> Sem cessar, dia e noite, de beijos comerei;
> Poderás à vontade em tudo proceder:
> Nada explico, e isto diz tudo o que há de dizer."

> *"Sans cesse, nuit et jour, je te caresserai,*
> *Je te bouchonnerai, baiserai, mangerai;*
> *Tout comme tu voudras tu pourras te conduire:*
> *Je ne m'explique point, et cela, c' est toaut dire."*

É a partir do terceiro, de Horace, o amante, que Arnolphe começa a amar a sua esposa como a uma mulher: lhe fala não como a uma esposa ou não todo o tempo como a uma esposa...

É nesse sentido que Arnolphe é um verdadeiro e autêntico apaixonado, mais inclinado ao amor do que o amante. Diferente do vacilante Horace que, por sua vez, está em perpétua indecisão. O que fecha o circuito dessa história é essa hesitação infantil de Horace que acaba devolvendo ao legítimo dono aquilo que lhe arrebatara.

O interessante é como o marido ascende ao que era mais difícil para ele: precisamente o registro da contingência que é o do amor. O amor acontece a qualquer um, quando menos se espera. O *Ouf!* de Arnolphe no final da peça revela que só Deus sabe por quais paroxismos ele teve de passar: *"Que coisa estranha é o amor"*, conclui. Dentro do casamento de Arnolphe e Agnès há um recasamento no qual entre os dois se produz algo novo no dizer.

Nisto, *A Escola de mulheres* ilustra bem a exigência da mulher que o objeto de amor seja um Outro que fale. Fale para que as palavras envolvam seu corpo e sustentem seu ser fundamentando-se no bem dizer da palavra de amor.

O gozo da palavra de amor

Na mulher, além da articulação particular entre palavra e amor, há uma conjunção também entre palavra e gozo.

Para explicar de que forma palavra e gozo se articulam na fantasia da mulher, lembro que se um homem faz da mulher o objeto *a* em sua fantasia, um modo de ele recuperar parte do gozo perdido, uma mulher não faz do homem um objeto *a* em sua fantasia. Esse lugar ela reserva para os seus filhos. São os filhos, diz Lacan, que constituem o objeto *a* para uma mulher.[21]

De que forma o homem se inscreve, então, na fantasia da mulher se não é como objeto *a*?

Em vez de o homem se inscrever na fantasia da mulher como objeto *a*, ele só encontra seu lugar na fantasia dela através de seu gozo fálico. É nesse gozo fálico do homem que a mulher encontra um limite para o seu gozo. Mas o que constitui o contraponto do gozo que o homem encontra na fantasia através do objeto *a* que a mulher representa para ele, é outra coisa: é o gozo da palavra. É o que Lacan sustenta no final de seu ensino: o que funciona para a mulher como suplência de gozo é a própria palavra.

Não só a mulher espera, portanto, do homem que ele lhe doe seu gozo fálico, como também que lhe doe sua palavra. Em ambos os casos se trata dele "dar o que não tem". O homem contribui, pois, para o gozo de uma mulher em duas vertentes: a do gozo do órgão e a do gozo da palavra.

O gozo do órgão é claro. É um aspecto que desenvolvi particularmente no capítulo 3, quando mencionei o desejo da mulher sobre o qual Lacan se debruça, nos anos 1958-1960, a repensar a questão da sexualidade feminina. Ele indica, então, que a mulher ingressa na função fálica de forma contingente. É uma contingência solidária a um encontro no qual a mulher se coloca como objeto causa de desejo de um homem. Isto é, tem uma relação com o que existe de fálico nele.

O gozo da palavra trata de uma outra satisfação da mulher, a satisfação do *blábláblá* que, evidentemente, está lá na palavra como tal. Como mencionei, as Preciosas no século XVII souberam articular que a palavra bastava para o seu gozo e nisto continuam modernas e instrutivas para a psicanálise da sexualidade feminina. É isso, pois, que a psicanálise de orientação lacaniana sustenta: que falar é em si um gozo. Se as mulheres se inclinam muito mais que os homens para essa satisfação do gozo da palavra, é em função do gozo dos homens ser do Um e que este opera no silêncio.

Ao gozo da palavra, que existe particularmente na mulher, Lacan chega através de suas elaborações a respeito do gozo suplementar feminino dos anos 1970. É desse gozo que se trata quando ele diz que a mulher, além de ter relação com o gozo fálico, igualmente tem relação com o gozo suplementar feminino, o *gozo-a-mais*.

O gozo suplementar da mulher tem, portanto, duas faces. É de um lado, o gozo do corpo, enquanto que esse corpo feminino não é limitado ao órgão fálico. E de outro lado, trata-se do gozo do qual nada pode ser dito, como já mencionado, gozo silencioso que contrasta com o gozo da palavra. Deixo para mais adiante os comentários sobre esse gozo silencioso que existe na mulher para além do seu gozo da palavra.

Esse gozo suplementar que tem duas faces é originário da divisão que o homem causa na mulher. Isto porque o gozo fálico que o homem obtém de uma mulher, a divide. Divide a mulher e divide seus gozos entre o gozo fálico e aquele que o transcende, o suplementar justamente.

Na vertente do gozo suplementar, no que se refere ao gozo da palavra, a palavra do homem se torna um elemento intrínseco ao gozo. É nesse sentido que, como aludi acima, o parceiro de gozo da mulher não é como para o homem, o objeto *a*, objeto *mais-de-gozar*, mas a própria palavra.

É preciso para que a mulher obtenha gozo que o homem fale, não exatamente no ato, mas é necessário que haja palavras e, eventualmente, "pode ser que só haja palavras", sustenta Miller.[22] O elemento significativo é que, para as mulheres, é necessário que o homem fale para que elas possam gozar. Do lado feminino, se goza da fala, de preferência da fala de amor, embora não apenas. O amor, portanto, não é simplesmente expresso pela fala, pode *ser* a fala, amor construído a partir da fala. Isso é verdadeiramente uma experiência do lado feminino e se poderia pensar a sequência — amar, falar, gozar.

Para exemplificar como, para uma mulher, o amor e as palavras de amor estão urdidos no gozo, comento o filme de Fréderic Fontayne, *Uma relação pornográfica* (*Une relation pornographique*), de 1999. O filme expressa numa linguagem privilegiada uma veiculação de um saber sobre o amor e o gozo.

A história é narrada retroativamente através dos personagens — um homem e uma mulher — que vão contando suas histórias (a seus respectivos analistas?). Cada um acaba contando sua versão separadamente, as duas versões nem sempre coincidindo. As apreciações são subjetivas e, se bem que não pareçam duas histórias distintas, de alguma forma, divergem.

A fala inicial dela introduz a questão: "Era uma relação pornográfica. Só estávamos lá juntos por causa do sexo, somente pelo sexo".

O encontro é anônimo e fundamenta-se num pacto não claramente explicado, mas tacitamente aceito: nada de nomes ou de endereços. Nada de envolvimentos afetivos nessa relação, por ambos considerada pornográfica e cujo propósito era apenas a realização das fantasias sexuais de cada um.

O inusitado no caso é que a iniciativa é da mulher. É ela que faz veicular nos classificados eróticos de uma revista sua disponibilidade de um encontro que, como o filme revelará, é para experimentar uma fantasia sexual com um desconhecido. Esta não é uma iniciativa tipicamente feminina. Ao contrário, é mais uma proposição masculina, porque a proposta é definitivamente a de disjuntar gozo e amor.

Ele concorda com esse convite de um encontro anônimo, apesar de confessar no final de que não era de seu hábito e que dada a sua experiência não se proporia a repeti-la. O que se constata é que ele aceita e não aceita a proposta dela, porque desde o princípio se mostra bem surpreendido de que ela seja tão direta.

Eles se encontram pela primeira vez num Café quando as palavras se cruzam, rápidas e pontuais e já se referem às fantasias dela. "Você tem muitos pelos no corpo? Esta foi por muito tempo minha expectativa em relação aos homens".

Nenhuma palavra mais consistente é trocada. Este é um ritual que se repetirá subsequentemente: ele pedirá um conhaque e ela, um café ou um chá. A proposta é clara: não representar um encontro amoroso, mas sim — aspecto enfatizado — somente sexual. Não há o que dizer e as palavras se revelam dispensáveis para um e outro.

É ela que pergunta "você está bem?", no sentido de darem início à experiência. Ela diz então que havia reservado um quarto num hotel próximo; outra vez, a iniciativa é dela, o que mais uma vez o surpreende.

Eles se dirigem ao hotel, o registro na recepção é uma formalidade e a câmera os acompanha até a porta do quarto. O espectador não tem ideia do que se passa lá dentro, a porta se mantém fechada. Também se manterá fechada a possibilidade de termos acesso às respectivas fantasias sobre as quais nada revelam. Enquanto os protagonistas do filme mantêm o intuito de uma mera relação pornográfica, não vemos nada, porque ali não há nenhum encontro, e que cada um está sozinho com seu gozo. Isto parece uma das intuições geniais do diretor.[23]

Nos encontros subsequentes, eles continuam se encontrando sempre no bar, as palavras não passam de mera formalidade. O que revela o ponto de vista coerente e rigoroso na aceitação dos termos dos seus encontros. Ela é "ela" e ele é "ele", porque parte do combinado implícito entre ambos supor que seus nomes, como seus trabalhos e famílias — quer dizer, a história de cada um — ficarão completamente à margem desses encontros que os unem uma vez por semana com pontualidade. Logo depois do encontro sexual, cada um seguia seu rumo e retomava sua própria vida. Era esse o pacto.

Mas, aí, ao se despedirem no final de um dos encontros, ele faz uma pergunta que, segundo ela, desencadeia uma grande mudança da qual nenhum dos dois dá-se conta imediatamente: "você quer tomar algo?". Como ela não podia demorar-se, combinam um jantar para a mesma noite. O jantar transcorre em grande harmonia, pois, segundo ela, os protagonistas não mais recorriam a jogos de sedução: já se conheciam. Era uma fala aberta. A iniciativa é de novo dela: "Vamos voltar ao hotel? Poderíamos recomeçar".

Ao se despedirem sob a chancela de um certo envolvimento emocional que se infiltra, ele oferece levá-la para casa de carro porque já era tarde. Ela diz preferir tomar um táxi e ele, ao respeitar a decisão dela, faz sinal para um. Ela se surpreende com a rapidez com a qual o táxi surge, como se não estivesse pronta para embarcar nele, deixando ele para trás depois da noite de amor que haviam tido, que já tomava uma conotação amorosa. Ela tece o comentário quanto ao respeito por ele demonstrado em relação à decisão dela: "Você sabe que é muito íntegro?". Ao que ele responde: "Você preferiria que eu não fosse e que nossa relação continuasse a ser apenas sexual?".

Estava declarada a antinomia entre gozo e amor entre os dois, o que haviam conseguido evitar até então, inclinando-se totalmente para a vertente do gozo. O gozo como tal que não se interessa pelo Outro e, por isso, não convém ao amor; o amor sempre tem uma relação com o Outro.

O filme nos mostra algo dessa incompatibilidade entre gozo e amor em termos de que põe em cena, por um lado, uma relação considerada pornográfica por ser a de um mero encontro sexual e, por outro lado, por revelar a antinomia entre o gozo do Um e o do Outro.

Quando algo novo que dá origem ao amor se introduz na relação deles, outro tipo de troca se estabelece entre eles. Há uma proposta diferente daquela com a qual tinham iniciado o encontro entre eles. A pergunta que muda o cenário vem agora dela: "E se... e se o fizéssemos normalmente *de verdade*?". A proposta reatualiza a vigência da fantasia sexual e coloca um desafio concreto: o de sua superação. Ela propõe relacionarem-se mais, entrarem um na vida do outro. Será mais ele que hesitará em alterar os termos que haviam definido em seus encontros: o anonimato.

Começamos a ver os protagonistas de outra maneira. O diretor do filme a isto nos conduz. É isto que ele compreendeu ao nos fechar a porta quando se tratava apenas de uma relação pornográfica que representaria uma tentativa de fazer existir a relação sexual. Fechando a porta, o diretor indica que o que não vemos é o que nunca poderíamos ver: a relação sexual, aquela que não existe.

Agora, pela primeira vez ele nos abre a porta para que acompanhemos as questões de amor que ali ocorrem: dessa vez eles fazem amor. Ela se feminiza: desta posição mais masculina que tinha adotado de início, de disjunção entre objeto de amor e de desejo, coloca-se numa posição feminina. E o que surge claramente do lado dela é a efusão da palavra associada com o gozo. Ela confessa que gosta de falar durante a relação. Perguntará: "falei demais?".

Lembro aqui o que Miller, evocando Lacan, nos mostra de maneira tão clara em *Um osso de análise*, quanto ao mal-entendido entre o "bruto" e a "louca", este que não precisa de palavras de amor para gozar e aquela que não pode gozar sem palavras.[24]

Em *A instrução dos amantes*, a escritora Inês Pedrosa diz a respeito do lugar reservado pelas mulheres à palavra: "...as mulheres tendem a ver no exercício físico do amor uma das muitas encarnações possíveis da generosidade que nelas faz às vezes da entrega. Isso as habilita a distribuir as mesmas palavras de amor e os mesmos gestos a homens diferentes, sem escândalo íntimo nem confusão alguma; o vocabulário do amor é curto para a disponibilidade que as anima".[25]

Voltando ao filme, há um momento da trama em que ela constata que é importante ter um homem a olhando, a desejando ao mesmo tempo que ela se surpreende desejando também. É algo perturbador, reconhece. Ela se encontra nesse estado tumultuado que muitas mulheres experimentam quando são sexualmente admiradas. Tratava-se de um prazer intenso: uma realização de vaidade e também um sentimento de sua existência como mulher. Ela caminhava, pois, na via desse prazer das mulheres que pode ser tão simples quanto complexo: agradar a um homem.

Finalmente ela lhe dirá que o ama e lhe perguntará se ele alguma vez declarou seu amor a alguém. Ele responderá que não, que de um modo tão evidente como ela diz, ele nunca falara assim, nunca dissera essas palavras de amor a nenhuma mulher. E ele se emociona muito pela forma como ela lhe revela seu amor. Nunca mulher alguma se declarara a ele dessa forma.

Aí já havia se instalado o amor entre eles. Já surgem as palavras de amor e esboçam-se os mal-entendidos: o que pensam, o que dizem, o que não dizem, o que se atrevem a dizer em meias-palavras. Cada um está pensando uma coisa, mas dirá outra, porque também está calculando o que o outro pensa, à maneira dos prisioneiros do tempo lógico. É um mal-entendido que os leva à separação, quando na verdade, o que eles haviam desejado era ficarem juntos. São dois seres que, embora falantes ambos, não falam a mesma língua.

Havia se imposto um silêncio entre eles para que os amantes pudessem decidir se dariam lugar ou não ao encontro contingente do amor que se produzira mais além da repetição fantasmática. Os amores nas encruzilhadas.

O encontro contingente com o amor por parte de homens e mulheres toca nessa questão: se os parceiros admitirão ir além da fantasia de cada um, ou se um e outro continuará gozando sozinho, isto é, gozando de sua fantasia.

Se há algo silencioso é o gozo

Para uma mulher não há amor mudo. Se há alguma coisa silenciosa, que não pede palavras, é o gozo. Que a mulher exija que o homem lhe diga palavras de amor e que precisa, portanto, de um Outro que fale, não impede que haja nela também toda uma entrega a uma pulsão silenciosa.

O que se descobre aqui é uma nova dimensão da divisão da mulher: se o amor para uma mulher não é pensável sem palavras, por outro lado, há nela um gozo que não passa pela palavra. Trata-se do gozo sobre o qual nada pode ser dito.

A disparidade do amor está assim situada ao redor dessa relação na qual se enlaçam silêncio e aparelho de linguagem, e onde Lacan faz aparecer essa conjunção entre pulsão e silêncio, não só do lado do homem como também do lado da mulher. E a pergunta que Freud formulava: "Que querem elas?", tem uma resposta, como sugere o psicanalista Eric Laurent: "Elas também querem gozar em silêncio".[26] Este é o ponto na mulher no qual todas as palavras desfalecem. É um dado da estrutura psíquica feminina.

Esse gozo silencioso para o qual a mulher aponta é aquele que se alcança na experiência mística, aquele que se encontra na observação de que Deus se cala e se manifesta por sua pura presença. E é aí que as mulheres encontram o silêncio.

O livro *A História de O*, de Pauline Réage, nos conduz a esse tema da distinção entre o gozo pela palavra e o gozo pelo silêncio na mulher. "Enfim, uma mulher que confessa!", declara Jean Paulhan no prefácio do livro. Seria uma mulher que confessaria aparentemente o seu gozo sobre o qual, sabe-se, nada se pode dizer. E sobre o qual Lacan justamente se queixa de que sobre esse gozo, as mulheres nada confessam.

A psicanalista Patricia Bosquin propõe-se a formular algumas palavras para retraçar brevemente o objeto do romance.[27] O que move a heroína de *A História de O* revela-se ser a dimensão do amor absoluto pelo qual ela compromete seu ser numa total disponibilidade em relação à fantasia perversa de seu parceiro.

O é uma jovem mulher que seu amante, René, começa a prostituir, oferecendo-a para os membros de uma sociedade secreta, para depois a pôr à disposição de seu meio-irmão, Sir Stephen. Esse amor abnegado, de total entrega que a move, vai constituir toda a trama do romance.

A narrativa toma um rumo perverso, pois vemos uma mulher, O, objeto fetichizado por seus sucessivos parceiros, se prestar com uma disponibilidade total às suas exigências coloridas por extravagâncias rígidas e a uma série de humilhações. À primeira vista, O se apresenta ao longo da narrativa como uma mulher perversamente instrumentada pelo desejo e pela vontade de gozo de um homem. Nisto, seu amor por seu parceiro teria mais a ver com a face do gozo do amor. Face de gozo de amor que Miller, em seu curso O parceiro-sintoma, chama de devastação.[28]

Efetivamente, O não se presta à perversão do homem em sua dimensão de *semblante* e da mascarada própria à relação sexual. Ela vem mais encarnar o objeto complemento que satura o desejo, perdida que está em sua doença de amor por seu amante. Ela vem responder à não relação sexual com seu ser para preencher este furo, mais do que apostar sobre os balbucios da palavra, seus insucessos e encontros temerários que fazem a trama de uma relação ao Outro do parceiro sexual.

Pauline Réage, *aliás* Dominique Aury, autora do romance, conta numa entrevista que ela concede a Régine Deforge, que ela escrevera este livro para o homem que ela ama. Se a autora escolheu pôr em cena uma tal personagem, é para melhor dela se distinguir.

Dominique Aury, ela, não oferece sua vida em sacrifício, mas ela dá seu manuscrito à leitura do homem que ela ama. O que ela propõe no lugar vazio que abre a não relação sexual entre um homem e uma mulher, não é seu ser, mas um livro. Um livro que se acrescenta ao universo da literatura que constitui o espaço comum de ambos, o lugar de encontro deles... "Eles habitam junto os livros que eles amam". Isto abre efetivamente sobre um outro desejo que o desejo no estado puro que tem efeito o sacrifício daquele que a ele se presta.

O que chama a atenção no contraste entre a autora e a personagem que ela cria, O, é que enquanto Dominique Aury escreve o romance no sentido de uma carta de amor, O vai tentar desesperadamente se fazer amar ao preço de uma abnegação total, confinada ao gozo de um absoluto silêncio. O amor e a melancolia são mesmo dois casos de esmagamento pelo objeto.

Esse aspecto lembra o fato de que embora a mulher exija que o amor do homem passe pela palavra, isto não impede que o gozo que ele obtém com ela opere uma divisão nela. Divisão que a deixa em algum lugar, entregue à solidão de seu gozo.[29]

Nesse aspecto do gozo feminino em sua vertente de silêncio é que a mulher não está toda ocupada com o homem, e mesmo, pode-se dizer que, enquanto tal, não se ocupa dele de modo algum[30], para retomar um aspecto que comentei.

A mulher, como tal, é, então, não-toda para o Um, para o homem, pois que em sua solidão ela é parceira de seu gozo. Nesse sentido, a mulher sempre engana o homem a partir da estrutura de seu gozo. E o engana de um segundo modo, pois que além de homem, ele passa a ser para ela o Outro do amor. Isto é, pela exigência do amor, a mulher desdobra a pessoa do homem em Um e em o Outro do amor. O homem impõe uma divisão à mulher pelo Gozo. A mulher impõe uma divisão ao homem pelo Amor.

Homens e mulheres: parceiros no gozo

As duas formas de amor — a fetichista e a erotomaníaca — que são estritamente dependentes da estrutura diferente de homens e mulheres, abrigam a relação particular de cada um dos sexos com o gozo. O sexo torna-se, por essa acepção, uma maneira de gozar, isto é, uma maneira de *dizer* de um gozo.

Atrás de suas respectivas formas de amar, cada um dos sexos vai buscar no outro um certo gozo que toca a experiência do próprio corpo. Retomo a questão de que nessa busca de gozo, homens e mulheres impõem um modo de ser aos respectivos parceiros.

Do lado masculino, o parceiro é determinado como objeto *a* ou como semblante que vela o objeto *a*, e do lado feminino, o parceiro é determinado essencialmente pelo gozo suplementar que a caracteriza. E o que são o objeto *a* e o gozo suplementar se não duas variáveis diretamente relacionadas ao gozo?

O fato de o objeto de gozo que cada um dos parceiros representa para o outro se revelar através das respectivas formas de amar — a masculina fetichista e a feminina erotomaníaca — pode nos fazer crer que o homem terá o gozo e a mulher o amor. Mas é que no caso dela, deve-se reconhecer que o amor está tão tecido no gozo que ambos são, de certa forma, indissociáveis. Pode-se falar, pois, de um entrelaçamento não só entre palavra e amor, nem só entre palavra e gozo, mas também entre gozo e amor na mulher.

Vejamos como o amor se enlaça com o gozo, aspecto que Lacan desenvolveu particularmente em seu seminário sobre a sexualidade feminina.

Ele inicia seu *Mais, ainda* apontando uma antinomia entre amor e gozo. Só ao longo do seminário, ele efetivamente começa a elaborar a articulação entre os dois vetores ao reconhecer que o amor constitui um esforço para inscrever o gozo na relação com o Outro. Lacan, aliás, principalmente na última parte de seu ensino, se preocupa mais com a verdade do gozo, enquanto que Freud, antes dele, se preocupara mais com o enigma do desejo. Tanto é que em se tratando da mulher, Freud pergunta *o que ela deseja* e Lacan *como e de onde ela goza.*

Volto ao aspecto da antinomia entre amor e gozo. É caso de lembrar primeiro que o gozo é autístico, isto é, em princípio é o gozo do Um que não necessariamente leva o Outro em conta. Dito de outra forma: o que pertence ao registro do gozo não é adequado para o que pertence ao registro do amor que sempre requer um Outro. Foi esta a descoberta de Freud em sua teoria da sexualidade a partir das zonas erógenas do corpo.

O gozo do corpo do Outro não é, pois, signo de amor. O que quer dizer que cada um dos sexos "se" goza mais do que goza do corpo do Outro. Um corpo não goza de um outro corpo; goza do próprio corpo. Mesmo que para fins sexuais um corpo possa gozar do corpo do Outro, o faz, contudo, de forma restrita. Nunca pode gozar da totalidade do corpo do Outro. Isto porque é impossível que dois corpos sexuados tornem-se um corpo só. É isto que o aforismo de Lacan, de que "não há relação sexual", significa.

É porque se sob a regência do gozo cada um goza sozinho que se pode dizer que tanto homens como mulheres fazem forçosamente de sua solidão (no gozo) um parceiro. Não, contudo, da mesma forma.

Como o homem se restringe a ter o prazer do órgão, o gozo fálico acaba constituindo o obstáculo pelo qual ele não chega a gozar do corpo da mulher.[31] Nesse sentido é que o gozo do homem é o gozo do Um e que não busca o Outro e é compreensível que ele goze na solidão. Ele precisa ser convocado para se propor a uma ida ao Outro. É aqui que as mulheres com sua demanda de amor vêm resgatá-los de sua tendência à solidão, independente de uma ligação ao gozo propriamente dita.

Já a mulher, na medida em que o gozo fálico a divide, ela mantém uma parte submetida ao falo em que busca o Outro do amor e aí ela não goza na solidão. Porém, na outra parte que está sob a regência do gozo suplementar é que ela tem esse gozo que determina ela ter a solidão como parceira. Com uma particularidade: uma mulher não goza de seu gozo suplementar como sendo de seu próprio corpo. Até onde sabemos, goza de seu gozo como fora do corpo próprio, quer dizer, como sendo do corpo do Outro.

A ideia de "solidão" teve vários desdobramentos ao longo do eixo do imaginário, do simbólico e do real no ensino de Lacan até ele chegar a sustentar que cada sexo goza de seu próprio corpo[32] e é destinado à solidão em seu gozo. Como já aludi, o parceiro do sujeito é primeiro imaginário, sua própria imagem, que foi o que Lacan enfatizou com o estádio do espelho. A criança teria como parceira sua própria sombra. Depois, Lacan opôs outro parceiro que inventou para o sujeito, um companheiro simbólico, o parceiro, que chamou de Outro e que não acompanha o sujeito na função especular, mas na função da palavra. Já não se trata do que se vê, mas a quem o sujeito se dirige. O terceiro parceiro, o parceiro real, é para o sujeito seu próprio gozo. É nesse nível que Lacan introduz o objeto *a* como parceiro do sujeito masculino e o gozo suplementar como parceiro do sujeito feminino.

Se o sujeito, em última instância, é parceiro de seu próprio gozo, pode-se pensar que independe completamente de um Outro. Não é bem assim. É só aparentemente que o gozo do Um é independente do Outro.

Ao mesmo tempo que o gozo se produz no corpo do Um, esse gozo só se atualiza por meio do corpo do Outro. E, assim, pode-se dizer que o gozo não é somente autoerótico; também é aloerótico porque sempre implica um Outro.

O que sugere que para gozar, um parceiro precisa do Outro e precisa dele de uma determinada maneira: ocupando um lugar específico como condição de gozo. É isto que as formas de amor respectivamente do homem (fetichista) e da mulher (erotomaníaca) querem dizer.

Essas duas formas de amar mostram que o gozo que é sempre autístico se articula com o Outro, implicando assim em uma passagem da solidão do gozo em nível de pulsão para a conexão com o Outro. É dessa forma que o Outro entra no circuito do gozo do sujeito que parece desenrolar-se independentemente dele.

Compreende-se que o amor e sua exigência são um esforço para inscrever o gozo na relação ao Outro. Que, em seu gozo, a mulher seja parceira de sua solidão, indica o fracasso do reconhecimento do amor para libertá-la dessa solidão em seu gozo. Só que aqui não cabe o reconhecimento — "tu és a única" — que estabelece um laço com o Outro. Não há laço. O esforço de inscrever seu gozo no Outro frente ao fracasso que é o confronto com a solidão representa um duro golpe às pretensas delícias de um gozo ilimitado da mulher — do qual a psicose indica mais claramente o sofrimento.

A articulação entre o gozo do Um e o desejo do Outro só é possível com a mediação do amor. É aqui que a conjunção entre amor e gozo se produz. É principalmente nesse *Mais, ainda* dedicado ao tema da sexualidade feminina e *à cause* ao amor e ao gozo, que Lacan inscreve o amor nessa função inédita. Ele procura colocar o amor como o que opera a conexão com o Outro, possibilitando a superação do domínio da pulsão que é sempre autístico, sem Outro.

O amor se apresenta como uma relação com o Outro, embora Lacan indique que por debaixo da relação com o Outro, o amor é identificação, relação com o Um. O amor faz crer que se sai do Um. É o que Freud diz quando afirma que o amor é sempre narcisista: quer dizer, que no Outro um sujeito sempre ama a si mesmo. Um sujeito sempre se ama no Outro. O gozo, portanto, tem duas partes: uma se relaciona com o Outro e a outra com o que permanece de gozo autístico em cada sujeito.

O amor torna-se este efeito de sentido necessário para passar do "se goza" à ideia de que "se goza do Outro", como defende Jacques-Alain Miller.[33] Precisar do Outro não nos permite crer, no entanto, que um sujeito possa gozar do Outro. Na verdade, trata-se sempre do gozo próprio, de um "se" gozar por meio do Outro. O gozo do Outro existe muito em função do amor ou, melhor, por meio da palavra de amor. É essa palavra de amor que faz com que o "eu te amo" borre ou, ao menos, vele o "se goza".

Quando na linguagem se considera fundamental a perspectiva do Outro, o amor resulta o mais natural do mundo. Desde o momento em que partimos do gozo como "se goza", a palavra de amor parece paradoxal: aqui já não se compreende absolutamente nada dessa palavra e ela parece enigmática. É nesse ponto que na antinomia gozo-amor, o gozo condena cada um à solidão de seu gozo.

Se no nível sexual, a relação passa pelo gozo do corpo e pelo gozo da palavra, quer dizer que a relação passa pelo sintoma. Sintoma por quê?

Não deixa de ser um sintoma do sujeito o fato de ele tornar o Outro um meio de seu gozo. Em cada união amorosa o sintoma de um sujeito entra em consonância com o sintoma do outro através da fantasia. Daí poder-se dizer que a relação é sempre sintomática: os parceiros são sintomáticos uns para os outros. Entre homens e mulheres há o sintoma como alguma coisa que se atravessa, ou seja, que se interpõe como um obstáculo no caminho.[34] Essa perspectiva permite entender o aforismo lacaniano segundo o qual "o amor é sempre recíproco". O que não quer dizer que seja simétrico.

A reciprocidade no amor é uma adequação lógica e necessária, é a aceitação por parte de um dos parceiros — voluntária ou não — a ser o sustentáculo do amor do outro. A reciprocidade implica que se alguém ama um outro é porque este condescendeu a aceitar, através do seu sintoma, ser o parceiro de seu amor que encobre seu desejo e seu gozo. Atrás dessa palavra de amor é preciso compreender o *Liebe* freudiano, isto é, amor, desejo e gozo numa só palavra.

Mas se o sintoma é um modo de gozar do corpo do Outro como meio de gozo do corpo próprio, pode-se dizer que, de alguma forma, há um entrelaçamento entre homens e mulheres em nível de gozo.[35]

Esse entrelaçamento não se dá em nível do significante, da lógica fálica, já que homens e mulheres se relacionam com o falo mais do que entre si. É tão diferente essa relação significante ao falo para um sexo e para o outro que só se pode concluir que cada sexo fica na "sua". Não há diálogo entre eles na ordem do significante fálico.

Os seres falantes, enquanto seres sexuados, constituem, portanto, um par mais em nível de gozo do que em nível do significante. Por haver uma relação de gozo com o parceiro sexual é que há casais que se formam e para os quais, tendo o amor como mediador, um é para o outro um meio de gozo.

O amor vem tomar o lugar da falha de satisfação que existe no ato sexual, testemunhando sua função enquanto suplência da relação sexual. É caso de se pensar na passagem da relação sexual que "não existe" como tal, ao amor.

O amor como suplência da relação entre os sexos

O amor vem suprir a falha de uma relação direta entre homens e mulheres. A relação entre homens e mulheres é sempre mediada: pela linguagem, pelo falo, pela fantasia, pelo gozo. Pelo sintoma, enfim. É a relação particular que cada um dos sexos mantém com essas variáveis que rege a impossibilidade de um acordo natural entre os sexos. Paradoxalmente, onde homens e mulheres deveriam encontrar-se é justamente onde se separam, destinados ao exílio em seu próprio gozo: na relação sexual.

Como o expressa o *Poema vertical* de Roberto Juarroz:

> "Eu me volto para o seu lado,
> no leito e na vida
> e constato que estás feita de impossível.
> Eu me volto então para mim

> e encontro a mesma coisa.
> É por isso
> que embora amemos o possível
> terminaremos por encerrá-lo numa caixa
> para que não estorve mais a esse impossível
> sem o qual não podemos seguir juntos."[36]
>
> "*Me doy vuelta hacia tu lado,*
> *en el lecho o la vida,*
> *y encuentro que estás hecha de imposible.*
> *Me vuelvo entonces hacia mí*
> *y hallo la misma cosa.*
> *Es por eso*
> *que aunque amemos lo posible*
> *terminaremos por encerrarlo en una caja*
> *para que no estorbe más a este imposible*
> *sin el no podemos seguir juntos.*"

Não há relação sexual porque o gozo do Outro como corpo é sempre inadequado, seja porque o lado perverso reduz o Outro a um objeto *a*, seja porque o lado louco ou enigmático se apresenta como o gozo suplementar feminino.

Retomo o ensaio "Reflexões sobre o problema do amor" de Lou Andreas-Salomé, em que ela faz uma abordagem muito delicada sobre o amor e a feminilidade em seus vários aspectos, salientando o desacordo na relação entre homens e mulheres. Ela traça esse perfil dos sexos a partir de suas experiências pessoais e convicções teóricas desenvolvidas através de discussões com Freud, Rilke, Nietzsche e Paul Ree: "Não deixa de ser verdade que, no amor, são dois mundos estranhos que se encontram, dois contrários; dois mundos entre os quais não existe e nunca poderão existir essas pontes lançadas entre nós, nem aquilo que aparentemente nos está ligando: algo semelhante, familiar e que nos dá a sensação de caminharmos para nós mesmos e em nossos próprios domínios quando dele nos aproximamos".[37]

Nietzsche já dizia algo do mesmo teor: "Os sexos se enganam uns em relação aos outros, a diferença entre eles sendo de tal ordem que os mal-entendidos não terminam nunca. A conversação é feita de má escuta. Por esse fato ser definitivo é que os sexos são diferentes, é preciso sobre isto, insistir".[38] Na mulher este fato repercute em especial em nível de clínica diferencial do amor. Para Lacan, homens e mulheres são definitivamente seres falantes que não falam a mesma língua. O que ele explica da seguinte forma: como os dois não falam a mesma língua eles não se escutam falar. Resultado: trata-se de dois que não se entendem. Embora se unam para a reprodução, são marcados por um cabal mal-entendido.[39] A história sexual de um sujeito é a narrativa de seus encontros com o gozo através de algum tipo de encobrimento.

Não há entendimento entre eles, porque não há enunciação a dois. Há, sim, dois enunciados que fazem a singularidade de cada um. O ponto de conflito e de muitas queixas dos sexos é que homens e mulheres têm dificuldade de aceitarem que a almejada harmonia sexual entre eles não existe. A inexistência de uma verdadeira relação acaba sendo causa de mal-entendido entre homens e mulheres.

Querem crer que as diferenças podem ser superadas e que de dois poderiam fazer o Um. Mesmo no momento do enlace sexual de dois corpos reunidos, não se dá a consagração do Um. O mais central do encontro de um homem e de uma mulher é a experiência da paradoxal solidão de um exílio compartilhado. O divã do analista, sustenta a psicanalista Julia Kristeva em *Histórias de amor*, é o único lugar em que o contrato social permite explicitamente uma busca — porém privada — de amor.[40]

O poema *Desencontro*, de Affonso Romano de Sant'Anna, nos lança com força poética no âmago dessa questão:

"Às vezes é no desencontro
que as almas se revelam
quando se ferem se lanham
com palavras lágrimas e insultos
e só lhes resta o assombro`
Bem que gostaríamos
fosse ameno doce ou luminoso
o encontro mas é no desencontro
que às vezes as almas se revelam
quando ásperas ou agressivas
se tocam no mais fundo
e perplexas se contemplam como se contempla
o intransponível abismo".[41]

Pela impossibilidade de realização de uma relação sexual entre homens e mulheres, Lacan retomou várias vezes em seu ensino a fórmula do amor cortês que ele considera uma sublimação do objeto feminino; isso pela formulação de uma ética, um estilo de vida. O amor cortês atacou, portanto, o princípio de unificação, pois suas exigências do amor objetam às sublimações para o coletivo e entravavam as agregações da libido. É bem porque, em uma de suas pequenas anotações das quais ele mantém o segredo, Lacan imputa o desaparecimento do amor cortês a seu caráter antissocial.[42] Contudo, Lacan vê o amor cortês como um modo de explicar com elegância a ausência da relação sexual. É uma maneira refinada, diz ele, de suprir a ausência da relação sexual, fingindo que somos nós que lhe pomos obstáculos; isto é, que esta impossibilidade nós mesmos a causamos: "É verdadeiramente a coisa mais formidável que jamais se tentou para camuflar a constatação da inexistência da relação sexual como tal".[43]

A lenda de Eros e a ninfa Psiquê também o ilustra. Eros é o amor sexual, o amor físico, representado na Grécia por um deus jovem — que depois seria representado como o menino que atira flechas, o cupido na tradição latina. Eros é um adolescente que está envolvido com a ninfa chamada Psiquê, o mesmo nome que se dá à alma. No mito, eles estão juntos num local escuro e Psiquê não pode vê-lo. Curiosa — a célebre curiosidade feminina —, ela dá um jeito de enxergá-lo, mas Eros torna sempre a sumir. Essa relação entre amor e alma é representada na mitologia por meio dessa lenda em que eles se aproximam, mas de alguma forma não podem ficar juntos.

O que há entre homens e mulheres em vez da relação sexual são encontros, sobretudo contingentes, entre eles. Se encontros os há, é na medida em que homens e mulheres inventam maneiras de atravessar o muro da não relação direta entre um sexo e o Outro.

O amor em suas múltiplas formas revela-se uma dessas invenções — e das mais notáveis — que favorecem um encontro entre os sexos. *A instrução dos amantes* de Inês Pedrosa é um romance sobre o amor — amor tão misterioso quanto a frase resmungada pelo velho Murinelo: "Há respostas humanas para o que não é humano".[44]

O amor é o que vem compensar o desacordo entre um homem e uma mulher, mesmo sem derrubar o muro que existe entre os sexos. Pela mediação do amor, é possível para um homem e uma mulher que não falam a mesma língua e que pertencem a duas lógicas distintas viverem juntos. O amor é o que, pela via do imaginário, permite tornar suportável, e mesmo agradável, a arte do encontro enquanto desacordo, segundo o poeta Vinicius de Moraes.[45]

Uma dimensão distinta do amor que não seja fetichista nem erotomaníaca pode surgir quando dois sujeitos mais seus corpos descobrem que ofereceram, não só a fazerem gozar-se mutuamente, cada um com sua solidão, em sua disparidade, mas também — ou por isso mesmo — a bordejar entre ambos um vazio de gozo que não é compartilhado. O que eles podem, paradoxalmente, é compartilhar o exílio da relação sexual que a ambos afeta.[46] Para homens e mulheres o amor é muito mais que o amor.

É graças ao amor que cada sexo aceita a existência de um Outro que tem uma relação diferente com a castração, uma outra posição quanto ao desejo, um outro estilo de amar e um outro modo de gozo. O que supõe que além da assunção de seu sexo, o sujeito precisa aceitar também a assunção do sexo do Outro.

Que o homem com seu gosto pela ordenação e por aquilo que é sólido se permita surpreender por uma certa desordem em sua vida e que se deixe tocar por toda essa natureza feminina ou pelo amor que o perturba, permitindo que um encontro contingente se dê.

Que por intermédio do amor a mulher aceite que ela necessita do desejo de um homem porque na posição feminina há algo desse *mais, ainda* que não se pode domesticar e que necessita de um limite. Ela se torna, a partir dessa premissa, aquela que salvaguarda a parceria amorosa.

A resolução da questão feminina de uma mulher passa, como enfatizei ao longo do livro, em grande parte pelo desejo, gozo e palavras de amor de um homem e pelos efeitos dos mesmos sobre sua subjetividade. Esse fenômeno explica por que as mulheres continuam, ainda e sempre, tão voltadas para as questões centradas no amor.

Principalmente quando os vínculos entre homens e mulheres se desfazem facilmente como na contemporaneidade, não são, então, as mulheres as grandes artífices de Eros, o princípio que une os sexos pelo amor?

Por intermédio do amor, homens e mulheres encontram uma solução para lidar de algum modo, com esse impossível da relação sexual. O amor, como bem o mostrou Ronald Barthes, se fala e é só.[47]

Os poetas sempre souberam disto.

Notas

Capítulo 1
1. LACAN, J. *L'insu qui sait de l'une-bévue s'aile à moure*. Lição de 14 dez. 1976 (seminário inédito).
2. FREUD, S. (1905) *Fragment of an analysis of a case of hysteria*. Standard Edition, vol. VII. London: Hogarth Press, 1953.
3. KOJEVE, A. *Le dernier monde nouveau*. Paris, Editions Minuit, *Critique*, n. 111-112, 1956.
4. LACAN, J. (1960) Subversion du sujet et dialectique du désir. *In*: LACAN, J. *Ecrits*. Paris: Seuil, 1966.
5. SOLER, C. *Ce que Lacan disait des femmes*. Paris: Editions du Champ lacanien, 2003.
6. Para fundamentar sua tese de que se tratava de neurose e não de simulação com a qual a histeria era identificada até então, Charcot produzia sintomas histéricos sob hipnose.
7. ROUDINESCO, E.; PLON, M. *Dictionnaire de Psychanalyse*. Paris: Plon, 1997.
8. FREUD, S. (1895) *Studies on hysteria*. Standard Edition, vol. II. London: Hogarth Press, 1955.
9. SOLER, C. Las variables del fin de la cura. Buenos Aires, *COL-EOL*, 1995.
10. Leia-se a interpretação clássica do amor em Platão por Reon Robin, *La théorie platocienne de l'amour*. Paris: PUF, 1964.
11. LACAN, J. (1972-1973) *Encore*. Paris: Seuil, 1975.
12. JONES, E. *Life and work of Sigmund Freud*. London: Basic Books, 1981.
13. LACAN, J. (1960-1961) *Le transfert*. Paris: Seuil,1991.
14. FREUD, S. (1896) *The aetiology of hysteria*. Standard Edition, vol. III. London: Hogarth Press, 1962.
15. FREUD, S. (1893) *Charcot*. Standard Edition, vol. III. London: Hogarth Press, 1962.
16. MILLER, J.-A. Os labirintos do amor. *Correio*, revista da Escola Brasileira de Psicanálise, 2006.
17. FREUD, S. (1910) *Contributions to the psychology of love*, I. Standard Edition, vol. XI. London: Hogarth Press, 1957.
18. REGNAULT, F. Je rougis, je pâlis à sa vue, Maladies d'amour. Paris, La Cause freudienne, *Revue de Psychanalyse*, 40, 1999.
19. MONTERO, R. *A louca da casa*. Rio de Janeiro: Ediouro, 2004.

20. SANT'ANNA, A. R. de. *Vestígios*. Rio de Janeiro: Rocco, 2005.
21. MILLER, J.-A. *L'Autre qui n'exite pas* (seminário inédito).
22. FREUD, S. *Lettre 69, La naissance de la psychanalyse*. Paris: PUF, 1969.
23. FREUD, S. (1919) *The psychogenesis of a case of homosexuallity in a woman*. Standard Edition, vol. XVIII. London: Hogarth Press, 1955.
24. ANTONIO HOUAISS — Dicionário eletrônico.
25. FREUD, S. (1900) *The Interpretation of dreams*. Standard Edition, vol. IV London: Hogarth Press, 1953.
26. O termo tópica é derivado do grego topos (lugar) e que designa, na filosofia, de Aristóteles a Kant, a teoria dos lugares, isto é, das classes gerais em que podem ser incluídas todas as teses ou elaborações.
27. FREUD, S. (1905) *Three essays on a theory of sexuality*. Standard Edition, vol. VII. London: Hogarth Press, 1953.
28. FREUD, S. (1915) *Drives and their vicissitudes*. Standard Edition, vol. XIV. London: Hogarth Press, 1957.
29. FREUD, S. (1905) *Three essays on a theory of sexuality*. Standard Edition, *vol*. VII. London: Hogarth Press, 1953.
30. FREUD, S. (1919) *A child is being beaten*. Standard Edition, vol. XVII. London: Hogarth Press, 1955.
31. SOLER, C. *Ce que Lacan disait des femmes*. Paris: Editions du Champ lacanien, 2003.
32. LACAN, J. (1956-1957) *La relation d'objet*. Paris: Seuil, 1994.
33. LACAN, J. *ibid*.
34. LACAN, J. (1972-1973) *Encore*. Paris: Seuil, 1975.
35. TORRES, M. Versiones de la histeria. Buenos Aires, *Enlaces*, n. 23, 2004.
36. LACAN, J. (1974-1975) *R.S. I.* (seminário inédito).
37. FREUD, S. (1915) *A case of paranoia running counter to the psycho-analytic theory of the disease*. Standard Edition, vol. XIV. London: Hogarth Press, 1957.
38. FREUD, S. (1919) *The psychogenesis of a case of homosexuallity in a woman*. Standard Edition, vol. XV. London: Hogarth Press, 1955.
39. FREUD, S. (1923) *The infantile genital organization* (1923); *The dissolution of the Oedipus complex* (1924); *Some psychical consequences of the anatomical distinction between the sexes* (1925). Standard Edition, vol. XIX. London: Hogarth Press, 1961.
40. FREUD, S. (1925) *Some psychical consequences of the anatomical distinction bet- ween the sexes*. Standard Edition, vol. XIX. London: Hogarth Press, 1961.
41. FREUD, S. (1905) *Three essays on a theory of sexuality*. Standard Edition, vol. VII. London: Hogarth Press, 1953.
42. FREUD, S. *ibid*.
43. BLACKLEDGE, C. *The story of V — A natural history of female sexuality*. London: Rutgers University Press, 2004.
44. SOLER, C. *Ce que Lacan disait des femmes*. Paris: Editions du Champ lacanien, 2003.

45. FREUD, S. (1930) *Civilization and its discontentes. Standard Edition, vol. XXI*. London: Hogarth Press, 1961.
46. FREUD, S. (1937) *Analysis terminable and interminable. Standard Edition, vol. XXIII*. London: Hogarth Press, 1964.
47. MOREL, G. Sexuação, gozo e identificação. Rio de Janeiro, *Latusa*, n. 1, 1997.
48. LACAN, J. (1960) Propos directifs por um Congres sur la sexualité féminine. *In*: LACAN, J. *Ecrits*. Paris: Seuil, 1966.
49. LACAN, J. (1972-1973) *Encore*. Paris: Seuil, 1975.
50. FREUD, S. (1923) *Infantile genital organization. Standard Edition, vol. XIX*. London: Hogarth Press, 1961.
51. LACAN, J. (1972-1973) *Encore*. Paris: Seuil, 1975.
52. MANGIAROTTI, C. *Figuri di donna nel cinema di Jane Campion*. Milano: Franco Angeli, 2002.
53. TERRISE, C. Femmes d'Époque, Propos sur la leçon de piano. *La lettre mensuelle*, École de la Cause freudienne, n. 129, 1994.
54. BEAUVOIR, S. *Le deuxieme sexe*. Paris: Gallimard, 1949.
55. LACAN, J. (1958) La signification du phallus. *In*: LACAN, J. *Ecrits*. Paris: Seuil, 1966. Lacan se alinha do lado de Freud muito explicitamente para afirmar sobre a base dos fatos clínicos o falocentrismo do inconsciente: a existência de um único representante do sexo no inconsciente, o falo.
56. LACAN, J. *ibid*.
57. DRUMMOND DE ANDRADE, C. *Declaração de amor*. Rio de Janeiro: Record, 2006.

Capítulo 2

1. FREUD, S. (1925) *Psychical consequences of the anatomical distinction between the sexes. Standard Edition, vol. XIX*. London: Hogarth Press, 1961.
2. FREUD, S. (1895) Project for a scientific psychology. *Standard Edition, vol. I*. London: Hogarth Press, 1966.
3. Marca que se imprime de várias formas e que podemos abordar segundo a fórmula lacaniana dos três registros da constituição subjetiva do ser humano: o simbólico, o imaginário e o real.
4. LACAN, J. (1957-1958) *Les formations de l'inconscent*. Paris: Seuil, 1998.
5. Lacan, que utilizou conceitos linguísticos com o intuito de dar um lastro maior de cientificidade aos conceitos psicanalíticos, sustenta que o sujeito é representado por um primeiro significante (S1) que o representa junto a um outro e segundo significante (S2). É assim que, para ele, o sujeito sofre de uma falta-a-ser, porque só é representado por significantes e nunca se apresenta como sujeito em si. O sujeito, diz Lacan, não é outra coisa senão o que desliza numa cadeia de significantes. Ele não tem necessariamente consciência de que significante ele é efeito.
6. LACAN, J. (1957) D'une question préliminaire à tout traitement possible de la psychose. *In*: LACAN, J. *Ecrits*. Paris: Seuil, 1966.
7. A constituição do corpo da criança constitui o registro do imaginário. Por se tratar do imaginário, Lacan emprega a letra "a" minúscula, correspondendo

a *autre* (outro em francês) para falar de um outro cuja forma de corpo precede a imagem que a criança tem do seu próprio corpo.
8. TORRES, M. *Sexualidad feminina y figura paterna*. Buenos Aires, Curso ministrado no ICBA, 1995 (inédito).
9. TORRES, M. (1914) *On narcisism*: an introduction. Standard Edition, vol. XIV. London: Hogarth Press, 1957.
10. MILLER, J.-A. *Pieces détachées*. Lição de 24 nov. 2004 (Seminário inédito). Essa consistência é, entretanto, insuficiente, posto que há o amor, à medida que há o amor ou que a questão do amor se colocar, quer dizer, de ter de fazer a escolha de um outro corpo. Pois o amor se dirige ao dizer, operando o enigmático reconhecimento de dois inconscientes. É assim que também se delineia na teoria psicanalítica a função do amor como suplência na vida de uma mulher.
11. Aqui se está definitivamente no registro do real em que a dimensão do gozo deve ser levada em conta e associado a ele, como voltarei a comentar, há o surgimento do objeto pequeno a que não se refere a nenhum conceito; pelo contrário, o objeto pequeno *a* (em itálico para marcar a diferença com o "a" do imaginário) aponta para o real, a tudo o que escapa ao domínio do simbólico. Eis, pois, a referência ao emprego diferente que Lacan, ao longo de seu ensino, foi dando à letra "a": A do simbólico, a do imaginário e a do real.
12. FREUD, S. (1905) Three essays on the theory of sexuality. Standard Edition, vol. VII. London: Hogarth Press, 1953.
13. FREUD, S. *ibid*.
14. LACAN, J. (1969-1970) *L'envers de la psychanalyse*. Paris: Seuil, 1991.
15. FREUD, S. (1908) *On the sexual theories of children*. Standard Edition, vol. IX. London: Hogarth Press, 1959.
16. KRISTEVA, J.; CLÉMENT, C. *Le féminin et le sacré*. Paris: Editions Stock, 1998.
17. LACAN, J. (1957) D'une question préliminaire à tout traitement possible de la psychose. *In*: LACAN, J. *Ecrits*. Paris: Seuil, 1966.
18. INDART, J. C. *Problemas sobre el amor y el desejo del analista*. Buenos Aires: Paidos, 1989.
19. PIMENTA, C. A. Amor, narcisismo e gozo. *Correio*, revista da Escola Brasileira de Psicanálise, n. 56, 2006.
20. LACAN, J. (1953-1954) *Les écrits tchniques de Freud*. Paris: Seuil, 1975.
21. SCHOPENHAUER, A. *Essai sur les femmes*. Paris: Herne, 2007.
22. FREUD, S. (1914) *On narcisism*: an introduction. *Standard Edition, vol.* XIV. London: Hogarth Press, 1957. Freud introduz uma distinção entre o que ele chama de amor narcísico e amor anaclítico. No amor narcísico trata-se do amor próprio, sendo a sua própria imagem que o sujeito ama no Outro; é o amor no nível imaginário, enquanto no amor anaclítico, do amor ao Outro, repercute a demanda de amor que depende da introdução do sujeito à linguagem: é o amor no nível simbólico. A este nível simbólico a criança é introduzida pela demanda dirigida ao Outro, na forma de demanda de amor.
23. FREUD, S. *ibid*.

24. FREUD, S. *ibid.*
25. TOLSTOI, L. (1852) *Un mariage d'amour, Ceuvres completes.* Paris: Rencontre, 1961.
26. MANGIAROTTI, C. *Figures de femme dans le cinema de Jane Campion.* Intervenção pronunciada na Maison d'Amérique Latine no quadro do Seminário Latino de Paris, 2003, sob o título "Paradoxes de la sexualité contemporaine".
27. FREUD, S. (1914) *On narcisism*: an introduction. Standard Edition, vol. XIV. London: Hogarth Press, 1957.
28. Os homens acreditam no ter fálico, o gozo fálico os identificando enquanto homens, eles se reconhecem como tais proporcionalmente ao gozo fálico que eles acumulam.
29. FREUD, S. (1931) *Female sexuality.* Standard Edition, vol. XXI. London: Hogarth Press, 1961.
30. SOLANO-SUAREZ, E. *Asephallus*, ano 1, n. 02, 2006.
31. LACAN, J. (1956-1957) *La relation d'objet.* Paris: Seuil, 1994.
32. LACAN, J. (1958) La signification du phallus. *In*: LACAN, J. *Ecrits.* Paris: Seuil, 1966.
33. STEVENS, A. *Amor e Nome-do-Pai, Scilicet dos Nomes do Pai.* Textos preparatórios para o Congresso de Roma da AMP, 2006.
34. STEVENS, A. (1957-1958) *Les formations de l'inconscent.* Paris: Seuil,1998.
35. PIMENTA, C. A. Amor, narcisismo e gozo. *Correio*, Revista da Escola Brasileira de Psicanálise, n.56, p. 75, 2006.
36. STENDHAL. *De l'amour.* Folio Classique. Paris: Gallimard, 1999.
37. FREUD, S. (1925) *Psychical consequences of the anatomical distinction between the sexes.* Standard Edition, vol. XIX. London: Hogarth Press, 1961. Duas das saídas do complexo de Édipo feminino para Freud constituem saídas neuróticas. Uma delas, fundada na "esperança de receber alguma vez, apesar de tudo, um pênis, igualando-se assim ao homem". A outra apresenta uma reação que se gradua de uma recusa característica da solução anterior "eu quero ser homem", para uma renegação do tipo "eu sou um homem num corpo de mulher". Nessa solução, Freud chega a ver uma psicose: "A menina recusa-se a aceitar o fato de sua castração e acalenta a convicção de que possui um pênis e se vê compelida a comportar-se em seguida como se fosse um homem". Com a renegação surge, de alguma forma, o tema da "loucura feminina" que Lacan atribui ao fato de a mulher não se submeter totalmente à lógica fálica, razão pela qual ela é somente em parte regida pela lei do Édipo, e não totalmente como é o homem.
38. FREUD, S. *ibid.*
39. FREUD, S. *ibid.*
40. LACAN, J. (1973) *L'Etourdit, Autres écrits.* Paris: Seuil, 2001.
41. ZALCBERG, M. *A relação mãe-filha.* Rio de Janeiro: Campus/Elsevier, 2003.
42. KRISTEVA, J. *Histories d'amour.* Paris: Editions Denoel, 1983.
43. FREUD, S. (1931) *Female sexuality.* Standard Edition, vol. XXI.London: Hogarth Press, 1961.
44. LACAN, J. (1973) *L'Etourdit, Autres écrits.* Paris: Seuil, 2001.

45. LACAN, J. *ibid.*
46. LACAN, J. (1972-1973) *Encore*. Paris: Seuil, 1975.
47. APARICIO, S. Des jalousies, Maladies d'amour. Paris, *Revue de la Cause freudienne*, n. 40, 1997.
48. Cito aspectos de um caso apresentado por Agnes Aflalo em seu texto "Un cas d'homossexualité féminine en contradiction avec la théorie de Freud et de Lacan", Paris, da *Revue de la Cause freudienne*, n. 50, 2002.
49. FREUD, S. (1925) *Psychical consequences of the anatomical distinction between the sexes*. Standard Edition, vol. XIX. London: Hogarth Press, 1961.
50. FREUD, S. (1917) *On transformations of instinct as exemplified in anal erotism*. Standard Edition, vol. XVII. London: Hogarth Press, 1955.
51. FREUD, S. *ibid.*
52. Com letra de Florian (século XVIII) e música de Martini (século XIX) que encantaram os amorosos nos últimos 200 anos através de renovadas interpretações, está longe do desaparecimento ainda no século XXI.
53. CAMÕES, L. *Lírica*, soneto 5. São Paulo: Edusp, 1982.
54. LACAN, J. (1972-1973) *Encore*. Paris: Seuil, 1975.

Capítulo 3

1. LACAN, J. (1956-1957) *La relacion d'objet*. Paris: Seuil, 1994.
2. LACAN, J. (1958) La signification du phallus. *In*: LACAN, J. *Ecrits*. Paris: Seuil, 1966.
3. LACAN, J. *ibid.*
4. LACAN, J. *ibid.*
5. LACAN, J. (1960) Propos pour un congres sur la sexualité féminine. *In*: LACAN, J. *Ecrits*. Paris: Seuil, 1966.
6. LACAN, J. *ibid.*
7. LACAN, J. *ibid.*
8. BEAUVOIR, S. *Le deuxieme sexe*. Paris: Gallimard, 1949.
9. LACAN, J. (1958) La signification du phallus. *In*: LACAN, J. *Ecrits*. Paris: Seuil, 1966.
10. LACAN, J. (1960) Propos pour un congres sur la sexualité féminine. *In*: LACAN, J. *Ecrits*. Paris: Seuil, 1966.
11. LACAN, J. *ibid.*
12. LACAN, J. *ibid.*
13. MILLER, J.-A. Quand les semblants vacillent. Paris, *La Cause freudienne*, n. 47, 2001.
14. ZALCBERG, M. *A relação mãe-filha*. Rio de Janeiro: Campus/Elsevier, 2003.
15. BALZAC, H. (1842) *Mémoires de deux jeunes mariées*. Paris: P.O.L., 1992.
16. MANDIL, R. *Os efeitos da letra*: Lacan leitor de Joyce. Belo Horizonte: Universidade Federal de Minas Gerais, 2003.
17. MANDIL, R. *ibid.*
18. SCHLUMBERGER, J. *Madeleine e Gide*. Paris: Gallimard, 1956.
19. SCHLUMBERGER, J. *ibid.*
20. LACAN, J. (1958) Jeunesse de Gide. *In*: LACAN, J. *Ecrits*. Paris: Seuil, 1966.

21. LACAN, J. *ibid.*
22. LAURENT, E. Les deux sexes et l'autre jouissance, L'Autre sexe. Paris, *La Cause freudienne*, n. 24, 1993.
23. LACAN, J. (1958) La signification du phallus. *In*: LACAN, J. *Ecrits*. Paris: Seuil, 1966. Lacan diz claramente: "É a ausência de pênis que faz da mulher falo".
24. FREUD, S. (1925) *Psychical consequences of the anatomical distinction between the sexes*. Standard Edition, vol. XIX. London: Hogarth Press, 1961.
25. LACAN, J. (1957-1958) *Les formations de l'inconscient*: Paris: Seuil, 1998.
26. LACAN, J. *Remarque sur le rapport de Daniel Lagache* (1958); *La direction de la cure* (1958); *La signification du phallus* (1958); *Propos directifs pour un congres sur la sexualité féminine* (1960). *In*: LACAN, J. *Ecrits*. Paris: Seuil, 1966.
27. SOLER, C. *Ce que Lacan disait des femmes*. Paris: Editions du Champ lacanien, 2003.
28. LACAN, J. (1960) Propos pour un congres sur la sexualité féminine. *In*: LACAN, J. *Ecrits*. Paris: Seuil, 1966.
29. LACAN, J. (1960-1961) *Le transfert*. Paris: Seuil, 1991.
30. BRODSKY, G. Symptôme et sexuation. Paris, *La Cause freudienne*, n. 53, 2003.
31. SOLER, C. *Ce que Lacan disait des femmes*. Paris: Editions du Champ lacanien, 2003.
32. FREUD, S. *On the universal tendency to debasement in the sphere of love* (Contributions to the psychology of love II). Standard Edition, vol. XI. London: Hogarth Press, 1957.
33. MILLER, J.-A. *Les labyrinthes de l'amour.* Intervention au Terzo Convegno del Campo Freudiano in Italia, Bologna, 1990.
34. LACAN, J. (1960) Subversion du sujet et dialectique du désir. *In*: LACAN, J. *Ecrits*. Paris: Seuil, 1966.
35. Comentado por Genévieve Morel em "Valores de Mujer" — Actas del Seminario Hispanohablante de Paris, Campo Freudiano, 1995.
36. PRÊT-À-PORTER. Direção: Robert Altman. Editions du Collectionneur. Paris: Miramax, 1994.
37. *MUSSET, A. de.* À Ninon, Poésies Nouvelles. Paris: Flammarion, 2001.
38. MILLER, J.-A. *Le partenaire-symtôme*. Lição de 25 mar. 1998 (inédito).
39. SOLER, C. *Ce que Lacan disait des femmes*. Paris: Editions du Champ lacanien, 2003.
40. BLOY, L. *La femme pauvre*. Paris: Mercure de France, 1897.
41. MILLER, J.-A. *Le partenaire-symtôme*. Lição de 25 mar.1998 (inédito).
42. MILLER, J.-A. *ibid.*
43. MILLER, J.-A. *ibid.*
44. FREUD, S. (1932) *Femininity, New introductory lectures on psycho-analaysis*. Standard Edition, vol. XXII. London: Hogarth Press, 1964.
45. SOLER, C. *Sintomas inéditos, Mujeres contemporâneas*. Paris, Campo Freudiano, Actas Del Seminário Hispanohablante de Paris, 1995.

46. LACAN, J. (1973) *Télévision*. Paris: Seuil, 1974.
47. MENES, M. Petits cailloux semés pour une lecture de Propos directifs pour un congres sur la sexualité féminine, Paris, Eres, *L'en-je lacanien*, n. 2, 2004.
48. TORRES, M. *La sexualidade feminina y la figura del padre*. Curso no ICBA de 1995 (inédito).
49. ALCOFORADO, M. *Cartas de amor*. Rio de Janeiro: Imago, 1992.
50. LACAN, J. (1958) La signification du phallus. *In*: LACAN, J. *Ecrits*. Paris: Seuil, 1966.
51. VARGAS LLOSA, M. (1975) *The perpetual orgy*. New York: Farrar Straus Giroux, 1986.
52. BONNEAU, C. Madame de Sévigné ou d'une si longue attente... Paris, *La lettre mensuelle*, n. 162, 1997.
53. LACAN, J. (1960) Propos pour un congres sur la sexualité féminine. *In*: LACAN, J. *Ecrits*. Paris: Seuil, 1966.
54. LACAN, J. (1966-1967) *La logique du fantasme*. Lição de 1 mar. 1967. (inédito).
55. PRADO, A. *Com licença poética*. Poesia reunida. São Paulo: Siciliano, 1991.
56. PRADO, A. (1965-1966) *L'objet de la psychanalyse*. Lição de 2 abr. 1966. (seminário inédito).
57. FREUD, S. (1912) *On the universal tendency to debasement in the sphere of love* (Contributions to the psychology of love II). Standard Edition, vol. XI. London: Hogarth Press, 1957.
58. RUSSO, P.; SÁNCHEZ, B. *et al*. Varidad de respuestas al malentendido sexual. Buenos Aires, *Enlaces*, n. 11, 2006.
59. LACAN, J. (1958) La signification du phallus. *In*: LACAN, J. *Ecrits*. Paris: Seuil, 1966.
60. LACAN, J. (1972-1973) *Encore*. Paris: Seuil, 1975.
61. LACAN, J. (1960) Propos pour un congres sur la sexualité féminine. *In*: LACAN, J. *Ecrits*. Paris: Seuil, 1966.
62. LACAN, J. *ibid*.
63. LACAN, J. *ibid*.
64. BRODSKY, G. Symptôme et sexuation. Paris, *La Cause Freudienne*, n. 53, 2003.
65. FLAUBERT, G. (1857) *Madame Bovary*. Folio Classique. Paris: Gallimard, 2001.
66. ANDREAS-SALOMÉ, L. (1910) *O erotismo*. São Paulo: Landy Editora, 2005.
67. MILLER, J.-A. *Logicas de la vida amorosa*. Buenos Aires: Ediciones Manantial, 1991.
68. VINCIGUERRA, R. P. Des jouissances. Paris, *La Cause freudienne*, n. 36, 1997.
69. LACAN, J. (1938) *Les complexes familiaux en pathologie*. Paris: Encyclopédie Française, 1938. Tome 8.
70. LAFUENTE, C. Qué pueden esperar del psicoanálisis las mujeres de hoy? Buenos Aires, Paidós, *Freudiana*, n. 23, 1998.
71. LACAN, J. (1960) Propos directifs pour un congres sur la sexualité féminine. *In*: LACAN, J. *Ecrits*. Paris: Seuil, 1966. Por conseguinte, é a esse incubo

ideal que uma receptividade de abraço tem que se reportar, como uma sensibilidade de cinta em torno do pênis.
72. MACHADO, A. M. *A audácia dessa mulher.* Rio de Janeiro: Nova Fronteira, 1999.
73. O que mudou é o fato de haver muito menos sentimentos de culpabilidade quanto à ligação que uma mulher tem fora do casamento, o que poderia ser um signo do sujeito feminino de nossa época, valendo-se de um direito a um gozo a mais.

Capítulo 4
1. LACAN, J. (1960) La subversion du sujet et dialectique du désir. *In*: LACAN, J. *Ecrits.* Paris: Seuil, 1966.
2. LACAN, J. *ibid.*
3. LACAN, J. (1962-1963) *L'angoisse.* Paris: Seuil, 2005.
4. Há aqui um rompimento da libido freudiana entre prazer e gozo: o prazer é o que se encontra veiculado ao simbólico, e o gozo se acha fora do simbólico. O princípio de prazer consiste em que o sujeito passa de significante em significante com o intuito de manter o nível de tensão do aparelho psíquico o mais baixo possível. Mais além do prazer surge a parte libidinal que o princípio de prazer e o simbólico não dominam. O gozo excede o prazer. Com *O Avesso da psicanálise*, Lacan sustenta que o gozo supõe o funcionamento do simbólico como "aparelho de gozo" e não mais como "aparelho de prazer".
5. DRUMMOND, C. Uma política do amor, Os destinos da angústia. Belo Horizonte, *Curinga*, n. 22, 2006.
6. KRAUSS, N. *The history of love.* New York: W.W. Norton & Company, 2005.
7. FREUD, S. (1913) *Totem and Tabou.* Standard Edition, vol. XIII. London: Hogarth Press, 1953.
8. ROUDINESCO, E.; PLON, M. *Dictionnaire de la psychanalyse.* Paris: Librarie Artheme Fayard, 1997.
9. LÉVI-STRAUSS, C. (1949) *Les structures élémentaires de la parenté.* Paris: École des Hautes Études en Sciences Sociales, 1953.
10. KONDER, L. *Sobre o amor.* São Paulo: Boitempo, 2007.
11. FREUD, S. *Psychical consequences of the anatomical distinction between the sexes.* Standard Edition, vol. XIX. London: Hogarth Press, 1961.
12. LACAN, J. (1960) Propos directifs pour un Congres sur la sexualité feminine. *In*: LACAN, J. *Ecrits.* Paris: Seuil, 1966.
13. WOOLF, V. *Moments of being.* London: The Hogarth Press, 1952
14. LACAN, J. (1972-1973) *Encore.* Paris: Seuil, 1974.
15. SOLER, C. *Ce que Lacan disait des femmes?* Paris: Champ Freudien, 2003.
16. SOLER, C. *ibid.*
17. SOLER, C. *ibid.*
18. BEAUVOIR, S. *Le second sexe.* Paris: Gallimard, 1949.
19. LACAN, J. (1953) Fonction et champ de la parole et du langage en psychanalyse. *In*: LACAN, J. *Ecrits.* Paris: Seuil, 1966.

20. LAURENT, D. Le sujet et ses partenaires libidinaux. Paris, *La Cause freudienne*, n. 54, 2003.
21. BEKETT, S. (1953) *The Unnamable*. New York: Everyman's Library, 1997.
22. FREUD, S. (1915) Drives and their vicissitudes. Standard Edition, vol. XIV. London: Hogarth Press, 1957. Aos dois conceitos, o da fantasia e do gozo, deve-se acrescentar o de pulsão, indicadores do registro do real.
23. FREUD, S. (1905) *Three essays on sexuality*. Standard Edition, vol. VII. London: Hogarth Press, 1953.
24. MILLER, J. A. A teoria do parceiro. *In*: *Os circuitos do desejo na vida e na análise*. Rio de Janeiro: Escola Brasileira de Psicanálise, Contra Capa, 2000.
25. MILLER, J. A. *ibid*.
26. LACAN, J. (1972-1973). *Encore*. Paris: Seuil, 1974.
27. LACAN, J. (1973) *Introduction à l'édition allemande d'un premier volume des Écrits, Autres écrits*. Paris: Seuil, 2001.
28. LACAN, J. (1960) Remarque sur le rapport de Daniel Lagache. *In*: LACAN, J. *Ecrits*. Paris: Seuil, 1966.
29. VINCIGUERRA, R.-P. Des jouissances. Paris, *La Cause Freudienne*, n. 36, 1997.
30. *MILLER*, J.-A. Répartitoire sexuel, Maladie d'amour. Paris, *La Cause freudienne*, n. 40, 1999.
31. LACAN, J. (1966-1967) *La logique du fantasme*. Lição de 19 abr. 1967 (seminário XIII inédito).
32. LACAN, J. (1962-1963) *L'Angoisse*. Paris: Seuil, 2005.
33. BADIOU, A. *La scene de Deux, De l'amour*. Paris: Flammarion, 1999.
34. LAURENT, D. Le sujet et ses partenaires libidinaux. Paris, *La cause freudienne*, n. 54, 2003.
35. MORAES, V. *Livro de letras*. São Paulo: Companhia das Letras, 2001.
36. LAURENT, D. *El analista mujer*. Buenos Aires: Editorial Tres Haches, 2005.
37. LACAN, J. (1972-1973) *Encore*. Paris: Seuil, 1974.
38. SOLANO SUAREZ, E. Quelques notes sur la sexuation. *aSEPHallus*, ano 1, n. 2, 2006.
39. Segundo um caso clínico descrito por LAZARUS-MATET, C. Un trouble de jouissan- ce, L'Autre sexe, *La Cause frerudienne*, n. 24, 1993.
40. *LACAN*, J. (1960) Propos directifs pour un congres sur la sexualité féminine. *In*: LACAN, J. *Ecrits*. Paris, Seuil, 1966.
41. LACAN, J. *ibid*.
42. LACAN, J. (1972-1973) *Encore*. Paris: Seuil, 1974.
43. MENES, M. Petits cailloux semés pour une lecture de 'Propos directifs pour um congres sur la sexualité féminine' de Jacques Lacan. Paris, Éres, *L'En-je*, n. 2, 2004.
44. LACAN, J. (1972-1973) *Encore*. Paris: Seuil, 1974.
45. FREUD, S. (1931) *Female sexuality*. Standard Edition, vol. XXI. London: Hogarth Press, 1961. Quando Freud se deparou com essa realidade, que ele não podia ter acesso ao enigma que a mulher encerrava, voltou-se ainda para suas colegas psicanalistas, esperando que elas, enquanto mulheres lhe

fornecessem alguma pista a respeito do continente negro que constituía para ele todo o campo da sexualidade feminina.
46. LACAN, J. (1972-1973) *Encore*. Paris: Seuil, 1974.
47. LACAN, J. *ibid*.
48. KRISTEVA. J. *Histoires d'amour*. Paris: Editions Denoel, 1983.
49. LACAN, J. (1972) *L'Étourdit, L'Autres Ecrits*. Paris: Seuil, 2001.
50. LACAN, J. *ibid*.
51. *LAURENT*, D. Le sujet et ses partenaires libidinaus: du fantasme au sinthome. Paris, *La Cause freudinne*, n. 54, 2003.
52. MILLER, J.-A. Répartitoire sexuel, Maladies d'amour. Paris, *La Cause freudienne*, n. 40, 1999.
53. ALVARENGA, E. Papers do Comitê de Ação da Escola Uma. *AMP*, maio de 2006.
54. LACAN, J. (1960) Remarque sur le rapport de Daniel Lagache. *In*: LACAN, J. *Ecrits*. Paris: Seuil, 1966.
55. ZALCBERG, M. *A relação mãe e filha*. Rio de Janeiro: Campus/Elsevier, 2003.
56. NIETZSCHE, F. (1881-1882) *Le gai savoir*. Idées. Paris, Gallimard, 1975.
57. AUBERT, J. *Joyce avec Lacan*. Paris: Navarin Éditeur, 1987.
58. Freud, S. (1931) *Female sexuality*. Standard Edition, *vol. XXI*. London: Hogarth Pressm, 1961.
59. MILLER, J.-A. *Les us du laps*. Lição de 14 jun. 2000 (seminário inédito).
60. LACAN, J. (1969-1970) *L'envers de la psychanalyse*. Paris: Seuil, 1991.
61. LACAN, J. *ibid*.

Capítulo 5
1. CÉSAR, A. C. *Soneto; Inéditos e Dispersos*: poesia/prosa. São Paulo: Editora Brasiliense, 1996.
2. *TERRISSE*, C. Propos sur La leçon de piano. Paris, École de la Cause freudienne, *La lettre mensuelle*, n. 129, 1994.
3. QUILLER-COUCH, A.T. Sir *"Silence"* by Thomas Hood. *In*: *The Oxford Book of English Verse*. London: Oxford University Press, 1999. Poema traduzido por Julia Katrina Stanton.
4. SOLER, C. *La maldición sobre el sexo*. Buenos Aires: Manantial, 2000.
5. FERNEY, A. *La conversation amoureuse*. Paris: Actes Sud, 2006.
6. MUNCK, M.-F. De. Les femmes écrivent l'amour. *Cripsa*, 2006. Disponível em: http://cripsa.over-blog.com/article-3780323.html. Acesso em: 18 jul. 2023.
7. Citado no livro *A audácia de uma mulher*, romance de Ana Maria Machado, que é um verdadeiro e delicado mergulho no tema do amor. Rio de Janeiro: Nova Fronteira, 1999.
8. LEADER, D. *Why do women write more letters than they post?* London: Basic Books, 1996.
9. FREUD, S. (1911) *Psycho-analytic notes on an autobiographical acount of a case of paranoia*. Standard Edition, vol. XII. London: Hogarth Press, 1958.

10. CLÉRAMBAULT, G. De. (1929) *L'érotomanie*. Paris: Synthélabo, 1993. (col. "Les empêcheurs de penser en rond.)
11. LACAN, J. (1956-1957) *La relation d'objet*. Paris: Seuil, 1994.
12. LACAN, J. (1973) *Télévision*. Paris: Seuil, 1974.
13. BIAGI-CHAI, F. L'amour fou, ou pas si fou que ça. Bruxelles, *Quarto*, n. 78.
14. ROUBAUD, J. *L'amour, la poésie*: De l'amour et al. Paris: Flammarion, 1999.
15. ROUDINESCO, E. *Histoire de la psychanalyse en France*. 2. Paris: Seuil, 1986.
16. FREUD, S. (1915) *A case of paranoia running counter to the psycho-analytic theory of the disease*. Standard Edition, vol. XIV. London: Hogarth Press, 1957.
17. LACAN, J. (1932) *De la psychose paranoiaque dans ses rapports avec la personnalité*. Paris: Seuil, 1975. (col. Le champ freudien.)
18. ROUDINESCO, E. *Histoire de la psychanalyse en France*. 2. Paris: Seuil, 1986.
19. LACAN, J. (1960) Propos pour un Congres sur la sexualité féminine. *In*: LACAN, J. *Ecrits*. Paris: Seuil, 1966.
20. LACAN, J. (1960) Subversion du sujet et dialectique du désir. *In*: LACAN, J. *Ecrits*. Paris: Seuil, 1966.
21. LACAN, J. *ibid*.
22. LACAN, J. (1973) *Télévision*. Paris: Sueil, 1974.
23. LACAN, J. (1969-1970) *L'envers de la psychanalyse*. Paris: Seuil, 1991.
24. FERNEY, A. *La conversation amoureuse*. Paris: Actes Sud, 2000.
25. SOLER, C. *Variáveis do fim da análise*. Campinas: Papirus Editora, 1995.
26. ANDREAS-SALOMÉ, L. (1900) *Reflexões sobre o problema do amor*. São Paulo: Landy Editora, 2005.
27. BIBLE DE JÉRUSALEM. Cantique des Cantiques, chapitre 2, verset 5.
28. PRADO, A. "A terceira via", O Pelicano, O verso aparece no seguinte fragmento: "Sei agora, a duras penas/porque os santos levitam/Sem o corpo a alma de um homem não goza".
29. MILLER, J.-A. *Les us du laps*. Cours 1999-2000. Lição de 2 fev. 2000 (inédito).
30. LAURENT, E. La disparidad en el amor. *Virtualia*, II, n. 2, ano 1, 2001.
31. SAN JUAN DE LA CRUZ. (1578) *Noche oscura, Poesias completas*. Espanha: Ediciones B, 1988.
32. MILLER, J.-A. *Les us du laps*. Cours 1999-2000. Lição de 2 fev. 2000 (inédito).
33. COUTINHO JORGE, M. A. O amor no cinema. Rio de Janeiro, *Jornal do Brasil*, 23 jun. 1991. Caderno Ideias/Ensaios.
34. FLAUBERT, G. (1857) *Madame Bovary*. Paris: Collectif, Hatier, 2001.
35. CHERI, N. Mme Bovary o el goce de las burguesas. Buenos Aires, *Enlaces*, n. 8, 2003.
36. VARGAS LLOSA, M. (1975) *The perpetual orgy*: Flaubert & Madame Bovary. New York: Farrar Staus Giroux, 1986.
37. MILLER, J.A. *De mujeres y semblantes*. Buenos Aires: Cuadernos del passador, 1993.
38. LACAN, J. (1963-1964) *Les quatre concepts fondamentaux de la psychanalyse*: Paris, Seuil, 1973.

39. LAFUENTE, C. Qué pueden esperar del psicoanálises las mujeres de hoy? Buenos Aires, Paidos, *Freudiana*, n. 23, 1998.
40. STENDHAL. Armance, Oeuvres completes, Michel Lévy.
41. MILLER, J.-A. *El hueso de un análisis*. Buenos Aires: Tres Haches, 1998.
42. SOLER, C. *Ce que Lacan disait des femmes*. Paris: Editions du Champ lacanien, 2003.
43. Citado por Leandro Konder em *Sobre o amor*. São Paulo: Boitempo, 2007.; DICKINSON, E. *The complete poems of Emily Dickinson*. Ed. Thomas H. Johnson. London, Boston: Faber and Faber, 1975.
44. MAUAS, L.; KATZ, L. Nuevos semblantes de mujer. Buenos Aires, *Enlaces*, Ano 5, n. 8, 2003.
45. MILLET, C. *La vie sexuelle de Catherine Millet*. Paris: Points, 2002.
46. MAUAS, L.; KATZ, L. Nuevos semblantes de mujer. Buenos Aires, *Enlaces*, Ano 5, n. 8, 2003.
47. LACAN, J. (1958) La signification du phallus. *In*: LACAN, J. *Ecrits*. Paris: Seuil, 1966.
48. PAULS, A. *O passado*. São Paulo: Cosac-Naify, 2007.
49. SOLER, C. *Ce que Lacan disait des femmes*: Paris: Editions du Champ lacanien, 2003.
50. GUIMARÃES, L. Para aquém e para além da histeria. Salvador, *Correio*, n. 52, 2005.
51. GUIMARÃES, L. *ibid*.
52. BRODSKY, G. Symptôme et sexuation. Paris, *La Cause Freudienne*, n. 53, 2003.
53. BAUMAN, Z. *L'amour, élement liquid*. Paris: Editions du Rouergue, 2004.
54. CÉSAR, A. C. *Inéditos e Dispersos*: poesia/prosa. São Paulo: Editora Brasiliense, 1996.
55. FRANCESCONI, P. Clínica do excesso na feminilidade contemporânea. Papers do Comitê de Ação da Escola Una, *AMP*, n. 1, 2004.
56. Citado por Adélia Prado em *Bagagem*. Rio de Janeiro: Rocco, 2003.
57. PRADO, A. O Sempre amor. *In*: PRADO, A. *Bagagem*. Rio de Janeiro, Rocco, 2003.
58. BARTHES, R. *Fragments d'un discours amoureux*. Paris: Éditions du Seuil, 1977.
59. LACAN, J. *Les non-dupes errent*. Leçon du 1 fev. 1974 (inédit).
60. MACHADO, A. M. *A audácia de uma mulher*. Rio de Janeiro: Nova Fronteira, 1999.

Capítulo 6

1. SIQUEIRA, P. L'amour! quel triomphe!, Maladies d'amour. Paris, *La Cause freudienne*, n. 40, 1999.
2. MILLER, J.-A. *O osso de uma análise*. Seminário proferido no VIII Encontro Brasileiro do Campo Freudiano, Salvador, 1998.
3. LACAN, J. *Les non-dupes errent*. Leçon du 12 fev. 1974 (inédit).
4. LACAN, J. (1972-1973) *Encore*. Paris: Seuil, 1975.

5. MILLER, J.-A. *Le partenaire-symptôme*. Seminário inédito. Lição de 25 mar. 1998.
6. SISCAR, M. *O roubo do silêncio*. Rio de Janeiro: 7 Letras, 2006.
7. ASSIS, M. de. (1900) *Dom Casmurro*. São Paulo: Martins Fontes, 2003.
8. LACAN, J. (1980) D'écolage, Ornicar? Paris, *Navarin*, n. 20, 1980.
9. LACAN, J. (1972-1973) *Encore*. Paris: Seuil, 1975.
10. LECLERC-RAZAVET, E. Un amour qui ne se rencontre pas tous les jours, Maladies d'amour. Paris, *La Cause freudienne*, n. 40, 1999.
11. Caso reportado por Elisabeth Leclerc-Razavet em Um amour qui ne se rencontre pas tous les jours. Paris, *La Cause freudienne*, n. 40, 1999.
12. FREUD, S. Minutes de la Société Psychanalytique de Vienne, 28 nov. 1906 e 19 maio 1909, Paris, Gallimard, *NRF*,1978.
13. LAURENT, D. *El analista mujer*. Buenos Aires: Tres Haches, 2003.
14. Citado por Leandro Konder em seu livro *Sobre o amor*. São Paulo: Boitempo, 2007, baseado em referência do livro de Wolfgang Schwerbrook, Karl Marx Privat, Munique, List, 1962.
15. FREUD, S. (1914) *On narcisism*: an introduction. Standard Edition, vol. XIV. London: Hogarth Press, 1957.
16. ANDREAS-SALOMÉ, L. (1910) *A mulher, O erotismo*. São Paulo: Landy Editora, 2005.
17. LAURENT, D. *El analista mujer*. Buenos Aires: Tres Haches, 2003.
18. *LACAN*, J. (1953) Fonction et champ de la parole et du langage en psychanalyse. *In*: LACAN, J. *Ecrits*. Paris: Seuil, 1966.
19. MOLIÈRE. (1662) *L'École de femmes*. Collectif. Paris: Hatier, 2003.
20. KATZ, L. Producir algo nuevo en el decir. Buenos Aires, *Enlaces*, n. 7, 2002.
21. LACAN, J. (1972-1973) *Encore*. Paris: Seuil, 1975.
22. MILLER, J.-A. *O osso de uma análise*. Seminário proferido no VIII Encontro Brasileiro do Campo Freudiano, Salvador, 1998.
23. Este filme é comentado por BILBAO, L.; GORALI, V.; TORRES M. em "Una infidelidade particular", Buenos Aires, *Enlaces*, Ano 4, n. 7, 2002.
24. MILLER, J.-A. *O osso de uma análise*. Seminário proferido no VIII Encontro Brasileiro do Campo Freudiano, Salvador, 1998.
25. PEDROSA, I. *A instrução dos amantes*. São Paulo: Planeta Brasil, 2006.
26. LAURENT, E. La disparidad en el amor. Buenos Aires, *Virtualia*, n. 2, 2002.
27. BOSQUIN, O. Histoire de O, une lettre d'amour?, Bruxelles, *Quarto*, n. 69, 2000.
28. MILLER, J.-A. Le partenaire-symtôme. *Cours*, n. 14, 1998.
29. LACAN, J. (1972) *L'étourdit, Autres Ecrits*. Paris: Seuil, 2001.
30. LACAN, J. (1972-1973) *Encore*. Paris: Seuil, 1975.
31. LACAN, J. *ibid*.
32. MILLER, J.-A. *Le partenaire-symptôme*. Lição de 27 maio 1987 (seminário inédito).
33. MILLER, J.-A. *ibid*.
34. LACAN, J. *La troisieme, Autres Écrits*. Paris: Seuil, 2001.
35. MILLER, J.-A. *Le partenaire-symptôme*. Lição de 27 maio 1987 (semináro inédito).

36. JUARROZ, R. Decima poesia vertical. Buenos Aires, Carlos Lohlé Editor, 1986.
37. *ANDREAS-SALOMÉ*, L. (1900) *Reflexões sobre o problema do amor* (1900); *O erotismo* (1910), São Paulo: Landy Editora, 2005.
38. NIETZSCHE, F. (1881-1882) *Le gai savoir*. Folio Essais. Paris, Gallimard, 1990.
39. LACAN, J. (1980) D'écolage, Ornicar? Paris, *Navarin*, n. 20, 1980.
40. KRISTEVA, J. *Histories d'amour*. Paris, Denoel, 1983.
41. SANT'ANNA, A. R. de. *Vestígios*. Rio de Janeiro: Rocco, 2005.
42. LACAN, J. (1958) La signification du phallus. *In*: LACAN, J. *Ecrits*. Paris: Seuil, 1966.
43. LACAN, J. (1972-1973) *Encore*. Paris: Seuil, 1975.
44. PEDROSA, I. *A instrução dos amantes*. São Paulo: Planeta Brasil, 2006.
45. MORAES, V. Livro de letras. São Paulo: Companhia das Letras, 1991.
46. LAURENT, E. La disparidad en el amor. Buenos Aires, *Virtualia*, 2000.
47. BARTHES, R. *Fragments d'un discous amoureux*. Paris: Editions du Seuil, 1976. (col. Tel Quel.)